国家自然科学基金资助项目
（项目批准号：71472138）成果

总主编 伍 江　副总主编 雷星晖

谭文浩 著

中国企业内部资本市场问题研究

A Study on Internal Capital Maret of
Business Groups in China

内容提要

本书基于2007—2011年企业集团内部资本市场运行数据,考察企业集团构建内部资本市场的动机、集团内部资金配置机制及其经济后果。本书由7个章节构成:第1章为引言;第2章和第3章阐述内部资本市场的理论框架;第4、5、6章考察内部资本市场构建的影响因素、内部资本配置机制及其所产生的经济后果;第7章归纳本研究的主要结论,并揭示本研究在理论方面的增量贡献以及对现实实践的指导意义。

本书既有对丰富新兴市场中企业集团内部资本市场行为的研究,同时也对企业集团的资金运营战略构建具有借鉴意义。

本书可供各类企业及管理部门不同层次的管理者参考,同时也适用于技术经济及管理和对该领域感兴趣的专家学者。

图书在版编目(CIP)数据

中国企业内部资本市场问题研究 / 谭文浩著. —上海:同济大学出版社,2018.9
(同济博士论丛/伍江总主编)
ISBN 978-7-5608-6825-7

Ⅰ.①中… Ⅱ.①谭… Ⅲ.①企业-内部市场-资本市场-研究-中国 Ⅳ.①F279.2

中国版本图书馆 CIP 数据核字(2017)第 058271 号

中国企业内部资本市场问题研究

谭文浩 著

| 出 品 人 | 华春荣 | 责任编辑 | 孙丽燕 卢元姗 |
| 责任校对 | 徐春莲 | 封面设计 | 陈益平 |

出版发行	同济大学出版社　www.tongjipress.com.cn
	(地址:上海市四平路1239号　邮编:200092　电话:021-65985622)
经　　销	全国各地新华书店
排版制作	南京展望文化发展有限公司
印　　刷	浙江广育爱多印务有限公司
开　　本	787 mm×1092 mm　1/16
印　　张	13.5
字　　数	270 000
版　　次	2018年9月第1版　2018年9月第1次印刷
书　　号	ISBN 978-7-5608-6825-7

定　　价　65.00元

本书若有印装质量问题,请向本社发行部调换　　版权所有　侵权必究

"同济博士论丛"编写领导小组

组　　　长：杨贤金　钟志华

副　组　长：伍　江　江　波

成　　　员：方守恩　蔡达峰　马锦明　姜富明　吴志强
　　　　　　徐建平　吕培明　顾祥林　雷星晖

办公室成员：李　兰　华春荣　段存广　姚建中

"同济博士论丛"编辑委员会

总 主 编：伍 江

副总主编：雷星晖

编委会委员：（按姓氏笔画顺序排列）

丁晓强　万　钢　马卫民　马在田　马秋武　马建新
王　磊　王占山　王华忠　王国建　王洪伟　王雪峰
尤建新　甘礼华　左曙光　石来德　卢永毅　田　阳
白云霞　冯　俊　吕西林　朱合华　朱经浩　任　杰
任　浩　刘　春　刘玉擎　刘滨谊　闫　冰　关佶红
江景波　孙立军　孙继涛　严国泰　严海东　苏　强
李　杰　李　斌　李风亭　李光耀　李宏强　李国正
李国强　李前裕　李振宇　李爱平　李理光　李新贵
李德华　杨　敏　杨东援　杨守业　杨晓光　肖汝诚
吴广明　吴长福　吴庆生　吴志强　吴承照　何品晶
何敏娟　何清华　汪世龙　汪光焘　沈明荣　宋小冬
张　旭　张亚雷　张庆贺　陈　鸿　陈小鸿　陈义汉
陈飞翔　陈以一　陈世鸣　陈艾荣　陈伟忠　陈志华
邵嘉裕　苗夺谦　林建平　周　苏　周　琪　郑军华
郑时龄　赵　民　赵由才　荆志成　钟再敏　施　骞
施卫星　施建刚　施惠生　祝　建　姚　熹　姚连璧

袁万城　莫天伟　夏四清　顾　明　顾祥林　钱梦騄
徐　政　徐　鉴　徐立鸿　徐亚伟　凌建明　高乃云
郭忠印　唐子来　阎耀保　黄一如　黄宏伟　黄茂松
戚正武　彭正龙　葛耀君　董德存　蒋昌俊　韩传峰
童小华　曾国荪　楼梦麟　路秉杰　蔡永洁　蔡克峰
薛　雷　霍佳震

秘书组成员： 谢永生　赵泽毓　熊磊丽　胡晗欣　卢元姗　蒋卓文

总 序

在同济大学110周年华诞之际,喜闻"同济博士论丛"将正式出版发行,倍感欣慰。记得在100周年校庆时,我曾以《百年同济,大学对社会的承诺》为题作了演讲,如今看到付梓的"同济博士论丛",我想这就是大学对社会承诺的一种体现。这110部学术著作不仅包含了同济大学近10年100多位优秀博士研究生的学术科研成果,也展现了同济大学围绕国家战略开展学科建设、发展自我特色,向建设世界一流大学的目标迈出的坚实步伐。

坐落于东海之滨的同济大学,历经110年历史风云,承古续今、汇聚东西,秉持"与祖国同行、以科教济世"的理念,发扬自强不息、追求卓越的精神,在复兴中华的征程中同舟共济、砥砺前行,谱写了一幅幅辉煌壮美的篇章。创校至今,同济大学培养了数十万工作在祖国各条战线上的人才,包括人们常提到的贝时璋、李国豪、裘法祖、吴孟超等一批著名教授。正是这些专家学者培养了一代又一代的博士研究生,薪火相传,将同济大学的科学研究和学科建设一步步推向高峰。

大学有其社会责任,她的社会责任就是融入国家的创新体系之中,成为国家创新战略的实践者。党的十八大以来,以习近平同志为核心的党中央高度重视科技创新,对实施创新驱动发展战略作出一系列重大决策部署。党的十八届五中全会把创新发展作为五大发展理念之首,强调创新是引领发展的第一动力,要求充分发挥科技创新在全面创新中的引领作用。要把创新驱动发展作为国家的优先战略,以科技创新为核心带动全面创新,以体制机制改革激发创新活力,以高效率的创新体系支撑高水平的创新型国家建设。作为人才培养和科技创新的重要平台,大学是国家创新体系的重要组成部分。同济大学理当围绕国家战略目标的实现,作出更大的贡献。

大学的根本任务是培养人才,同济大学走出了一条特色鲜明的道路。无论是本科教育、研究生教育,还是这些年摸索总结出的导师制、人才培养特区,"卓越人才培养"的做法取得了很好的成绩。聚焦创新驱动转型发展战略,同济大学推进科研管理体系改革和重大科研基地平台建设。以贯穿人才培养全过程的一流创新创业教育助力创新驱动发展战略,实现创新创业教育的全覆盖,培养具有一流创新力、组织力和行动力的卓越人才。"同济博士论丛"的出版不仅是对同济大学人才培养成果的集中展示,更将进一步推动同济大学围绕国家战略开展学科建设、发展自我特色、明确大学定位、培养创新人才。

面对新形势、新任务、新挑战,我们必须增强忧患意识,扎根中国大地,朝着建设世界一流大学的目标,深化改革,勠力前行!

万 钢

2017 年 5 月

论丛前言

承古续今，汇聚东西，百年同济秉持"与祖国同行、以科教济世"的理念，注重人才培养、科学研究、社会服务、文化传承创新和国际合作交流，自强不息，追求卓越。特别是近20年来，同济大学坚持把论文写在祖国的大地上，各学科都培养了一大批博士优秀人才，发表了数以千计的学术研究论文。这些论文不但反映了同济大学培养人才能力和学术研究的水平，而且也促进了学科的发展和国家的建设。多年来，我一直希望能有机会将我们同济大学的优秀博士论文集中整理，分类出版，让更多的读者获得分享。值此同济大学110周年校庆之际，在学校的支持下，"同济博士论丛"得以顺利出版。

"同济博士论丛"的出版组织工作启动于2016年9月，计划在同济大学110周年校庆之际出版110部同济大学的优秀博士论文。我们在数千篇博士论文中，聚焦于2005—2016年十多年间的优秀博士学位论文430余篇，经各院系征询，导师和博士积极响应并同意，遴选出近170篇，涵盖了同济的大部分学科：土木工程、城乡规划学（含建筑、风景园林）、海洋科学、交通运输工程、车辆工程、环境科学与工程、数学、材料工程、测绘科学与工程、机械工程、计算机科学与技术、医学、工程管理、哲学等。作为"同济博士论丛"出版工程的开端，在校庆之际首批集中出版110余部，其余也将陆续出版。

博士学位论文是反映博士研究生培养质量的重要方面。同济大学一直将立德树人作为根本任务，把培养高素质人才摆在首位，认真探索全面提高博士研究生质量的有效途径和机制。因此，"同济博士论丛"的出版集中展示同济大学博士研究生培养与科研成果,体现对同济大学学术文化的传承。

"同济博士论丛"作为重要的科研文献资源,系统、全面、具体地反映了同济大学各学科专业前沿领域的科研成果和发展状况。它的出版是扩大传播同济科研成果和学术影响力的重要途径。博士论文的研究对象中不少是"国家自然科学基金"等科研基金资助的项目,具有明确的创新性和学术性,具有极高的学术价值,对我国的经济、文化、社会发展具有一定的理论和实践指导意义。

"同济博士论丛"的出版,将会调动同济广大科研人员的积极性,促进多学科学术交流、加速人才的发掘和人才的成长,有助于提高同济在国内外的竞争力,为实现同济大学扎根中国大地,建设世界一流大学的目标愿景做好基础性工作。

虽然同济已经发展成为一所特色鲜明、具有国际影响力的综合性、研究型大学,但与世界一流大学之间仍然存在着一定差距。"同济博士论丛"所反映的学术水平需要不断提高,同时在很短的时间内编辑出版110余部著作,必然存在一些不足之处,恳请广大学者,特别是有关专家提出批评,为提高同济人才培养质量和同济的学科建设提供宝贵意见。

最后感谢研究生院、出版社以及各院系的协作与支持。希望"同济博士论丛"能持续出版,并借助新媒体以电子书、知识库等多种方式呈现,以期成为展现同济学术成果、服务社会的一个可持续的出版品牌。为继续扎根中国大地,培育卓越英才,建设世界一流大学服务。

伍 江

2017年5月

前 言

作为应对外部制度环境缺陷的有效替代，企业集团在新兴市场国家尤其是在中国成为一种主流的组织形态。在集团化运营的背景下，企业依托内部资本市场进行资金配置，可以起到缓解外部融资约束、提高资本配置效率的作用。针对美国等发达经济体的内部资本市场研究，较多认为内部资本市场是有损企业价值的财务战略。然而，新兴市场在制度环境、要素市场发育、企业治理结构均显著有别于发达经济体。为此，对新兴市场中尤其是中国企业组建内部资本市场的动机、运行机制以及经济后果进行考察，具有重要的理论意义和实践价值。

既有文献对内部资本市场的讨论，主要是围绕大股东主导的内部资本市场运行效率的讨论。研究的结论基本是以负面效应为主，认为内部资本市场成为大股东及管理层进行利益输送的隧道。同时，受制于数据的限制，既有研究主要采取案例的方式来考察企业集团内部资本市场行为。更为重要的是，既有研究中未能有效区分内部资本市场中的"掏空"行为和"支持"行为。有鉴于此，本书将研究问题界定为基于财务协同效应的内部资本市场行为研究，同时以上市公司与其子公司构成的整体作为企业集团的度量范畴。

本书基于手工收集的2007—2011年企业集团内部资本市场运行数据，考察企业集团构建内部资本市场的动机、集团内部资金配置机制及其经济后果。在研究设计中，对内部资本市场构建的影响因素分别从宏观经济政策波动、产权性质和CFO特征三个层面展开；对资金配置机制采用多案例分析的方式进行；对内部资本市场运行的经济后果分别从融资效果、资本配置效率及企业价值三个维度进行考察。针对上述子研究的分析，本书得到如下的研究结论：

首先，宏观经济政策波动显著影响企业内部资本市场使用。在宏观经济形势趋紧的情形下，企业利用内部资本市场以应对负面冲击，具有"金融缓冲器"的功能，并且这一效果在民营企业以及金融市场发育程度高的地区更为明显。

其次，产权性质显著影响内部资本市场发育，民营企业建立和使用内部资本市场的动机更强。在已经建立起内部资本市场的情形下，民营企业的内部资本市场更为活跃，显示出更大的资金往来规模。进一步考察内部资本市场运作对融资方面的影响发现，内部资本市场能够显著地降低融资成本，并且这种效果在民营企业中比在国有企业更为明显。

第三，CFO特征对内部资本市场运作具有显著影响。国有企业CFO薪酬与内部资本市场构建及规模呈正相关；在民营企业中呈负相关。同时，民营企业的CFO担任董事会成员或具有金融背景时，内部资本市场显示出更大的规模。

第四，在内部资金配置机制上，民营企业具有更倾向于采用市场化的方式将资金配置到效率高的子公司，资金配置符合效率原则，而国有企业资金配置具有明显的"内部社会主义"特征。

第五，内部资本市场能够显著影响企业的投资效率。具体而言，在民营企业中，内部资本市场能够降低过度投资和促进研发投入，然而国有企业则呈现截然相反的趋势。

最后，内部资本市场运作能够显著提升公司价值，并且这种效果在民营企业中更为明显。

不同于以往研究，本书在研究命题、数据来源、研究思路及研究结论上，都进行了一系列新的尝试。与既有研究的差异，具体而言主要体现在以下四个方面：

首先，本书重点关注于内部资本市场正面的财务协同效用。既有研究主要以利益侵占视角讨论内部资本市场行为，但证监会2003年对大股东资金占用启动专项治理行动以来，大股东利益侵占行为已受到有效遏制。更为重要的，金融危机后地方政府对信贷资源的挤占，企业外部融资面临的压力更大，作为内源性融资方式的内部资金往来发挥着替代外部融资渠道的重要作用。在这样的背景下，研究内部资本市场的财务协同作用更具有现实价值。

其次，利用手工收集的上市公司与其子公司之间的内部资金往来数据度量内部资本市场规模。利用上市公司与其子公司间资金往来，能够较好地避免利益侵占问题，因而研究结论更为清晰。同时，本书在研究设计中，也控制了控股股东对上市公司的利益侵占影响，以便能够较好地分离利益侵占与支持行为。

再次，本书应用内部资金往来数据和子公司层面财务数据结合的方式，考察内部资金配置的具体机制。解决了以往研究中数据受限尤其是子公司层面数据缺乏的问题，从而能够更好地理解集团内部如何配置资金。

最后，将内部资本市场研究置入宏微观融合的背景下加以考察，既有从外部宏观经济环境、区域金融深化程度考察外部经济金融环境发展对内部资本市场运行的影响机制，又有从产权性质、CFO特质背景下考察微观治理机制对内部资本市场运行效率的影响。宏微观融合的背景下考察内部资本市场行为，能够更全面系统地理解内部资本市场与宏微观治理环境的互动关系，同时也使得研究结论具有更好的普适价值。

本书的研究有助于更好地理解新兴市场中企业内部资本市场行为。研究结论揭示在外部资本市场发育尚不健全的背景下，企业通过构建内部资本市场，并运作市场化的内部资本配置机制，则能够有效缓解外部市场不完美导致的负面后果。发挥内部监督优势，提高资本配置效率，从而增加企业价值。同时，本书的研究结论也为政策制定者提供了思路，对企业的政策支持不仅仅体现在资源供给调节上,还应当更好地引导企业构建持续的具有"造血功能"的资金运营战略。因此,本书既丰富新兴市场中企业集团内部资本市场行为的研究,同时也对企业集团的资金运营战略构建具有重要的借鉴意义。

目 录

总序
论丛前言
前言

第1章 引言 ·· 1
  1.1 研究背景与动机 ·· 1
  1.2 概念界定与研究内容 ···································· 3
    1.2.1 基本概念阐释 ···································· 3
    1.2.2 主要研究内容 ···································· 4
  1.3 研究思路与框架 ·· 5
    1.3.1 研究思路 ·· 5
    1.3.2 研究框架 ·· 5
  1.4 主要研究发现 ·· 6
  1.5 研究贡献与创新 ·· 7
    1.5.1 主要贡献 ·· 8
    1.5.2 可能的创新点 ···································· 9

第2章 理论基础、制度背景与运行机理 ························ 11
  2.1 内部资本市场的理论基础 ······························ 11
    2.1.1 交易成本理论 ··································· 11
    2.1.2 融资优序理论 ··································· 12
    2.1.3 集权-分权理论 ································· 12
    2.1.4 委托-代理理论 ································· 13

2.1.5　信息不对称理论 ………………………………………… 13
　2.2　内部资本市场在中国的发展概况 ………………………………… 14
　　　2.2.1　企业集团的发展变革历程 …………………………………… 14
　　　2.2.2　内部资本市场的运营现状 …………………………………… 16
　2.3　内部资本市场的运行机理 ………………………………………… 18
　　　2.3.1　内部资本市场的结构组成 …………………………………… 18
　　　2.3.2　内部资本市场的运行机理 …………………………………… 20
　　　2.3.3　内部资本配置的具体形式：基于中航集团的案例 ………… 22

第3章　文献综述 ………………………………………………………… 29
　3.1　文献概述 …………………………………………………………… 29
　3.2　内部资本市场的影响因素研究 …………………………………… 31
　　　3.2.1　多元化经营与内部资本市场研究 …………………………… 31
　　　3.2.2　融资约束与内部资本市场研究 ……………………………… 32
　　　3.2.3　管理层激励与内部资本市场研究 …………………………… 33
　　　3.2.4　金融发展与内部资本市场研究 ……………………………… 33
　3.3　内部资本市场与融资行为研究 …………………………………… 34
　　　3.3.1　内部资本市场与融资约束的研究 …………………………… 34
　　　3.3.2　集团化经营与资本结构 ……………………………………… 35
　　　3.3.3　多元化经营与融资成本的研究 ……………………………… 36
　3.4　内部资本市场与投资行为研究 …………………………………… 37
　　　3.4.1　集团化经营与投资促进 ……………………………………… 37
　　　3.4.2　集团化经营与过度投资 ……………………………………… 38
　3.5　内部资本市场与企业价值研究 …………………………………… 40
　　　3.5.1　内部资本市场价值折损的研究 ……………………………… 40
　　　3.5.2　内部资本市场中与利益侵占的研究 ………………………… 41
　　　3.5.3　内部资本市场与价值创造的研究 …………………………… 41
　3.6　总结性评述 ………………………………………………………… 42

第4章　内部资本市场构建的动因 ……………………………………… 44
　4.1　引言 ………………………………………………………………… 44
　4.2　宏观经济波动层面内部资本市场构建的影响因素 ……………… 48

  4.2.1 理论分析与假说发展 ································ 48
  4.2.2 数据与实证模型 ···································· 52
  4.2.3 实证结果与分析 ···································· 55
 4.3 企业异质性层面内部资本市场构建的影响因素 ············· 70
  4.3.1 理论分析与假说发展 ································ 70
  4.3.2 数据与实证模型 ···································· 73
  4.3.3 实证结果与分析 ···································· 75
 4.4 CFO特质层面内部资本市场构建的影响因素 ··············· 81
  4.4.1 理论分析与假说发展 ································ 82
  4.4.2 数据与实证模型 ···································· 87
  4.4.3 实证结果与分析 ···································· 88
 4.5 本章小结 ··· 105

第5章 内部资本配置机制

 5.1 引言 ··· 107
 5.2 制度背景与理论分析 ······································· 109
  5.2.1 企业集团与内部资本市场发展 ······················ 109
  5.2.2 内部资本市场运行与委托-代理冲突 ················ 110
  5.2.3 内部市场化机制与资金配置 ························ 111
 5.3 案例企业基本概况 ··· 112
  5.3.1 案例企业介绍 ······································ 112
  5.3.2 案例企业财务状况比较 ···························· 112
 5.4 内部资金配置的运作机理 ·································· 115
  5.4.1 案例数据来源 ······································ 115
  5.4.2 内部资金配置规模的影响因素分析 ·················· 117
  5.4.3 内部资金配置利率的影响因素分析 ·················· 119
 5.5 内部资金配置的异质性剖析 ································ 122
  5.5.1 产权性质 ·· 122
  5.5.2 外部信贷资源配置能力 ···························· 123
  5.5.3 高管薪酬 ·· 124
  5.5.4 控股股东持股状况 ································· 125
  5.5.5 总部持有子公司股权 ······························ 125

5.6 本章小结 …………………………………………………………… 126

第6章 内部资本市场运行的经济后果 …………………………… 128
6.1 引言 ………………………………………………………………… 128
6.2 融资效率层面的内部资本市场运行经济后果研究 ……………… 130
    6.2.1 理论分析与假说发展 ………………………………………… 131
    6.2.2 数据与实证模型 ……………………………………………… 133
    6.2.3 实证结果与分析 ……………………………………………… 134
6.3 投资效率层面的内部资本市场运行经济后果研究 ……………… 145
    6.3.1 理论分析与假说发展 ………………………………………… 145
    6.3.2 数据与实证模型 ……………………………………………… 148
    6.3.3 实证结果与分析 ……………………………………………… 150
6.4 企业价值层面的内部资本市场运行经济后果研究 ……………… 164
    6.4.1 理论分析与假说发展 ………………………………………… 164
    6.4.2 数据与实证模型 ……………………………………………… 166
    6.4.3 实证结果与分析 ……………………………………………… 167
6.5 本章小结 …………………………………………………………… 180

第7章 结论与展望 ……………………………………………………… 182
7.1 主要研究结论 ……………………………………………………… 182
7.2 研究启示 …………………………………………………………… 183
7.3 研究局限性与未来研究方向 ……………………………………… 185

参考文献 …………………………………………………………………… 187

第1章 引言

本章介绍内部资本市场研究的背景,陈述本书的研究动机、研究思路。同时,对研究中关键概念进行界定,在此基础上提炼主要研究内容及框架。最后,简要介绍了本书的主要研究发现,并指出本书对既有研究的贡献以及创新之处。

1.1 研究背景与动机

由于历史因素和国家经济安全的影响,中国金融体系的市场化进程相对较慢,成为中国经济发展的"短板"。金融体系发展的相对滞后,对中国企业的融资行为产生了相对较为负面的影响。特别是,受 2008 年全球金融危机影响,中国金融市场的流动性受到极大的冲击。在金融危机的冲击下,不仅仅是金融市场层面受到了影响,同时也在企业层面影响企业的正常生产经营。图 1-1 中对比

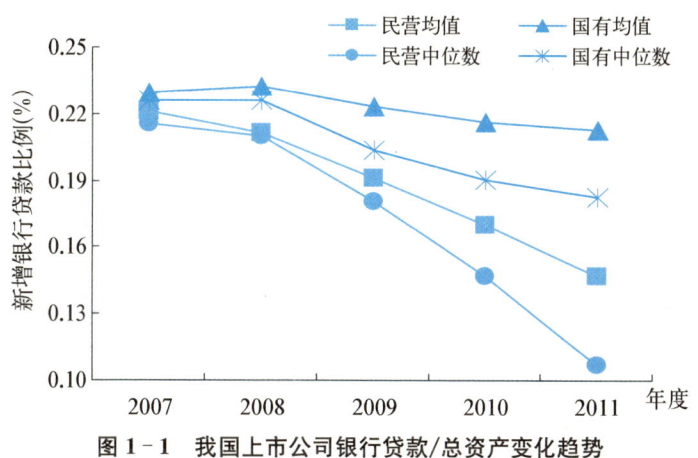

图 1-1 我国上市公司银行贷款/总资产变化趋势

了金融危机前后我国上市公司获得银行贷款的比例：2008年之后的几年中，这一比例持续地下降；尤其是对于民营企业而言。

喻坤等（2014）也注意到了这一变化[1]。虽然我国的中央政府在2008年底出台了4万亿元一揽子投资计划，并配套以大量的信贷支持。但是许多报告中提供的证据显示，新增的信贷资金大量进入了地方政府融资平台，以及进入了基础设施、重型机械等国有企业占主导地位的行业中（参见：中国人民银行，2010；国家审计署，2011）①[2-3]。与此同时，大量的企业面临融资难的问题更加突出（参见：国务院发展研究中心，2009）②[4]；更有许多民营企业因无法从外部获得资金而倒闭，尤其是纺织、鞋业、电子等出口行业。

然而，颇为有趣的是，在面临严重的外部融资约束背景下，企业并没有出现严重的"断奶危机"。因此，本书试图考察在外部资金渠道受阻情形下，企业通过何种渠道获得了正常生产经营中的"雪中送炭"，从而缓解了外部融资约束。按照融资优序理论（Pecking Order Hypothesis，POH）的解释，在外部融资受困的背景下，企业理想的融资渠道是内源性融资。为了检验内部融资渠道是否有效缓解了外部融资约束，我们在考察企业内部资金往来行为后发现，约有60%的企业存在活跃的内部资金往来活动。在此基础上，进一步考察内部资本市场构建的影响因素及其经济后果。分析表明，民营企业具有更为强烈的利用内部资本市场缓解融资约束的动机，同时研究还证实了利用内部资本市场能够为企业降低融资成本，从而实现资源配置的帕累托改进。本书研究结果表明，在当前中国外部资本市场的效率相对较低的现实背景下，企业利用内部资本市场应当是解决融资困难的一条有效路径。在外部融资约束的背景下，企业应当逐步回归到建立以内部资本市场为优先选择的融资组合，降低对外部资本市场的过度依赖。

---

① 国家审计署报告中称，"2009年地方政府融资平台银行贷款余额为7.38万亿元，比2008年增长70.4%，其中新增贷款3.05万亿元"，详见《2011年审计结果公告第35号：全国地方政府性债务审计结果》，第4页。同时，中国人民银行报告指出，"主要金融机构投向基础设施行业的本外币中长期贷款为2.5万亿元，占全部产业新增中长期贷款比重的50%"、"2009年房地产开发企业资金面趋宽松，国内贷款同比增长48.5%，构成房地产开发投资的主要资金来源"、"2009年，汽车行业贷款余额为2522.7亿元，比上年同期增长12.7%"，详见《2009年中国区域金融运行报告》第4、25、28页。

② 国务院发展研究中心报告指出，"调查结果显示，67%的民营企业认为难以从银行贷款，其中29.1%认为'有难度'，20.6%认为'比较难'，17.3%认为'非常难'；而国有及国有控股企业明显好于民营企业，59.6%认为贷款困难，其中26.9%认为'有难度'，19.4%认为'比较难'，13.3%认为'非常难'"。

1.2 概念界定与研究内容

在对内部资本市场行为进行系统性分析之前,本书首先对研究中涉及的关键概念进行了界定与阐释,以明确研究对象的核心命题。在此基础上,围绕基本概念进一步安排本研究的内容框架,从而为后续研究提供基础性前提条件。

1.2.1 基本概念阐释

内部资本市场运行中,涉及较多的运行环节,也存在较为复杂的运行逻辑。因此,为了能够更深入和系统研究内部资本市场的运行行为,必须对内部资本市场框架中的基本概念进行界定。基于此,本书对内部资本市场行为中的基本概念从理论上予以阐释。

1. 内部资本市场

Khanna and Palepu(2000)和 Gopalan et al.(2007)利用集团内部的贷款活动来考察企业内部资本市场运作,以集团总部对成员企业的贷款度量内部资本市场规模[5-6]。万良勇、魏明海(2007)认为内部资本市场包括直接的资金往来和间接的资本配置,具体有关联交易、担保贷款、委托贷款等。邵军、刘志远(2008)和刘星等(2010)则采用集团内部资金往来度量内部资本市场行为,其理由是内部资本市场中最主要的就是资金流动,是集团内部资金融通的平台[7-8]。从上述分析可知,内部资金往来是内部资本市场的一个重要组成部分,是内部资本市场的子集。有鉴于此,本书利用集团内部资金往来数据来考察企业内部资本市场行为。此外,针对中国企业集团内部资本市场的研究,将企业集团内部资本市场区分为两个层次,即以大股东为主导的内部资本市场和以上市公司为主导的内部资本市场(魏明海、万良勇,2006;张会丽、吴友红,2011)[9-10]。以大股东为主导的内部资本市场已被普遍认为是大股东实施利益输送的"隧道",这方面已有充分的研究。然而,对以上市公司为主导的内部资本市场的研究相对被忽视了。因此,本书主要关注以上市公司为主导的内部资本市场,即上市公司与其成员企业之间的集团内部资金往来活动。从资金借出、收回及结余三个维度来度量内部资本市场规模,能够直观反映集团内部资金运作的动态过程,减少采用资金往来余额或其他应收款金额作为内部资本市场规模度量方式所带来的误差（李增泉等，2004；姜国华、岳衡，2005；刘星等，2010；谢军、黄志忠，2014）[11-12,8,13]。上市公司对成员企业的持股比例均在50%以上，且控制权与现金流权基本一致，因此上市公司对成员企业的"掏空"的可能性较低。因此，利用上市公司与其成员企业构成的内部资金往来数据来考察内部资本市场行为，能够较好地分离"掏空"和"支持"两类行为影响。

2. 资金配置机制

Williamson(1975)和Stein(1997)等进一步发展了内部资本市场的概念和资金配置机制[14-15]。Williamson(1975)在解释厂商组织理论时，提出内部资金配置机制与组织结构密切相关。发现当企业采用U形组织结构时，内部资金配置往往采用企业内部的权威机制来进行；当企业采用H形分散的组织结构时，内部资金配置则采用市场机制，通过"挑选竞争优胜者"的原则来分配资金；采用M形组织结构时，在资金配置时兼顾市场和企业内部权威两种机制。然而，Stein(1997)、Rajan et al.(2000)等发现内部资金配置并非按照"挑选竞争优胜者"的机制来进行，由于委托代理问题的存在，内部资本配置存在"跨部门的交叉补贴"[16]。在本书中，通过集团总部与子公司之间的资金往来考察集团内部资金配置，识别内部资金配置是采取竞争机制还是"内部社会主义"来进行。具体地，从内部资金往来规模和内部资金调拨价格两个维度展开，考察影响这两个指标的主要因素。

1.2.2 主要研究内容

在明确了研究的基本概念后，根据研究的预期目标，本书将研究的主要内容限定在以下三个方面：内部资本市场构建的影响因素、内部资本配置机制以及内部资本市场运行的经济后果。具体而言，本书按照篇章结构来具体设置上述三个问题的讨论。

第一，内部资本市场构建的影响因素，具体从宏观经济政策波动、产权性质和CFO特征三个维度来考察。

第二，内部资本市场的运行机制，利用手工收集的集团内部资金往来数据和子公司层面财务数据，以多案例的方式考察企业集团内部资金的配置机制。

第三，内部资本市场运行的经济后果，具体从融资成本、投资效率及企业价值三个维度展开。

1.3 研究思路与框架

在明确本书的研究对象和主要研究内容的基础上,采用"动机—方式—后果"的逻辑范式,对内部资本市场行为展开系统性分析。在确定研究思路的基础上,进一步将研究内容与具体技术路线融合,形成研究的主体框架。

1.3.1 研究思路

本书对企业内部资本市场行为的分析,按照"影响因素—运行机理—经济后果"的逻辑展开。首先,对内部资本市场构建影响因素的考察,从"外部环境—企业特征—内部治理"3个维度切入。考虑到内部资本市场与外部市场的互动关系,在外部环境维度,从宏观经济政策环境以及金融市场发育程度来考察企业是否运用内部资本市场以应对外部冲击。由于不同企业应对外部冲击的方式不同,因此考察不同产权性质企业利用内部资本市场应对外部冲击的差异。在内部治理层面,主要考察管理层特征对内部资本市场运作的影响。考虑到内部资本市场作为企业资金运营战略的主要环节,因此主要考察CFO特征对内部资本市场运作的影响。其次,利用集团内部资金往来数据和子公司层面的财务数据,考察企业集团内部资本配置的运行机制;最后,在分析内部资本构建动因以及运行机制的基础上,考察内部资本市场运行的经济后果,具体从资本配置效率和企业价值两个层面展开。

将上述研究思路进一步细化为具体的研究技术路线。首先,在具体研究设计中,从既有研究中提炼出本研究的理论基础,同时结合中国的制度背景,在此基础上构建内部资本市场运行的逻辑架构图。其次,通过文献回顾的方式,梳理既有文献对内部资本市场的讨论,以明确既有研究对内部资本市场研究的主要观点、尚需改进之处以及本研究可挖掘的研究视角。再次,在文献回顾的基础上,结合内部资本市场运行的逻辑框架,明确本研究的主要数据来源,并构建实证分析模型。最后,利用大样本实证数据和多案例分析的方式,考察内部资本市场构建的影响因素、内部资本配置的运作机制及其对企业投融资效率和企业价值的影响。

1.3.2 研究框架

根据上述的研究思路,基于制度背景和理论分析,从外部市场环境和企业内部治理特征双重角度,对新兴市场中企业内部资本市场的构建动机、运行机制及其产

生的经济后果展开分析。基于既有的研究范式和本书的研究逻辑,章节安排如下:

第一,基于交易成本、信息不对称、融资优序、委托代理理论,并结合制度背景和既有文献,阐述内部资本市场的理论框架,对应章节为第 2、3 章。

第二,考察内部资本市场构建的影响因素、内部资本配置机制及其所产生的经济后果,对应章节分别为第 4、5、6 章。

第三,归纳本研究的主要结论,并揭示本研究在理论研究方面的增量贡献以及对现实实践的指导意义,对应章节为第 7 章。

本书的研究架构,可用图 1-2 的框架结构来进行描述。

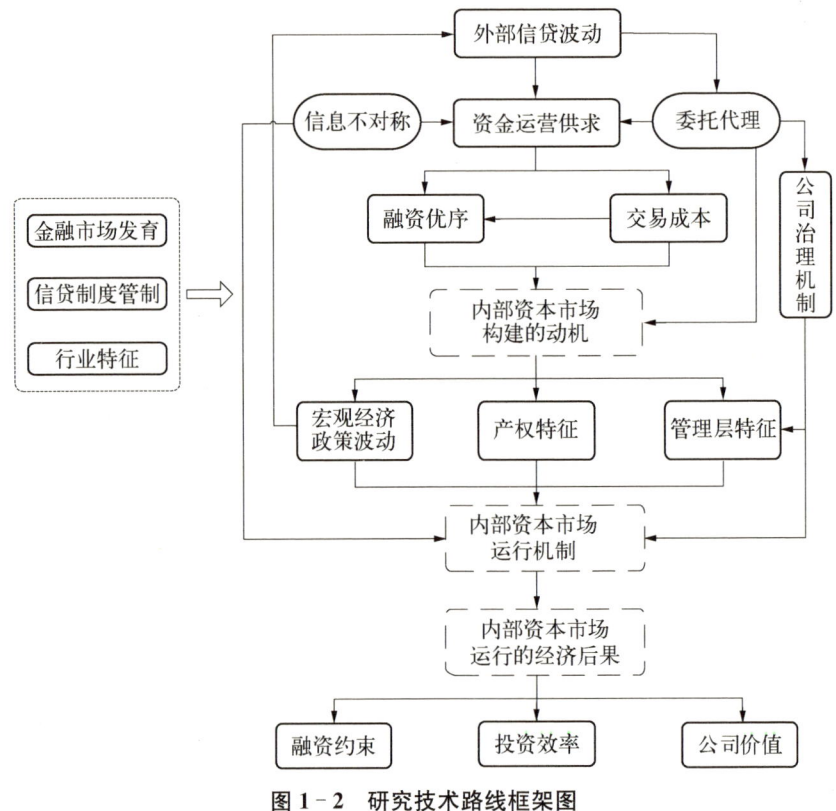

图 1-2 研究技术路线框架图

1.4 主要研究发现

前文已经明确了本书的主要研究内容,我们利用手工收集的 2007—

2011年集团内部资金往来数据,运用实证分析和案例研究的方式,得到如下结论:

第一,宏观经济政策波动显著影响内部资本市场的构建。具体而言,当宏观经济形势趋紧时,企业会利用集团内部资本市场进行资金调配,以缓解成员企业受到外部宏观经济政策负面冲击影响。进一步研究发现,民营企业在宏观经济形势趋紧的背景下,具有更强的动机建立内部资本市场,显示出更大的内部资金往来规模。在金融市场发育程度越高的地区,企业在面临外部宏观经济负面冲击时,更有可能使用内部资本市场来应对,并且所在地区金融深化程度越高,其内部资本市场运行规模越大。

第二,产权性质显著影响内部资本市场发育,民营企业建立和使用内部资本市场的动机更强。在已经建立起内部资本市场的情形下,民营企业的内部资本市场更为活跃,显示出更大的资金往来规模。进一步考察内部资本市场运作对融资方面的影响发现,内部资本市场能够显著地降低融资成本,并且这种效果在民营企业中比在国有企业更为明显。

第三,CFO特征显著影响内部资本市场的构建与使用。具体地,CFO薪酬显著影响内部资本市场的构建与运行规模。进一步研究发现,CFO担任董事会成员或具有金融背景亦显著影响内部资本市场构建及运行规模,并且这种关系在民营企业中更为明显。

第四,不同产权性质的企业在资金配置方式上存在着显著差异。具体地,民营企业具有较强的动机采用市场化的方式配置内部资金。进一步研究表明,公司内部治理机制对内部资金的配置方式亦具有显著影响。

第五,内部资本市场能够显著影响企业的投资效率。具体地,在民营企业中,内部资本市场能够降低过度投资和促进研发投入,然而国有企业则呈现截然相反的趋势。

第六,内部资本市场运作能够显著提升公司价值,并且这种效果在民营企业中更为明显。

1.5 研究贡献与创新

在上述介绍有关内部资本市场研究的内容以及主要发现后,对比既有文献的研究结论,本书在理论研究方面可能具有如下的研究贡献和创新点。

1.5.1 主要贡献

本书利用上市公司母子公司资金往来数据,考察了不同所有制企业内部资本市场构建、资本配置方式及其经济后果,对上市公司作为母公司主导的资金往来的价值创造效应进行了尝试性的分析。在研究视角、数据来源以及研究结论上,与既有研究均存在较多的不同,具体而言主要体现在以下五个方面:

第一,利用宏观经济政策波动数据与内部资金往来数据,分析了宏观经济政策在微观企业层面的传导机制,发现内部资本市场具有逆经济周期特征,能够起到"金融缓冲器"的功能。利用宏微观数据研究企业内部资金运作行为,为宏观经济政策在企业层面的具体传导路径提供了直接的证据,更清晰地刻画了企业应对宏观经济政策波动所采取的资金运作路径。

第二,本书手工收集了母公司对子公司的资金借出、偿还和结余这三组数据,从这三个维度直接度量了我国上市公司内部资本市场的规模,从而全面而直观地反映了内部资本市场的运作。既有文献中对于内部资本市场的讨论,主要采取案例的方式(王峰娟、邹存良,2009;王化成、曾雪云,2012)[17-18]。少数的相关实证研究也未能直接度量内部资本市场的规模,而是通过比较集团公司与非集团公司的融资约束程度来推断内部资本市场的存在(Shin,1999;Rousseau and Kim,2008)[19-20]。

第三,丰富了内部资本市场资金配置机制的相关文献。既有文献的讨论,主要集中在内部资本市场的效率,并且大都是理论模型推导的方式(例如,Kim,2004;邹薇、钱雪松,2005;Yao,2013)[21-23]。

第四,拓展了内部资本市场在资本配置效率上的讨论。既有研究主要认为,内部资本市场行为加剧了企业的过度投资行为,更关注内部资本投资的"非效率"行为(Stein,1997;Shin and Stulz,1999;Rajan et al.,2000;杨棉之,2006;邵军、刘志远,2007;刘星等,2010;陈艳利等,2014)[15,24,16,25,7-8,26]。本书则从内部资本市场的监督优势出发,考察内部资本市场对企业过度投资的抑制行为,即通过集团内部资金的集中管理,降低子公司层面的自由现金流量,从而降低企业集团整体的过度投资水平,丰富了集团对成员企业资金集中管理的研究。此外,本书还发现集团内部资本市场的运作,能够显著缓解由于资金短缺导致的研发投资不足的影响,即内部资本市场的运作存在"知识溢出"效应,这为知识在集团内部的共享和转移提供了直接证据。这些结论均表明,内部资本市场的运行,如果能够在降低委托代理成本的基础上,则能提高资本配置的效率。

第五，本书还从CFO特质(薪酬、权力、任职背景)来考察其对内部资本市场运作效率的影响。以往的研究主要从CEO的激励机制来考察其对内部资本市场效率的影响(Wulf,2002;Datta et al.,2009)[27-28]。在企业的内部资金配置中，实际运作更多是由CFO来实施。因此，考察CFO的薪酬激励机制能够更好地反映内部资本运作的实际情况，理解CFO薪酬机制在内部资本配置中的作用机理。考察CFO的职责权力在内部资本市场运行中的影响，能够帮助我们理解CFO在内部资本配置中的角色定位。考察CFO任职背景在内部资本市场构建与运行中的影响，则有助于理解CFO知识结构及经验在资本运作中的作用机理。

1.5.2 可能的创新点

参照既有文献对集团内部资本市场行为的考察，经过梳理后发现，本书的创新可能体现在研究数据、研究设计和研究目标方面有别于现有研究。具体而言，主要体现在以下四个方面：

首先，本书重点关注内部资本市场的协同效用。内部资本市场从组织结构上包括两层：由大股东主导的第一层级的内部资本市场以及由上市公司与其子公司构成的第二层级的内部资本市场。既有文献的讨论主要围绕第一层级的内部资本市场来展开，考察了利益输送、代理冲突以及投资效率问题(Stulz,1990;Stein,1997;李增泉等,2004)[29,16,11]。然而，自2003年以来在证监会的大力整治下，大股东利用第一层级的内部资本市场进行利益输送的行为已得到有效遏制。本书主要关注在第二层级的内部资本市场，并发现内部资本市场是企业缓解融资约束及提高资本配置效率的重要途径。

其次，利用手工收集的上市公司与其子公司之间的内部资金往来数据度量内部资本市场规模，具体从母公司对子公司的资金借出、收回及结余三个方面来度量，解决了既有有关内部资本市场运行规模难以度量的问题。利用上市公司与其子公司间资金往来，能够较好地避免利益侵占问题，因而研究结论更为纯粹。同时，本书在研究设计中，也控制了控股股东对上市公司的利益侵占问题，这样能够较好地分离利益侵占与正常的资金往来行为。

再次，将内部资本市场研究置入宏微观融合的背景下加以考察，既有从外部宏观经济环境、区域金融深化程度考察外部经济金融环境发展对内部资本市场运行的影响机制，又有从产权性质、管理层特质背景下考察微观治理机制对内部资本市场运行效率的影响。宏微观融合的背景下考察内部资本市场行为，能够更全面系统地理解内部资本市场与宏微观治理环境的互动关系，同时也使得研究结论具有更好的普适意义。

最后，本书应用子公司层面数据考察内部资本市场运作机制。研究内部资本市场的一个重要限制，即缺乏内部资金运动的直接数据。具体地，既有文献无论是在上市公司层面的内部资金运动数据，还是子公司层面的财务数据，都是一个重要的研究瓶颈。我们利用手工的方式，收集了这些数据，解决了内部资本市场运作的"全景"数据。数据的丰富，为后续深入研究内部资本市场提供了可能，以便能够真正进入"内部"层面。

第 2 章
理论基础、制度背景与运行机理

本章主要介绍内部资本市场的基础理论、新兴市场下企业内部资本市场运营的制度背景以及内部资本市场基本运行机制,为后续的实证分析提供基本的逻辑框架。

2.1 内部资本市场的理论基础

本书考察内部资本市场的理论基础,主要源于交易成本理论、融资优序理论、集权-分权理论、委托-代理理论以及信息不对称理论。

2.1.1 交易成本理论

交易成本理论(Transaction Cost Theory)又称交易费用理论,是由 Coase(1937)在其《企业的性质》一文中首次提出。Coase(1937)在对企业的存在原因进行分析时指出,市场和企业是两种不同的资源配置方式,这两者之间存在着替代关系[30]。

将交易费用理论进一步拓展到企业资金配置行为中,则能够更好地解释企业采用内部资金筹集与配置的行为。采用 M 形的组织结构后,在企业内部形成了内部资本市场,在外部市场存在不完全信息的背景下,利用内部资本市场能够减少企业在融资方面的交易费用。内部资本市场的构建,实质是用企业内部的管理协调来取代外部市场指令,使资金配置功能内部化,从而节约交易费用,提高资源配置效率。总之,内部资本市场的出现,主要是基于外部市场的不完美,以企业资源配置的内部化来降低交易成本。

2.1.2 融资优序理论

Myers(1984)在放宽 Modiglian and Miller(1958)提出的经典资本结构理论(MM 理论)中完全信息假定的基础上,并基于信息不对称理论和交易成本理论,认为权益融资行为是企业经营存在困难的一个负面信号。同时权益融资需要支付较多的外部融资成本,因而企业的融资次序应当首先选择内源融资,其次选择债务融资,最后是权益融资。

在新兴市场中,企业面临更强的外部融资约束,具有更强的动机来利用内源融资方式缓解融资约束。在外部融资受困的背景下,建立集团方式能够实现资源互补,利用资金拆借方式、总部对成员企业的债权投资等方式均是内源融资运作的具体方式。值得关注的是,有关中国企业资本结构的研究发现,中国企业的融资次序为"股权融资、债务融资、内源融资",这与融资优序理论的观点是违背的(Chen,2004;Chen and Strange,2005;Huang and Song,2006)[31-33]。融资优序理论与中国企业实际相违背,是否说明理论本身存在错误,还是中国企业并未意识到内源融资的优越性,既有文献对此并没有系统性地讨论。然而,随着中国市场化改革和现代企业制度的完善,内源性融资的重要性会被企业所正确认识。从交易成本角度上进行分析,利用内源融资是对外部不完美资本市场的一种有效替代,因而能够降低代理成本、信息处理成本,进而降低融资的交易费用。

2.1.3 集权-分权理论

集权-分权是组织设计理论的重要组成部分,由 Simon(1944)首先提出。他认为组织可以分成三层:基本工作过程、程序化决策过程、非程序化决策过程。组织作为一个大系统,在系统内存在等级。组织内部根据等级不同分成若干个组织单元,每个单元具有自身的决策程序。按照 Simon 的观点,组织设计中应当充分考虑集权与分权的结合。过度的集权导致上级管理层工作量大增,并且很可能导致决策效率下降。并且集权很容易引发上级管理层的过度自信,抑制下层管理者的主观能动性和创造性。与此同时,集权还会降低信息传递效率和效果。因此,Simon认为应当控制好集权与分权的边界,既要保证组织目标的实现,同时也要注重组织成员的积极性和创造性的发挥,实现重大事项集权,日常事项下放至成员组织自行决策。

组织内的集权-分权理论与 Williamson(1975)的厂商理论具有非常好的理论契合。Williamson(1975)在分析厂商理论时指出企业中存在市场和内部权威两种决策机制。对不同类型的组织设计适用不同的决策机制,具体地,在高度集权组织(U形)结构中通常采用总部权威机制,以行政命令对下属成员组织进行控制;在高度分权的组织(H形)结构中通常适用以内部市场竞争的机制;而在集权与分权组织(M形)结构一般采取总部权威和市场机制相结合的管控机制。将Williamason(1975)与Simon(1944)的组织分权理论进一步应用到企业内部资金配置活动中,则能够更好地处理好总部与分部在资金配置上的冲突。

2.1.4 委托-代理理论

Jensen and Meckling(1976)提出委托-代理理论,认为在经营权与所有权分离的情形下,存在着两类代理冲突:股东与管理层之间的代理问题及股东与债权人之间的代理冲突。在内部资本配置行为中,由于资金配置的决定权掌握在总部管理层手中,为了获得更多的资金支持,分部经理往往采取"游说"的方式来争取总部管理层的信任(Rajan et al.,2000)。在"游说"过程中,分部经理会虚夸本部门项目投资的预期,因总部管理层对分部运营信息的理解不足导致资源的错误配置,更可能造成盈利较差部门获得更多的资金支持,形成投资和资源配置的扭曲(Wulf,2002)。因此,不但需要对总部的管理层形成有效的激励约束机制,同时对子公司的经理人员也要形成有效的激励相容的机制(Datta et al.,2009)。

现代公司所有权与现金流权的分离,使得控股股东具有强烈的利益侵占动机。特别是在东亚国家,上市公司普遍采用金字塔的股权结构,利用这种股权结构进行利益输送(Claessens et al.,2006;Fan et al.,2010)[34-35]。在这种特殊的股权结构下,上市公司内部资金配置效率将会受到较大的影响。在缺乏良好的公司治理结构下,内部资本市场所进行的资金配置很可能异化为控股股东掏空上市公司的便利"隧道"。针对中国的内部资本市场研究表明,控股股东利用集团构建的内部资本市场,侵占了大量的上市公司资金,内部配置效率较低(杨棉之,2006;邵军、刘志远,2008;刘星等,2010)[25,7-8]。因此,要使得内部资本配置效率得到有效提升,需要构建良好的公司治理机制。

2.1.5 信息不对称理论

信息不对称理论最早由Arrow在1963年提出,随后Akerlof(1970)在其发表的文章《柠檬市场》中运用理论分析做了进一步的阐述。同时Spence(1973)提出的信号传递模型以及Stiglitz(1976)提出的信息与价格模型,进一步丰富了信息不对称理论,由此信息经济学得到更为广泛的研究。Akerlof(1970)利用二手车的实例说明由于交易双方的信息不对称从而导致双方利益受损,指出卖方应当坚持出售高质量的二手车从而增强买者的信心,从而达成使双方受益的交易行为[36]。Spence(1973)和Stiglitz(1976)则分别从劳动力市场的文凭信号以及保险市场的保费来解释信息不对称对交易双方的影响。

在新兴市场国家,由于市场要素发育的不健全,以及政治不确定性和投资者保护机制的缺失,从而导致市场交易中存在较为严重的信息不对称问题。正是由于存在信息不对称限制了企业获得外部资金,因此借助于企业内部资本市场则能够有效缓解信息不对称问题。Williamson(1975)认为企业内部的资金配置行为,区别于外部市场,这是因为总部对成员组织具有良好的信息优势,更清楚成员企业的运营状况,并且能够对成员企业的资金使用行为进行更好的监督。在这样的背景下,内部资本市场中分部产生"道德风险"和"逆向选择"的概率较低,因而能够提高内部资本配置效率。

2.2 内部资本市场在中国的发展概况

内部资本市场的构建,一般是依托集团而运行。因此,对内部资本市场运行的考察,需要结合企业集团的特征来进行。

2.2.1 企业集团的发展变革历程

企业集团作为集权性组织的典型代表,在一国经济发展中具有十分重要的经济引擎作用。企业集团在全世界范围内都存在,在新兴市场国家尤为普遍(Khanna and Palepu, 1997; Kim, 2004; Khanna and Yaefh, 2007)[37,21,38]。Khanna and Yaefh(2007)对全球范围的企业集团的考察发现,附属于集团的企业在少的地区占20%,而在多的地区则占到近70%[①][38]。既有文献的研究表明,集团企业的组建能够缓解融资约束、提高生产效率以及节约交易费用等作用(Leff, 1978; Berger and Ofeck, 1995; Khanna and Palepu, 2000; Aha et al., 2006;辛清泉等,2007;潘红波、余明桂,2010)[39-40,5,41-43]。

我国企业集团的组建,主要是从改革开放以后,特别是在党的十四大中明

---

① 与Khanna and Yafeh(2007)的研究类似,Classens et al.(2006)对东亚九国公司的研究中发现,约有70%的公司附属于各类企业集团。

确提出现代企业制度改革,重点强调组建大型企业集团以及行业联合体。此后,中央部委又相继出台了一系列配套政策①。对试点企业集团进行计划单列、成立财务公司、享有自营出口权、集团统一纳税,对企业集团增强金融支持,扶持大型企业集团优先上市②以及鼓励试点企业集团进行资产重组和并购(银温泉,1999)[44]。这些政策的出台,推动了中国国有企业组建企业集团的浪潮,截至2008年中国共有2 971家企业集团,其中国务院试点企业集团120家。

民营企业组建企业集团,既是市场化运行的选择,同时也是打破政策"天花板"和政治不确定的制度性安排(陈信元、黄俊,2006)[45]。相比于国有企业集团,民营企业集团的竞争力表现出不断增强的趋势,组建集团主要是基于市场导向。在中国大企业集团占比上,2000年民营企业集团只有556家,占比仅为21%;然而,2008年民营企业集团数量突破性地增加到1 678家,占比达56%,相比于2000年增长了170%(国家统计局,2009)[46]。

根据统计数据显示,1997—2008年,中国企业集团的数量已经从2 369家发展到2 971家(图2-1)。企业集团资产、营业收入规模也在不断增长,资产总额从2000年的106 984亿元增加到2008年的411 312亿元,增长了280%;营业收

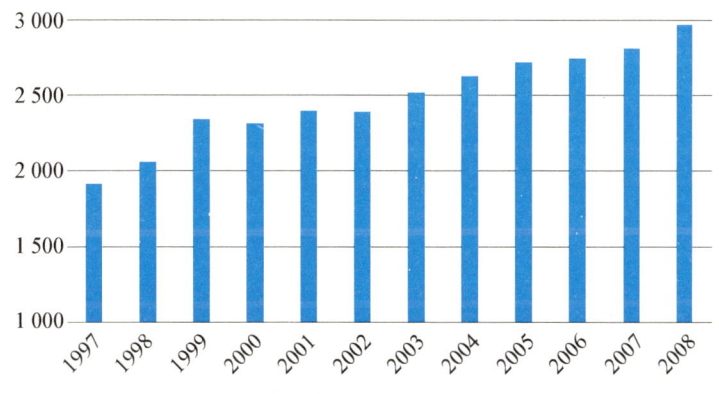

图2-1 中国大企业集团数量发展趋势

---

① 例如,国务院在1987年出台了《关于大型工业联营企业在国家计划中实行单列的暂行规定》和《关于组建和发展企业集团的几点意见》;1991年国务院出台《关于选择一批大型企业集团进行试点的请示》(简称71号文)以及配套政策,诸如《试点企业集团审批办法》、《乡镇企业组建和发展企业集团的暂行规定》及《关于国家试点企业集团登记管理实施办法(试行)》等。

② 证监会在核准企业上市资格时,优先考虑300家国家重点企业和56家企业集团(李东平,2005)。根据我们的手工搜集的数据整理显示,截至2013年,120家国务院试点企业集团总计控股474家境内外上市公司,即每个集团平均拥有3.95家上市公司。

入从 2000 年的 53 260 亿元增加到 271 871 亿元,年均增长 46%(图 2-2;国家统计局,2009)。

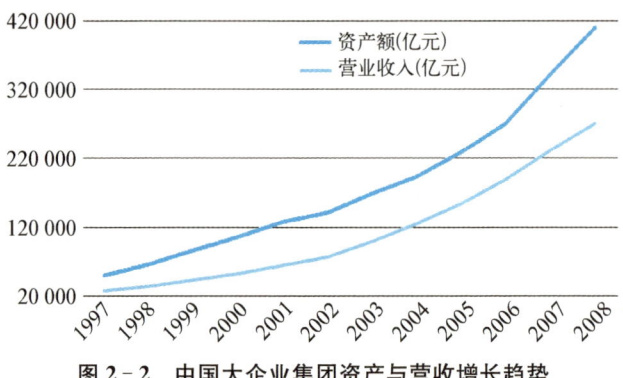

图 2-2 中国大企业集团资产与营收增长趋势

2.2.2 内部资本市场的运营现状

企业集团经营的多元化,为企业集团开展内部资本市场建设提供了便利条件,有利于发挥内部资金配置的"规模效应"。集团化经营实质为一项风险分散的战略设定,利用不同产业板块的现金流"跨时空分布"进行资金配置。根据年报显示,中国上市公司内部资本市场规模从 2003 年的 2 972 亿元增长到 2013 年的 62 746 亿元,增长了 20 倍[①]。由此可见,在企业集团内部利用成员企业间的资金调配,是企业集团普遍采用的资金配置方式。值得注意的是,中国宏观经

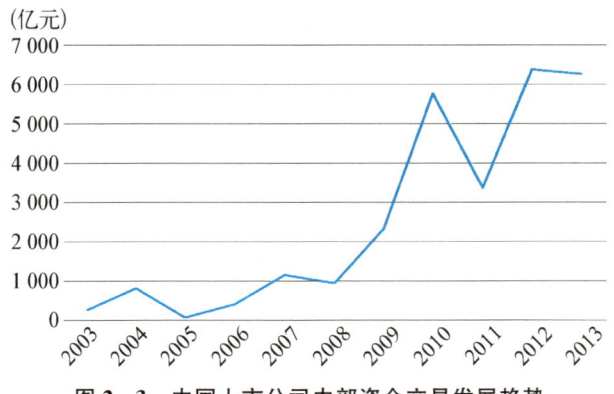

图 2-3 中国上市公司内部资金交易发展趋势

---

① 经计算,若按上市公司内部交易(含资金交易)规模测算,则截至 2013 年这一规模高达 180 551 亿元(见图 2-4)。若按上市公司所在集团测度,则内部交易规模和内部资金交易规模分别高达 190 422 亿元和 64 201 亿元。图 2-3 和图 2-4 直观显示了集团经营和内部交易规模持续增长的趋势。

济的高速发展与金融市场发展相对滞后的"金融迷局",或许可以从企业集团内部资本市场运作中找到"谜底"(He et al.,2013;李焰等,2007)[47-48]。

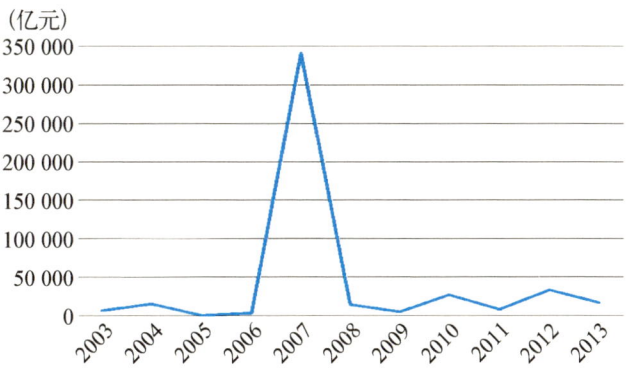

图2-4 中国上市公司内部交易发展趋势

由于缺乏中国企业内部资本市场运行的权威统计数据,本书利用上市公司内部资金往来数据考察了中国上市公司内部资本市场运行情况。从2007—2011年7 836家上市公司披露的《控股股东及其关联方资金占用专项审核报告》(以下简称"专项审核报告")中,我们手工收集了上市公司内部资本市场的数据。在这7 836家公司中,4 509家公司(占58%)的母公司与其子公司之间存在资金往来。这表明我国大部分上市公司都引入了内部资本市场。对这4 509家公司,我们进一步收集了母公司对各个子公司的资金借出、收回和结余三个明细项目。按照与主营业务的关系,母公司与其各子公司之间的资金往来分为经营性和非经营性的。经营性资金往来主要产生于正常的购销业务,类似于企业内部的商业信用;非经营性资金往来主要产生于内部资金拆借活动,有着更明显的融资作用。表2-1给出了内部资本市场运行的情况。为了控制规模的影响,母公司对各个子公司的资金"借出、收回和结余"都以当年的营业收入进行标准化。表2-1数据显示,非经营性资金往来的规模高于经营性资金往来。以借出为例,非经营类均值为0.155,明显高于经营类均值0.039。与之类似,非经营类收回及结余均值均显著高于经营类。其次,考察每类资金往来的内部结构,发现借出资金的规模都高于收回的规模。具体地,以非经营类为例,借出的均值0.039要高于收回的均值0.036,结论同样适用于经营类。此外,表2-1显示内部资本市场中的资金运动是一个动态的过程,有借有还。由于借出与偿还的抵消作用,资金结余均值为1.7%。综合来看,表2-1的结果说明,企业使用内部资本市场的主要目的是为子公司提供资金。

表 2-1　内部资本市场运行的统计结果

	均　值	1/4 分位	中位数	3/4 分位
Panel A：经营性				
借出	0.039	0.000	0.000	0.006
偿还	0.036	0.000	0.000	0.004
结余	0.003	0.000	0.000	0.000
Panel B：非经营性				
借出	0.155	0.001	0.040	0.181
偿还	0.141	0.000	0.029	0.153
结余	0.014	−0.004	0.000	0.018
Panel C：总计				
借出	0.194	0.013	0.080	0.248
偿还	0.177	0.010	0.061	0.225
结余	0.017	−0.008	0.002	0.029

数据来源：经由手工收集的《控股股东及其关联方资金占用专项审核报告》中数据整理计算而得。

2.3　内部资本市场的运行机理

本节内容中，将从内部资本市场的结构组成、运行机理两个角度较为全面地阐释内部资本市场的运行机理，从而为后续的实证分析提供理论架构支撑。

2.3.1　内部资本市场的结构组成

既有文献中对内部资本市场结构组成的研究，是相对缺乏的。就本书所整理的资料来看，仅有王化成等(2011)和陈艳利等(2014)对这部分进行了相对系统的讨论[49,26]。陈艳利等(2014)的研究与王化成等(2011)的内部资本市场框架基本一致。具体而言，内部资本市场结构主要分为八层：环境层、治理层、运行主体层、载体层、功能层、运行层、评价层和价值层。

1. 环境层

Williamson(1975)的厂商组织理论认为，内部资本市场出现的根源在于外部市场的失灵，使得企业在外部市场融资存在摩擦。参照 Poter(1980)的竞争五力模型和SWOT分析框架,本书将企业所面临的环境分为3个维度:宏观经济环境、行业竞争状态、公司层面特性。

2. 治理层

治理层主要包括股权结构、管理层激励机制、资金管控机制、银企关系。这些因素与内部资本市场的构建和运营具有密切联系。参照李维安(2001)[50]的"公司治理—经营行为—经济后果"的治理逻辑,公司治理结构及质量对企业内部运营具有显著的影响。良好的管理层激励机制、有效的资金管控机制以及和谐的银企关系,都有助于内部资本市场的建立和运行(Datta et al.,2009;潘红波、余明桂,2010;张会丽、吴友红,2011)[28,43,10]。

3. 运行主体层

这一层级是内部资本市场的核心层,集团公司作为内部资本市场运作的最高运作主体,负责内部资本市场战略制定和对成员资金配置的规划设计以及资金配置的监督和效率评价。成员企业与集团总部的关系是双向互动的,即企业向总部提出资金运营需求,总部审核后反馈至成员企业;同时集团总部也会向成员企业提出资金集中的要求,征求成员企业意见并希望其配合集团战略执行。

4. 载体层

根据既有文献的考察,内部资本市场的运作一般采用财务公司、资金结算中心、资金池等方式来进行。然而,由于财务公司在我国实践周期还比较短,对财务公司的设置有较强的硬性约束,比如财务公司的最低注册资本金为5亿元,这对很多中小型企业是个较高的门槛①。因此,多数企业集团通常采用设立集团资金结算中心的方式来进行内部资金管理和配置。

5. 功能层

内部资本市场的功能层,主要包括缓解融资约束、降低交易成本、提高资本配置效率、提升监督管控效能。上述职能,在既有文献中都有论述(如 Lewen,1971;Williamson,1975;Gertner et al.,1994)[51,14,52]。

6. 运行层

内部资本市场的运行层,是内部资本市场的核心层,是内部资本市场的"灵魂"。这一层级涉及资本配置、权力监督和资金运转。

---

① 1987年,东风汽车集团公司成立中国第一家企业集团财务公司,即东风汽车财务有限责任公司。截至2014年底,银监会共核准167家财务公司成立(中国财务公司协会,2014)。

7. 评价层

内部资本市场的评价层,是对内部资本市场运行效率的检验。在评价的主体上,本书也进行了设计。评价主体由内外两部分组成,内部主要由内部审计机构执行,将内部资本市场运行效率向监事会和董事会报告;外部主要由独立董事和会计师事务所执行。在进行效果评价的基础上,提出相应的奖惩和改进措施。

8. 价值层

内部资本市场的价值层,主要检验内部资本市场对企业价值的影响。具体从短期绩效和企业价值角度对内部资本市场运作产生的影响进行评判。

2.3.2 内部资本市场的运行机理

为了能够更清晰地表述内部资本市场的运行机理,本书设计了内部资本市场的运行系统图(图2-5)。通过图形的方式能够更好地理解各个组成部分之间的逻辑线,以及信息和资金的流向及监管如何进行,从而对内部资本市场的运行具有系统性的理解。

从图2-5的框架来看,内部资本市场的构建和运行主要是基于信息不对称、交易费用高昂及委托代理成本而存在。首先,从环境来看,由于外部宏观经济环境的变化,特别是外部金融市场发展的不完善,使得金融机构与企业之间存在着信息不对称,企业难以获得充分的信贷资源以及外部融资成本较高,企业面临较强的融资约束。进一步从行业竞争的状态来看,由于市场竞争程度的加剧,企业在原有行业的竞争力在逐渐下降,迫使企业应当往新的行业开拓。在上述外部环境条件约束下,内部资本市场的有效运行还需要良好的公司治理机制辅助。

满足内部资本市场的基础制度环境的前提下,内部资本市场要求企业集团存在多个分部,以便于不同分部之间进行资金的配置。同时,集团与成员企业之间的交互是双向的,既是资金流动同时也是一个信息流的传输过程。在内部资金配置的过程中,集团总部通过对成员企业实际运营绩效的审核,掌握了成员企业运营更为详细的信息,同时成员企业在申请资金的过程中也了解了集团总部配置资金的主要指标条件。资金运行载体,通常有集团财务公司、资金结算中心两种形式。

在具体的内部资本配置形式上,主要通过集团内部的购销活动、成员企业间的资金拆借、集团内部的委托担保、债权投资、集团内部的租赁方式进行。考虑到内部资本配置中的代理成本问题,本书在内部资本市场运行中嵌入了内部监

第 2 章 理论基础、制度背景与运行机理

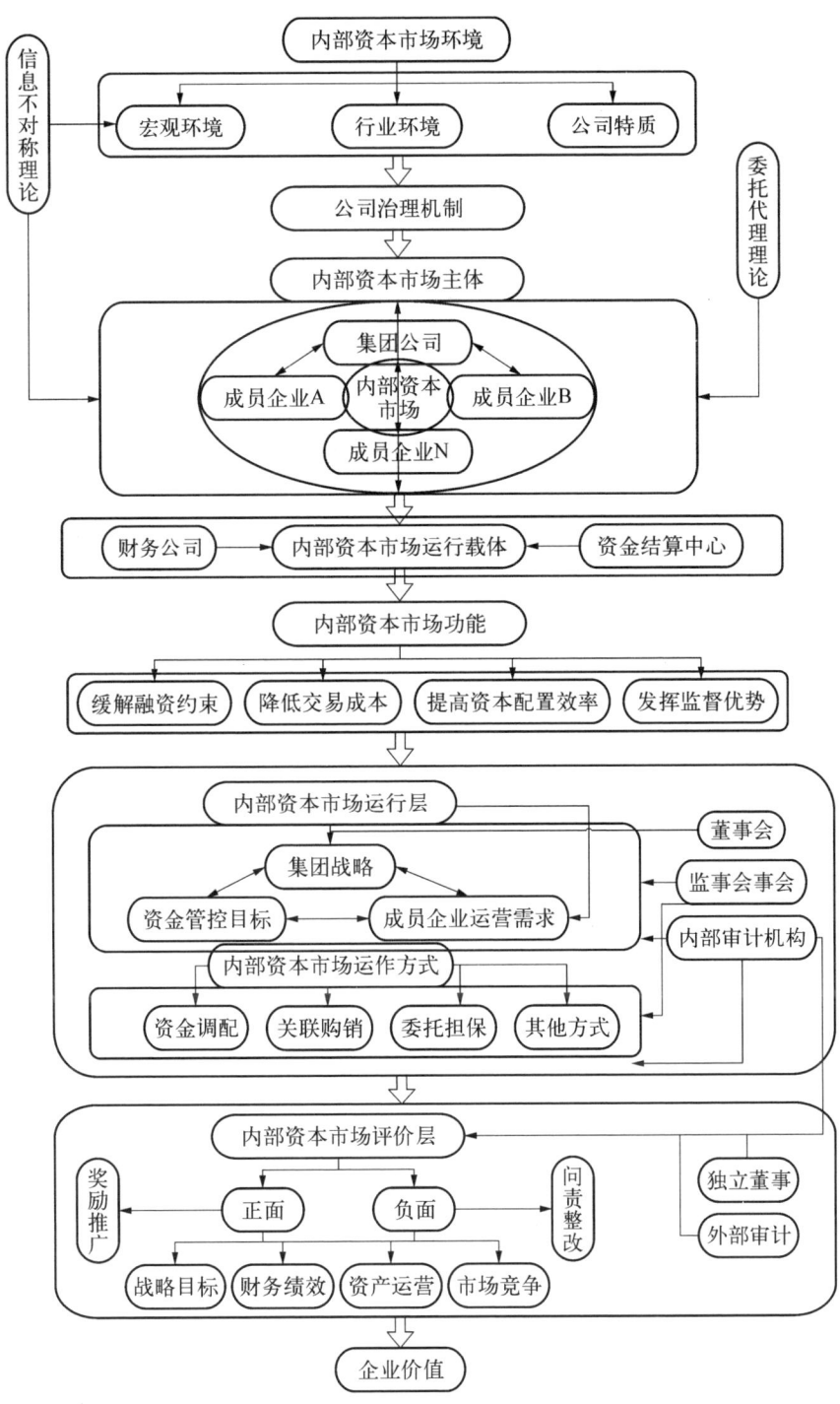

图 2-5 内部资本市场运行机理

管机制。图2-5中显示的监管机制,内部资金配置的总体战略由董事会作出,监事会及内部审计机构负责内部资本配置是否按照集团战略和资金管控的目标来进行,保证资金配置符合预期的目标。通过制度和信息化监控手段强化内部监管机制对内部资本配置的全程监控,缓解资本配置中的权力寻租行为。

在内部资本市场运行绩效评价层面,运用内外部的监督机构对内部资本市场的运行从财务绩效、战略目标等方面评价,并根据评价结果进行相应的奖惩。同时,将内部资本市场的经济效果及时汇报给董事会以及股东,对存在的负面影响进行整改。这些措施的提出,旨在降低委托代理成本,协调各利益相关者的目标一致,最大化增加企业价值。

图2-5描述的内部资本市场运行机理,系统地从外部宏观经济环境、行业竞争、公司特质层面刻画内部资本市场运行需要的基础前提条件,以有效配合内部资本市场战略的实施。根据 Rajan et al. (1998)、朱红军等(2006)、黄志忠、谢军(2013)的研究,内部资本市场发展与外部金融环境存在一定的替代关系。因此,本书将内部资本市场运作与企业内外部环境结合考察。

内部资本市场构建后关键是运行机制和运行效率,不同企业建立后产生的经济后果并不相同,这需要从内部资本配置机制和公司治理结构角度进行考虑。图2-5也描述了内部资本市场的主要运行载体以及具体的资金配置形式,着重考虑内部资金配置机制对运行效果的影响。在运行逻辑框架图中,本书重点考察公司治理机制对内部资本市场运行效率的影响,强调治理机制对内部资本市场运行的效率和效果的影响路径。

2.3.3 内部资本配置的具体形式:基于中航集团的案例

为了能够更直观地表述内部资本市场的运行逻辑,我们在这一部分利用企业集团内部资本市场运行的实例来对内部资本市场中的资本配置形式进行阐述。为了能够更加详细地分析集团内部资本配置的运行机制,即企业集团遵循哪些原则对成员企业配置资金,本书将在第5章以多案例的方式详细分析集团内部资金配置机制。本章案例的作用在于,明确集团内部资金配置的主要形式,为后续的分析提供基础性的概念铺垫。

基于数据的可得性和案例的典型性,我们按如下原则进行案例对象的选取:(1)跨行业、多区域运行的企业集团;(2)具有完善的资金管理运作平台,主要以财务公司作为管控载体;(3)能够获得资金管理中心的相关数据;(4)具有多家上市公司作为业务子公司。在上述条件的引导下,我们逐一翻阅企业信息数据库和企业集团网站资料后,最终选取中国航空工业集团公司作为本章的案例研究对象。

中国航空工业集团公司(以下简称"中航集团")为国务院国资委直接管辖的特大型军工企业集团,前身为中国航空工业总公司,于2008年由中国航空工业第一、第二集团公司合并而成,为我国最主要的军民用飞机和航空发动机制造商。2009年起连续六年入选《财富》世界500强,2014年位列第178位,是唯一入选的中国军工企业,2014年营业收入3940亿元,资产总额7846亿元。中航集团的业务范围遍及中国主要的省区,是典型的跨行业、跨地区的多元化企业集团。中航集团旗下拥有26家上市公司,其中有20家上市公司在中国大陆上市交易(上交所10家,深交所10家),445家成员企业。中航工业集团的产业结构如图2-6所示。我们根据中航集团的发展战略规划,将中航集团的产业结构划分为传统产业、新兴产业和现代服务业。传统产业包括航空品制造、机电制造、汽车零部件;新兴产业包括电子信息、材料能源、电力电气产业;现代服务业主要包括地产建设、商贸与医疗、金融投资。图2-6给出了中航工业集团的产业结构以及成员企业的分布状况。图中末级组织为每个产业板块下属的上市公司,限于篇幅仅汇报其中3家作为代表。

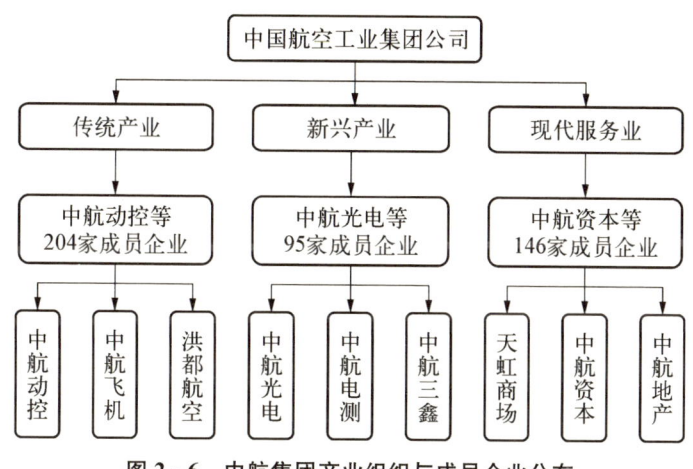

图2-6 中航集团产业组织与成员企业分布

上市公司在3个产业的分布如下:传统产业板块拥有12家上市公司①;

---

① 12家上市公司分别为:000738(中航动控)、000768(中航飞机)、002013(中航机电)、002190(成飞集成)、600038(中直股份)、600316(洪都航空)、600391(成发科技)、600523(贵航股份)、600760(中航黑豹)、600765(中航重机)、600893(中航动力)、600973(宝胜股份)。

新兴产业板块拥有5家上市公司(飞亚达(000026)、002163(中航三鑫)、002179(中航光电)、300114(中航电测)、600372(中航电子));现代服务业拥有3家上市公司(000043(中航地产)、002419(天虹商场)、600705(中航资本))。

集团内部资金运作的平台为中航资本(股票代码:600705)及其旗下的中航集团财务公司。中航资本的主要业务范围在于对集团内部资产进行有效地整合和重组、对新兴产业进行股权投资以及相应地为成员企业的资产证券化提供金融服务和指导。中航集团财务有限公司作为集团内部资金调配的中枢,主要负责日常资金的流转以及成员企业之间的资金调配活动,并依托集团产业经营平台,统一对外进行融资、投资,优化资金配置结构,提高资金运转效率。同时中航资本与中航财务公司之间在业务和资金方面互补,具有较好的协同效用。

资本运作平台也为上市公司,为我们分析中航集团内部的资金往来活动提供了较为丰富的数据支持,从而能够更加直观地展现内部资本配置的具体形式,有利于更好地理解内部资本市场运行机理。我们翻阅中航集团的财务以及其他管理资料,梳理了中航集团内部资本市场运作的逻辑架构。图2-6给出了中航集团内部资金运作的具体路径框图。

图2-7显示,中航集团内部资本市场的运行是一个开放的环形结构,即将集团内部资源整合与外部资金供给通过中航集团财务公司进行对接。具体地,中航集团财务与成员企业进行两类日常业务,即经营结算和资金交易。经营结

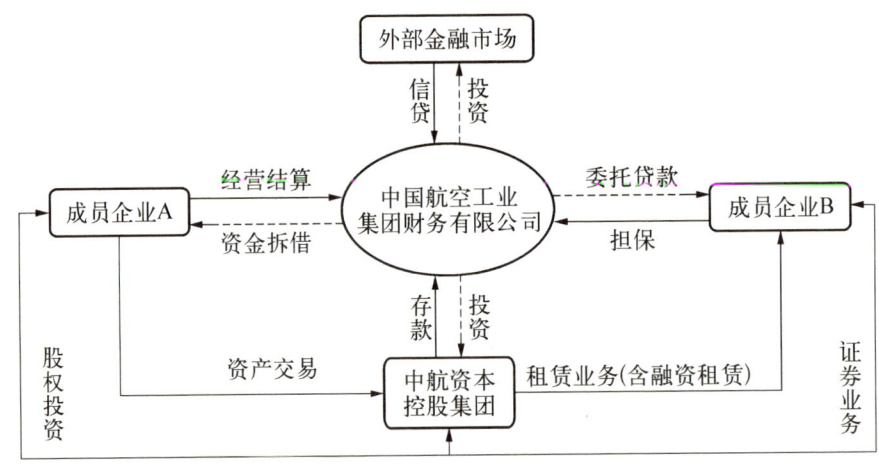

图2-7 中航集团内部资本市场运行逻辑框架

算主要是日常的购销货款及其他业务性收支。在资产和资本交易上，中航集团主要利用中航资本这一载体，负责集团内部成员企业的资产重组、资产租赁以及相应的股权投资、资产证券化等业务。同时，中航资本将集中管理的资金以存款的形式配置给中航财务，中航财务以股权的方式参与中航资本投资。在对外资源交易方面，主要依托中航财务进行集中授信的方式获取信贷以及在资本市场进行投资。

为了能够更加清晰地描述中航集团内部资金配置的具体方式和路径，我们进一步利用数据分析的方式对上述内部资本市场运行逻辑框架进行详细分解。我们通过手工翻阅中航集团下属所有上市公司年报数据，以及收集上市公司发布的关联交易信息，获得了中航集团内部资金运行的所有数据。为了更好地理解内部资本配置形式，对内部资金往来的数据进行了业务性质分类。内部资金往来的形式，将其划分为5大类，即经营购销、资产交易、资金交易、租赁以及担保业务。经营购销主要产生于集团内部单位之间的购销商品、提供劳务活动；资产交易产生于集团内部成员企业间的股权收购或投资、债权处置活动；资金交易主要表现为集团内部成员企业间的资金拆借、委托贷款、票据融资、综合授信等；租赁主要是集团内部成员企业间以经营租赁或融资租赁方式使用集团成员企业部分资产的行为；担保则是基于为获得信贷资金而在集团内部成员之间进行信用保证的行为。表2-2给出了中航集团内部资本配置的具体形式。

表2-2 中航集团内部资金配置的主要形式

类别	交易形式	具体实例
经营购销	购销商品劳务往来	宝胜股份2012年向宝胜电气销售电解铜2 063万元；中航三鑫2014年承接宝利鑫7 300万元光伏发电工程施工
资产交易	资产处置股权投资	中航精机2011年收购四川航空工业川西机器公司100%股权；中航飞机2014年向西安飞机工业集团出售987万元空压机、冷库等设备
资金交易	资金拆借委托贷款	中航黑豹2014年向中航财务公司及金城集团借款8.32亿元；航空动力2014年向中国南方航空工业集团公司提供委托贷款1.89亿元
租赁	租赁资产	飞亚达2011年向中航集团支付375万元写字楼租赁费
担保	借贷担保	中航资本2013年为中航精机15亿元债券提供全额担保

资料来源：上市公司年报、上交所和深交所日常交易信息披露平台，并经手工整理。

在上述5类内部资金配置形式中,实际运用中也存在一定的差异。具体而言,不同的资本配置形式对企业的生产经营具有不同的作用。有鉴于此,我们对中航集团内部资金配置结构进行了考察。表2-3汇集了中航集团内部资金配置的结构组成。

表2-3 中航集团内部资金配置结构

	2012		2013		2014	
	金额(亿元)	占比(%)	金额(亿元)	占比(%)	金额(亿元)	占比(%)
担 保	171	19	105	8	259	15
资产交易	40	5	129	9	65	4
经营购销	433	49	193	14	294	17
资金拆借	237	27	827	60	1 091	62
租 赁	7	1	10	1	52	3
总 计	887	100	1 374	100	1 762	100

表2-3的数据显示,总体上内部资金往来规模不断增长,从2012年的887亿元增长到2014年的1 762亿元,增长了98.65%,由此进一步证明了中航集团内部资金往来规模呈现快速增长趋势。进一步分析内部资金往来的具体项目构成,表2-3显示在5类资金配置形式中,经营购销与资金拆借是最主要的资金往来方式,占比平均达到76%。尤其是在2012年之后,资金拆借活动成为中航集团内部最为活跃的资金往来形式。担保活动也相对较为活跃,资产交易和租赁活动相对较为平稳,这可能与中航集团经过2008年重大重组之后,专业化运营趋势明显,资产结构趋于平稳。同时由于航空行业的特殊性,资产专用性强,往往租赁的市场选择空间较小,因而所占比重相对较低。

考虑到中航集团的跨行业、跨地区运营的特性,我们进一步区分其运营的行业特征,分析不同产业结构中的内部资金配置结构。表2-4汇报了中航集团不同产业部门内的资金配置结构。

表2-4中的数据显示,中航工业集团不同产业板块中的内部资金配置形式存在明显的差异。具体而言,传统产业板块中内部资金往来主要以商品和劳务交易的方式来进行,这种方式占比平均达53%。占比较高原因在于航空产业作为国防工业的特殊性,其生产经营呈现闭环形态,需要依托系统内单位进行协助配套,因而内部经营购销较为频繁且金额较高。除购销交易以外,资金拆借活动

表 2-4　区分产业结构的中航集团内部资金配置结构

	2012		2013		2014	
	金额(亿元)	占比(%)	金额(亿元)	占比(%)	金额(亿元)	占比(%)
Panel A：传统产业						
担保	37	6	59	16	138	20
资产交易	7	1	57	15	22	3
经营购销	401	71	182	48	281	41
资金拆借	116	21	77	20	246	36
租赁	6	1	4	1	2	1
小计	567	100	379	100	689	100
Panel B：新兴产业						
担保	79	49	32	36	47	67
资产交易	12	8	22	24	5	8
经营购销	29	18	7	8	7	10
资金拆借	40	25	28	31	10	15
租赁	1	1	1	1	1	1
小计	161	100	88	100	70	100
Panel C：现代服务业						
担保	55	34	125	14	74	7
资产交易	21	13	50	6	38	4
经营购销	3	2	4	1	6	1
资金拆借	80	50	722	80	835	83
租赁	1	1	6	1	50	5
小计	160	100	906	100	1 003	100
总计	887	—	1 374	—	1 762	—

占比维持在 25% 左右。进一步从年度变化看，经营购销占比在下降，资金拆借的占比在上升，表明传统产业对资金的需求也在增加。

新兴产业板块的资金配置主要以担保形式存在，占比达 51%，表明新兴产业板块主要通过集团内部成员企业的担保获得信贷支持，从而支持产业发展。同时，鉴于新兴产业的盈利能力不确定性，在内部资金拆借占比上仅占 22%。

相比于新兴产业板块,现代服务业板块的内部资金往来形式主要以资金拆借方式存在,这一形式的内部资金往来占比达71%,并且在年度变化趋势上也呈现出快速增长的态势。中航集团的现代服务业中主要以商业零售、地产建设以及金融投资作为运作载体,这些业务板块均为资金密集型行业,对资金需求量较大。在中航集团多元化经营的背景下,依托中航财务公司的专业化平台,进行内部资金的融通,为现代服务业提供资金支持,促进集团多业态的持续和快速发展。

  结合前文的分析,从集团层面的整体结构来看,中航集团内部资金配置的形式主要是以经营购销作为主要的形态。然而,按照集团产业板块类型划分,则发现中航集团内部资金配置结构在不同产业之间呈现明显的不同产业资金配置形式。传统产业的资金配置主要侧重于日常的经营,新兴产业板块则倾向于产业的拓展与规模的增长,现代服务业则对资金的周转的需求更为旺盛。因此,基于中航集团的案例分析,我们发现集团内部资金配置形态因集团产业分布而呈现不同的情形。不同产业发展状况以及产业运营的特性,对资金配置的要求均存在差异。因此,在后续的研究设计中,应当区分不同的行业类型,分析内部资金配置的运行机制及其经济效果。

第3章
文献综述

本章基于内部资本市场的既有研究文献对该领域的文献脉络进行了整理,参照 Maksimovic and Phillips(2007)对内部资本市场研究的分类,分别从内部资本市场的影响因素和经济后果两个角度对内部资本市场研究文献进行了回顾。同时,我们还回顾了产权性质、区域金融发展、管理层激励与企业财务行为相关的文献。基于文献的系统性回顾,厘清内部资本市场发育、内部资本配置及其运行后果的理论分析框架。

3.1 文献概述

本书基于前期阅读的文献,对有关内部资本市场的主流文献进行了统计与分类,形成表3-1和表3-2的经典文献分析表。中文期刊方面,选取国内学术界普遍认可文章质量较高的权威杂志,具体包括《中国社会科学》、《经济研究》、《管理世界》、《金融研究》、《会计研究》、《中国工业经济》、《南开管理评论》、《管理评论》、《管理科学》9种杂志。外文期刊选取3大主流国际学术评价目录(Financial Times 45、Business Week 22、Dallas 20)中的收录期刊,具体包括 *Journal of Finance*、*Journal of Financial Economics*、*Review of Financial Study*、*The Quantity Journal of Economics*、*Journal of Financial and Quantitative Analysis*、*Academy of Management Journal*。

表3-1中显示,国际主流期刊中有关内部资本市场的研究,主要集中在多元化经营和公司价值方面,这两个领域占到内部资本市场研究的54%。此外,表中还显示既有研究对内部资本市场研究所得到的结论负面性质的占69%,表明既有文献认为内部资本市场并不能够有效提升公司运营绩效,存在效率损失行为。

表3-1 外文权威期刊有关内部资本市场文献的分布

主 题	篇数	占比(%)	正面	负面	典 型 文 献
融资约束	18	15	15	3	Gopalan et al.(2007);Comment & Jarrel(1995)
资本配置	11	9	4	7	Alchian(1969);Willamson(1975)
多元化经营	27	23	11	16	Stein(1997);Matsusaka(2001)
投资效率	15	13	5	10	Weston(1970);Khanna & Palepu(1997)
管理层激励	11	9	3	8	Wulf(2002);Datta et al.(2009)
公司价值	37	31	12	25	Land & Stulz(1994);Rajan et al.(2000)
合　计	119	100	50	69	

表3-2 中文权威期刊有关内部资本市场文献的分布

主 题	篇数	占比(%)	正面	负面	典 型 文 献
融资约束	7	13	4	3	邵军、刘志远(2008);谢军、黄志忠(2014)
资本配置	4	7	2	2	周业安、韩梅(2003);邹薇、钱雪松(2005)
多元化经营	12	22	7	5	姚俊等(2004);王福胜、宋海旭(2012)
投资效率	9	16	6	3	辛清泉等(2007);张会丽、陆正飞(2012)
管理层激励	5	9	2	3	邵军、刘志远(2006);潘红波、余明桂(2014)
公司价值	18	33	7	11	李增泉等(2004);王化成、曾雪云(2012)
合　计	55	100	28	27	

表3-2中显示,国内主流期刊对内资本市场的研究焦点,与国际学术界研究基本类似,也主要集中在多元化经营与公司价值方面,两项占比55%。对研究的定论方面,正面性与负面性基本相当。结合表3-1和表3-2,就研究内容而言,无论是国际学术界还是国内学术研究,对内部资本配置和管理层激励方面,尤其是正面性的研究都非常稀缺。从主流学术期刊的研究视角来看,过于负面性,未来从积极正面的角度来研究,尤其是在新兴市场中,可能会更有学术研究价值。

3.2 内部资本市场的影响因素研究

既有文献对内部资本市场构建的影响,主要从多元化、融资约束、管理层激励、金融发展这四个角度展开。

3.2.1 多元化经营与内部资本市场研究

构建内部资本市场的前提之一,需要依托企业集团,并且集团应该是涉及多行业的,因为内部资本市场与企业集团的多元化是密切相关的。Matsusaka(2001)拓展了集团公司建立的匹配模型,在他的模型中不同的公司具有不同的组织能力,组织能力在跨行业中是可以转移的。当销售业绩下降时,对一个公司而言退出这个行业不是最优的选择。相反,公司应当利用他们的组织竞争能力,向其他新的产业进行多元化扩张。如果发现一个很好的匹配机会,将把现有资源从现有行业转移出去[53]。Matsusaka and Nanda(2002)比较了内部资本市场的利益与成本,认为企业通过多元化建立起的内部资本市场能够获取更多的资金资源,从而有效缓解外部融资约束[54]。Choe and Yin(2009)利用理论推导的方式考察了集团公司折价的原因,研究发现多元化公司借助于有效的内部资本市场能够缓解预算约束,从而可能形成公司溢价。相反,如果多元化公司内部信息寻租成本较多,则会导致内部资本市场无效,从而导致公司折价[55]。因此Choe and Yin的研究结论表明多元化的公司需要权衡内部资本市场的成本与收益,多元化经营能够帮助企业在面临外部融资约束时提供资金资助。Comment and Jarrel(1995)对公司专业化经营与公司业绩的相关性进行了考察,发现当市场对多元化公司并不看好的情形下,多元化公司更多地依赖于债务共同保险和内部资本市场,从而表明内部资本市场可以有效替代外部融资的无效[56]。Khanna and Tice(2001)考察了1975—1996年间折扣店对Wal-Mart进入他们的本地市场的反应。研究发现,在跟随Wal-Mart的市场条件下,多元化的公司比集中经营的公司投资更多。同时,多元化公司投资对其自身的生产率水平的敏感度要远高于集中化公司,他们发现多元化公司从失败的折扣店转移资金。进一步分析发现,多元化公司在是否留下来与Wal-Mart竞争还是退出市场的决策上,显示出更加敏捷[57]。

早期的理论研究(如Stein,1997)认识到内部市场的规模对于效率的重要性。早期文献研究内部资本市场质量时将企业界限作为给定值,这样就可以将内部冲突通过出售与公司总体组合不匹配的资产来解决或得到缓和。因此,如果公司资产市场有效,内部冲突导致的投资扭曲的程度就可以有效被限制。当然,经理层与股东之间仍然存在冲突。然而,高管具有清晰的价值最大化的动机。Maksmovic and Philips(2001)考察了1974—1992年期间多元化公司并购活动,与利润最大化模型一致,MP发现高生产率部门不太可能被出售[58]。Feito-Ruiz and Menéndez-Requejo(2012)通过考察对2002—2007年期间447个欧洲公司并购案例,发现当被并购企业所在地区的法律健全程度及制度环境较好时,则并购所需资金越可能源于并购企业内部。研究结论表明内部资本市场与并购资金具有密切的联系[59]。

3.2.2 融资约束与内部资本市场研究

已有文献研究表明,所有权的性质会影响企业的融资行为(Aharony et al.,2000;Brandt and Li,2003;Wang et al.,2008;Su and Yang,2009)[60-63]。非国有企业在金融市场上进行融资具有明显的劣势,存在融资障碍。在外部融资存在障碍的背景下,非国有企业如何缓解资金压力,这是非常有意义的一个话题。根据融资优序理论(Pecking Order Hypothesis,POH),企业在决定资金筹集方案时,优先考虑企业内源性融资,最后才是使用融资成本和控制权风险最高的股权融资(Myers,1984;Myers and Majluf,1984)。Rousseau and Kim(2008)考察了韩国企业在亚洲金融危机前后投资行为的变化,发现金融危机后集团公司投资规模对内部现金流的敏感度明显增加,表明韩国金融市场开始进入更加严格的市场管制,企业面临更为严格的融资约束,为了缓解融资压力利用内部资金则是一个更为可行的渠道[20]。

Hovakimian(2011)的研究同样支持了内部资本市场与外部资本市场的可替代性,研究发现当外部经济衰退及融资成本上升时,集团公司会通过改善内部资本市场效率来缓解资金压力[64]。更重要的是,集团公司所面临的外部融资约束越严重,则内部资本市场的效率提升幅度越大。由此,可以看出内部资本市场确实是外部资本市场运行无效时替代性的资金筹集渠道。企业集团的成立,从规模经济角度而言,实际上是为企业提供内部资本运作的平台。He et al.(2013)对中国企业集团的本质进行了考察,发现企业集团能够很好地替代外部金融市场的低效,为成员企业提供有效的资金支持[47]。

3.2.3 管理层激励与内部资本市场研究

既有研究认为内部资本配置的无效率归因于总部 CEO 与部门经理之间的激励冲突。Stein(1997)认为分部经理从预期收益获得了私有收益,预期收益越高则分部经理获得的私有收益则越大,因此激励分部经理推进更多的项目实施,争取更多的资金支持。在分部经理个人私利的驱使下,他们对总部 CEO 持续"游说",以获得总部的资金支持。然而,总部 CEO 与分部经理之间对项目的预期收益、风险等信息的理解存在偏差,因此,分部经理对项目信息的不真实描述,使得集团内部资金配置产生扭曲。Rajan et al.(2000)的研究发现,分部经理的寻租行为加剧了集团内部资金配置的扭曲,内部资金配置呈现"平均主义"的交叉补贴行为。

在解决委托代理冲突的问题中,既有研究认为设计良好的经理人薪酬机制是实现股东与管理层目标兼容的核心机制。Datta et al.(2009)的研究发现,对 CEO 实施有效补偿机制能够有效提升内部资本市场运行效率。如果股东与管理层对项目投资机会信息完全对称,则股东可以依据经理人员的实际努力程度给予其相应的薪酬支付,然而由于信息不对称因素的存在使得基于经理人努力程度的薪酬机制在现实中无法实现(Holmstrong,1979;Jensen and Meckling,1976;Jensen and Murphy,1990)[65-67]。在现实中,应用最为广泛的则是采用基于业绩的绩效薪酬制度体系(Jensen and Murphy,1990)。采用业绩型的薪酬制度能够使得经理薪酬增长与股东财富增长保持同步,从而能够有效降低股东与经理层之间的委托代理冲突。既有文献的研究表明,管理层薪酬对公司财务政策实施具有重要的影响(Datta et al.,2001)[68]。大量文献证实上市公司 CEO 薪酬与公司业绩之间存在显著的正相关关系(Leone et al.,2006;Jackson et al.,2008;Wang and Xiao,2011)[69-71]。邵军、刘志远(2006)考察了中国上市公司管理层薪酬与公司多元化战略以及公司价值的影响,发现国有控股公司多元化程度与管理持股呈现显著正相关,但与现金薪酬呈负相关;在非国有控股公司中,管理层希望从实施多元化战略中获取更多的剩余收益和隐性的个人私利[72]。

3.2.4 金融发展与内部资本市场研究

Willamson(1975)认为内部资本市场的出现是对外部制度缺失的有效替代,即内部资本市场的发展与外部市场的发展密切相关(Khanna and Palepu,1997;Khanna and Yafeh,2007)[37,38]。Rajan and Zingales(1998)的研究发现,在制度环境较差的国家普遍采用集团化运作的方式,其根源在于外部市场发展的滞后[73]。因而在外部金融市场不完善的背景下,内部资本市场能够起到金融缓冲器的作用(Castaneda,2002)[74]。

既有文献的研究发现,外部金融市场的发展能够削弱内部资本市场的优势效应。Lee et al.(2009)、马永强、陈欢(2013)的研究都发现金融危机后,内部资本市场被外部债务市场所替代[75-76]。

对既有研究的逻辑脉络,具体可用图3-1来说明。

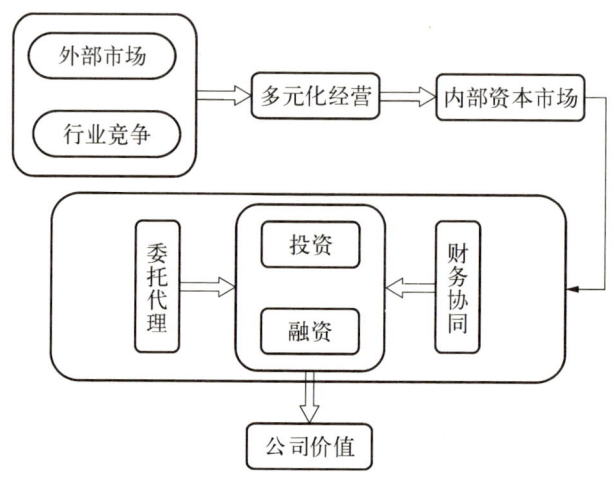

图3-1 文献脉络图

3.3 内部资本市场与融资行为研究

内部资本市场作为外部资本市场的有效替代,克服了外部资本市场的信息不对称劣势,能够降低资金融通的交易成本。因此,既有文献的研究表明,对于面临融资约束的企业更可能通过内源性的资金渠道来解决资金短缺问题。既有文献对内部资本市场在融资方面的研究,主要从缓解融资约束、内部资金配置、节约融资成本角度来展开。

3.3.1 内部资本市场与融资约束的研究

既有研究对内部资本市场的融资功能的文献,还相对较少,且主要是从集团化运营对融资的影响进行讨论。比较典型的几篇文献,例如 Khanna and Palepu

(1997，2000)、Hoshi et al.(1991)、Shin and Park(1999)、Almedia and Wolfenzon(2006)、Gopalan et al.(2007)证实集团化运作具有放大集团整体的融资能力,缓解企业集团的融资约束程度[37,5,77,19,78,6]。面临融资约束的企业可能更多地利用内源性融资方式来解决资金问题。Shin and Park(1999)的研究发现,企业利用外部资本市场融资的难度越大,则其利用内部资本市场的动机也就越强。不过,内部资本市场能够起到缓解融资约束的作用,还取决于其相比于外部资本市场的比较优势(Fauver et al.,1998;Guillen,2000;Khanna and Yafeh,2007)[80-81,38]。因而,集团构建的内部资本市场实际上起到了金融缓冲器的作用(Csstaneda,2002)[74]。Gangopadhyay and Lensink(2001)的研究表明,集团化运作有利于公司向市场传递其未来现金流稳定的信号,从而降低逆向选择成本[82]。进一步地,Peyer(2002)的研究发现,集团公司内部资本市场的高效率运行,可以缓解企业与外部资本市场的信息不对称,从而获得较多的信贷资源[83]。

相比于发达经济体,新兴市场在制度、市场化发育程度、政府质量方面均显著要落后很多。制度环境发展的滞后,使得新兴市场经济体中的企业面临的外部融资约束更为强烈,因而这些国家的企业更倾向于利用集团运作的方式来缓解融资压力。针对印度企业集团的研究,Gopalan et al.(2007)利用集团内部贷款数据考察了印度企业集团的内部资本市场运作,发现集团企业将内部资金配置给那些陷入财务困境的企业,从而降低了成员企业陷入财务困境的概率,并使得集团企业的融资约束程度降低[6]。针对中国企业的研究,同样证实集团运作能够放大企业的融资能力,具有融资的乘数效应。王坤、陈晓(2007)、邵军、刘志远(2008)、李增泉等(2008)、黎来芳等(2009)、Jian and Wong(2010)研究发现,集团企业能够通过构建内部资本市场来缓解成员企业的融资约束[84,7,85-87]。刘星等(2010)研究发现,不同产权性质的企业集团的融资功能存在显著差异,地方国有企业集团既能够缓解融资约束又能够加剧过度投资,民营企业集团的内部资本市场异化为利益输送的"隧道"[8]。潘红波、余明桂(2010)的研究发现,集团化能够提高公司获取银行贷款的概率,可以使上市公司获得更多的银行贷款和更长的贷款期限[43]。马永强、陈欢(2013)考察了金融危机对企业集团内部资本市场的融资功能的影响,研究发现在金融危机前企业通过集团内部资本市场进行资金配置,但金融危机后内部资本市场的融资乘数功能减弱[76]。

3.3.2 集团化经营与资本结构

既有文献有关集团化运作与资本结构的研究,就本书所整理的情况来看,非常有限。在这方面的研究,比较典型的是 Leff(1978)、Dessai et al. (2004)的两篇文章,他们的研究发现集团化运作降低了成员企业对外部资本的依赖,资金筹集主要依赖内部资本市场解决。Leff(1978)在其研究中指出,在外部金融市场不完备的情形下,通过组建企业集团,公司会更多地依赖集团内部资本市场,从而降低借款比例[39]。当然,这里需要指出的是,企业的负债结构中,银行贷款占比是最为重要的组成部分。因此,银行贷款的减少,将直接影响到资本结构的变化。Dessai et al. (2004)对美国跨国公司的研究发现,境外子公司倾向于利用母公司的资金调配来代替外部债务,这一特征在外部融资受限或在融资成本高的国家经营的子公司中更为明显[88]。与之类似,Dewaelheyns and Hulle(2010)的研究也发现,集团化运作的企业普遍比独立经营的公司持有更少的银行贷款[89]。在集团化运营的企业中,成员企业利用集团所构建的内部资本市场进行资金融通,比如通过关联交易、资金拆借、租赁资产等方式降低对外部资本的需求(李增泉等,2004;黎来芳等,2009)[11,86]。

然而,既有文献的研究更多地表明,集团化的运作能够放大企业的融资能力,因而增加企业的银行贷款规模,从而提高企业集团整体的资产负债率。李焰等(2007)利用案例研究的方式考察了复星集团的内部资本市场运作,发现集团化的运作能够在短期内迅速放大企业融资能力,从而提高企业的负债比率[48]。类似地,李增泉等(2008)对中国民营企业集团的考察发现,集团企业利用金字塔的股权结构使得企业集团获得了更多的信贷资源,并且集团控制的金字塔层级越多,集团整体负债率则越高[85]。潘红波、余明桂(2010)的研究同样发现,集团化能够提高公司获得银行贷款担保的概率,可以帮助公司获得更多的银行贷款和更长的贷款期限[43]。

3.3.3 多元化经营与融资成本的研究

既有文献对集团化经营与融资成本的讨论,主要从多元化角度来进行,但这类研究非常稀缺。既有有关多元化的研究,更多地讨论多元化绩效的问题,但对资本成本的讨论有所忽略。就本书所整理的文献来看,比较典型的有姜付秀、陆正飞(2006)和 Hann et al. (2013)的两篇文章。即使在这两篇研究中,他们的研究结论还是存在一些差异。姜付秀、陆正飞(2006)对中国上市公司的研究中,发现多元化战略降低了经营风险,但其受益人是债权人,股东并不认同多元化经营带来的风险分散好处,因而多元化经营提高了公司的权益融资成本[90]。进一步研究发现,由于内部资本市场的资源配置作用,使得多元化公司降低了对外部资本的依赖,从而使得公司整体的融资成本要低于专业化经营公司。Hann et al. (2013)的研究发现,多元化经营的公司相比于专业化经营的公司具有更低的融资成本。进一步研究发现,当多元化公司具有较少关联分部的现金流时其融资成本则相应更低[91]。同时,Hann et al. (2013)的研究证实了多元化经营的共同保险效应,多元化能够降低单一成员企业的经营风险,通过集团提供的共同担保更便利地获取信贷资源,以及增强与银行的议价能力,从而降低外部融资成本。

廖义刚(2015)考察了多元化经营对环境不确定性与权益资本成本关联性的影响,研究发现在高不确定环境下多元化经营能够显著降低不确定性环境与权益资本成本的正相关性。进一步研究发现,对于政府控制的公司,多元化经营能够降低不确定环境导致的代理问题,在政府干预程度较低的情形下,多元化经营更能够显著降低不确定性环境与权益资本的正相关关系[92]。

既有研究对内部资本市场在融资方面的逻辑,具体可用图 3-2 来描述。

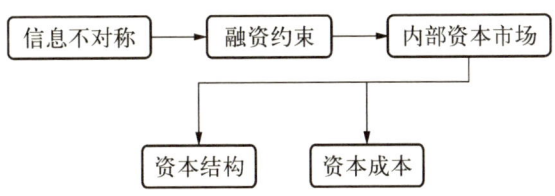

图 3-2　内部资本市场与融资行为的逻辑图

3.4　内部资本市场与投资行为研究

既有文献的讨论,认为多元化的运作,导致企业更多地从事了低效率的投资,从而降低了企业集团的价值。既有文献对内部资本市场在投资效率方面的讨论,主要从投资促进与过度投资两个角度考察集团化经营对投资效率的影响。

3.4.1　集团化经营与投资促进

企业集团内的成员企业在投资机会和现金流分布方面,均具有较大的差异,尤其是在非相关多元化集团中。Weston(1970)在其研究中指出,专业化企业只能依靠外部资本市场配置资源,而多元化企业能够借助内部资本市场模拟外部市场机制配置资源[93]。借助于集团总部的控制权按照"挑选竞争优胜者"(Winner-Picking)的原则来选择资助的项目,从而能够将资源配置到效率最高的分部中,支持优质项目的运营。Stulz(1990)的研究发现,多元化经营创造了一个很大的内部资本市场,能够使得集团总部更多地对净现值为正的项目提供资金支持,从而缓解投资不足的问题。然而,相对于多元化经营企业,专业化经营企业在存在融资约束的情形下并不能够对所有净现值为正的项目提供资助[29]。Fluck and Lynch(1996)的研究认为,多元化公司之所以会出现,是因为非多元化公司的投资项目难以获得必要的资金,公司通过多元化并购形成内部资本市场从而筹集必要的运营资金[94]。Khanna and Palepu(1997)、Stein(1997)认为,内部资本市场的资金聚集功能,使其能够发挥"智能货币效应"(Smart-Money-Effect)[37,15]。根据项目收益的排序,给定项目的资金支持额度,从而提高项目投资的效益,增加公司价值。Hyland and Diltz(2002)的研究发现,相比于专业化经营企业,多元化经营企业在实施多元化战略后确实拥有更多的投资机会,投资规模得到了较大幅度的增长[95]。辛清泉等(2007)、刘星等(2010)考察了中国企业集团的投资效率,研究发现集团企业的投资模式更为正常,集团构建的内部资本市场促进了投资发展,然而在地方政府控制的企业集团中这种促进作用有限[42,8]。Hovakimian(2009)研究发现,面临融资约束的集团对投资项目收益进行排序,按照相对次序来分配资金以优化资源配置,提高投资效率[96]。Agarwal et al.(2011)的研究发现,集团企业在一些具有长期且重要影响的项目资金配置上十分有效,促进了投资的正常运行,对公司价值具有显著的提升作用[97]。王化成、曾雪云(2012)对中国三峡集团的考察发现,在专业化运营集团背景下,集团化的运作也能够显著促进投资的正常进行,从而存在较好的价值创造效应[18]。Boutin et al.(2013)的研究发现,集团化的运作能够使得企业集聚内部资源在新行业进入、网店布局、营销投入方面得到有效的支撑,具有"深口袋效应(Deep-Pocket-Effect)"[98]。

3.4.2 集团化经营与过度投资

Alchian(1969)对内部资本市场功能的阐述,认为内部资本市场模拟外部市场运行机制进行资金配置,按照"挑选竞争优胜者"原则遴选投资项目。倘若确实按照这一原则配置资金,则企业的投资效率应当接近最优投资规模和最佳投资收益的水平。然而,由于总部的CEO对分部的投资项目信息缺乏充分的了解,资金分配的决策往往受分部经理的"游说"行为干扰。分部的经理,尤其是低效率的分部经理会夸大投资项目的预期收益并强调投资项目的重要性,从总部CEO那里获得了较多的资金(Wulf,1999;Stein,1997,2003;Rajan et al.,2000;Datta,2009)。作为一种稀缺并极易被代理人随意使用的资源,现金成为集团内部资源配置中各级代理方的重要寻租目标(Myers and Rajan,1998;Dittmar and Mahrt-Sminth,2007;Fresard and Salva,2010)[99-101]。分部经理的寻租行为,扭曲了集团内部资金配置的正常机制,从而导致分部投资的不均衡。具体而言,业绩好的部门存在投资不足,而业绩差的部门由于其部门经理的寻租行为获得较多资金导致投资过度。Matsusaka et al.(2002)的研究发现,内部资本市场的存在,使得企业集团整体融资能力增强,因此成员企业更容易获得资金支持从而诱发过度投资[54]。

不过,Denis and Sibilkov(2007)的研究发现,融资约束可以降低委托代理成本,改善资金的边际价值,资本市场的融资约束会抑制管理层过度投资行为。对于融资不受约束的企业,其较易获得外部资金支持,而当企业内部存在较多现金资产时,管理层具有更强的过度投资倾向。Hovakimian(2009)的研究发现,受融资约束的企业集团按照投资项目的收益排序来决定资金的配置[96]。进一步,Agarwal et al.(2011)发现集团总部在一些长期重大项目的资金配置上遵循"挑选竞争优胜者"原则,对公司价值具有显著的提升作用[97]。与本书研究最为接近的是陈胜蓝等(2014)的研究。他们的研究发现,利用集团内部资金往来能够降低上市公司的过度投资。进一步研究发现,上市公司的控股股东与上市公司利益协同的背景下,降低过度投资的效果更明显。对于国有控股公司、融资约束程度高的公司以及产品市场竞争较低的公司,具有较高利益协同度的控股股东倾向于利用集团内部资金往来降低过度投资[102]。

加强对子公司的资金监管,降低子公司层面的过度投资,则能够有效降低集团整体的过度投资水平。张会丽、陆正飞(2010)的研究发现,上市公司平均有44.7%的现金由其下级子公司分散持有[103]。张会丽、陆正飞(2012)的研究发现,子公司持有现金的比例越高,集团公司整体的过度投资越严重。因此,上市公司控制的子公司层面的委托代理问题更严重,利用集团内部资本市场加强资金集中运营,则预期能够降低过度投资行为。

既有研究有关内部资本市场在投资方面的逻辑,可用图3-3描述。

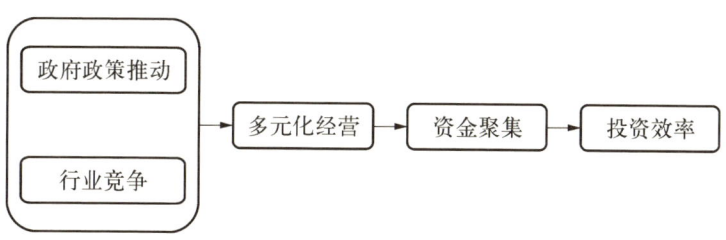

图3-3 内部资本市场与投资行为的逻辑图

3.5 内部资本市场与企业价值研究

内部资本市场对企业运营存在两面性,既有其积极的"阳光面",也有消极的"阴暗面"。Perotti and Gelfer(1998)、Knanna and Rivkin(2001)的研究发现集团化的运作能够显著改善企业集团的整体业绩从而增加了企业价值。借助于集团内部构建的资本市场,集团总部能够以成员企业的资产作为打包抵押,因而能够获得更多的外部信贷资源,缓解成员企业的融资约束(Lewellen,1971; Chandeler,1997;Stein,1997,2003;Kim,2004;Gopalan et al.,2007;He et al., 2013)。然而,在集团内部资本市场的掩盖下,控股股东及其他利益相关者攫取上市公司的优质资产变得较为便利。较多的文献表明,在缺乏良好的公司治理机制下,集团内部资本市场异化为控股股东实施隧道挖掘的"便利通道"。既有文献对内部资本市场的经济后果研究,主要从价值折损、利益侵占以及价值创造三个角度来展开。

3.5.1 内部资本市场价值折损的研究

Lang and Stulz(1994)、Berger and Ofeck(1995)的研究发现,集团企业普遍比独立经营的企业发生了更多的折价。这类研究将集团折价的原因归集于集团企业从事了更多的多元化经营,使得企业的核心竞争优势被削弱。Masksomovic and Philips(2002)进一步研究集团企业发生折价的根源,发现集团企业与独立经营的企业在组织能力上存在显著的差异。集团企业发生折价的运营,很可能是由于集团企业在组织能力不能胜任的行业中进行了过度投资,从而导致集团主营产业的发展资源被挤占,由此降低了企业价值。内部资本市场的存在,使得集团内部出现"多币效应"(More-Money Effect)。Stein(1997)认为,在"多币效应"的影响下,分部更可能从事过度投资行为。Rajian et al.(2000)的研究,发现集团企业发生价值折损的原因在于,集团总部的 CEO 与分部经理之间存在信息不对称问题[15]。既有文献的研究表明,缺乏良好的公司治理机制,较大程度上影响了内部资本市场的运行效率,从而使得内部资本市场的功能发生异化,成为控股股东或管理层谋取私利的工具,从而降低公司价值(John,2003;Aggaral and Samwick,2003;Hanazaki and Liu,2007)[104-106]。此外,部门间的投资机会差异也会显著影响内部资本市场的配置效率。Doukas and Lang(2003)、

Bernardo et al. (2006)的研究发现,部门间的投资机会差异越大,内部资金配置越可能出现无效;而各分部的业务相关性越强,则越有益于公司价值的提升[107-108]。针对中国的企业集团内部资本市场的研究,也发现控股股东利用内部资本市场进行利益输送。

3.5.2 内部资本市场中与利益侵占的研究

我国的内部资本市场运作效率,既有研究偏向于内部资本市场异化为控股股东实施利益侵占的工具,因而是有损企业价值的。李增泉等(2004)、王化成、黎来芳(2004)、邵军、刘志远(2007)的研究发现,上市公司被控股股东占用了大量的资金,内部资本市场异化为控股股东掏空上市公司的资本运作平台。

Wolfenzon(1999)、Claessens et al.(1999)、Lins and Servaes(2000)认为在缺少投资者保护机制的国家,由于外部资本市场信息不通畅,监管不到位,控股股东更容易为满足私有收益,对其控股部门有很强的利益侵占动机。大股东利用金字塔股权结构进行利益输送,侵占中小股东利益,并且这种利益侵占大部分是通过企业集团内部资本市场进行公司资金、资产的转移,从而使内部资本市场功能异化,严重地影响着企业集团的经营绩效。Johnson et al.(2000)通过对新兴市场国家公司的内部资本市场研究发现,控制股东有强烈的动机从企业中转移资源来增加自己的财富。Bertrand et al.(2002)利用量化的方式来度量印度企业集团中大股东对上市公司的"掏空"程度,研究发现控股股东通过内部资本市场来"掏空"上市公司的程度相当严重[109]。

针对中国企业的研究,邵军、刘志远(2007)对"系族"企业的内部资本配置效率的研究发现,企业集团的资本市场被控股股东作为资本运作的平台,其配置的目标是为控股股东实现"战略"需要,而不是服务企业集团的资金需求。崔文娟等(2012)利用内部资本市场数据研究利益输送程度,发现民营公司股权结构与大股东利益侵占呈现"U"型,并且股权制衡度越高越能减少利益侵占[110]。

3.5.3 内部资本市场与价值创造的研究

在外部金融市场不完美的情形下,集团总部在内部进行资本配置,能够满足成员企业的资金需求,从而有利于集团的整体发展,增加企业价值。Khanna and Palepu(2000)对印度集团企业的考察发现,集团企业利用内部资金往来,解决成员企业的资金短缺,集团企业相比于非集团企业具有更高的财务绩效和市场价值[5]。与之类似,Goplan et al.(2007)利用印度企业集团内部贷款数据考察企业集团内部资本市场的运作,发现集团总部利用集团内部贷款的方式支持陷入财务困境的成员企业,降低了成员企业破产的概率,因而增加了集团整体的价值[6]。既有文献对内部资本市场缓解企业融资约束的研究结论较为一致。Rousseau and Kim(2008)的研究表明,集团企业的投资显著受到成员企业的现金流影响,并且集团化运营的公司能够借助内部资金来缓解融资约束,从而有助于提升集团的投资效率和价值[20]。Yan et al.(2010)考察了外部信贷收缩背景下集团企业与非集团企业的投资水平变化,发现非集团企业的投资明显下降而集团企业的投资水平基本没有发生变化,表明集团内部资本市场为集团成员企业提供了内部资金支持[111]。He et al.(2013)比较了中国的集团公司与非集团公司的融资行为,发现集团企业所面临的融资约束程度更低,表明集团公司是一个内在的资金供给来源[47]。内部资本市场对企业所面临的融资约束的缓解,能够解决投资资金短缺的问题,有利于促进投资,从而有利于增加企业价值。

既有文献有关内部资本市场与企业价值的逻辑,可用图3-4来描述。

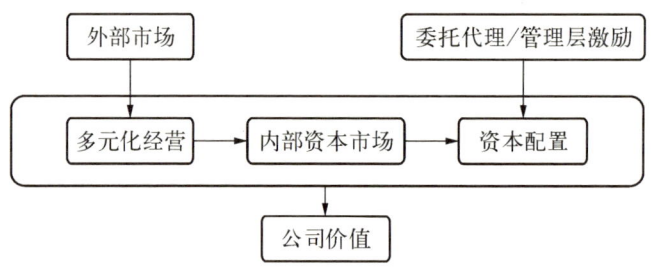

图3-4 内部资本市场的价值创造逻辑图

3.6 总结性评述

既有研究对内部资本市场的讨论,主要是基于多元化经营战略和企业集团组织架构作为研究载体。总体的一个研究特征是,在发达经济体中,普遍认为多元化经营是损伤公司价值的,但这类结论受到较多的质疑;在新兴市场和转型经济中,多元化经营则认为是分散风险,能够有效缓解融资约束,促进企业的有效投资。在中国的企业集团内部资本市场运营中,内部资本市场运行既呈现出积极的"阳光面",同时由于委托代理冲突的问题也呈现出消极的"阴暗面"。

有关内部资本市场实施的动因讨论,既有文献并没有形成一致的结论,更为准确地说,在实证研究领域未有系统性的讨论。更为重要的是,现有研究缺乏对内部资本配置机理的讨论,这是内部资本市场运行的核心环节,却被现有研究忽视了,尤其缺乏针对中国企业集团内部资本市场资金配置机理的系统性研究。现有的研究,对内部资本市场行为的经济后果,主要是公司绩效角度展开,并没有系统讨论内部资本市场在公司运营其他方面的影响。因此,现有的研究无论是在内部资本市场的构建动机还是内部资本的配置机制方面,以及内部资本市场运行的经济后果方面,对这些领域的研究都是相对较为不充分,需要进一步拓宽内部资本市场研究的视角。此外,在研究方法方面,有关企业内部资本市场的研究,特别是针对中国企业的,缺少较好的直接度量内部资本市场运行规模的实证研究,现有研究较多采用数学推导和案例分析。最后,值得关注的是,既有研究鲜有将内部资本市场中的"掏空"行为和"支持"行为进行区分,这对内部资本市场运行的经济后果的讨论易产生较多的干扰。因此,有关内部资本市场的经济后果讨论,应当在区分上述两种效应的前提下进行。考虑到不同所有制的代理成本差异,对于内部资本市场的讨论还应当将产权性质纳入研究设计中,以讨论代理问题对内部资本市场运行的影响。

第4章
内部资本市场构建的动因

在理解内部资本市场的理论基础上,本章基于手工收集的内部资本市场运行数据,考察企业构建内部资本市场的影响动因。对内部资本市场构建动机的考察,我们分别从外部宏观经济政策环境、企业特质以及管理层特征三个层面切入。实证结果显示,在宏观经济层面,内部资本市场的构建随宏观经济环境波动而呈现反向的变动,并且这种关系在民营企业和金融市场发育程度高的区域更加明显。管理层特征层面的考察发现,CFO绩效薪酬越高、CFO担任董事或具有金融背景,则亦更有动力构建内部资本市场,并显示出更大的内部资金往来规模。进一步研究发现,这种效果在民营企业中更为明显。

4.1 引　　言

我国经济的高速发展与金融市场发展的相对滞后,在企业层面体现为较大的外部融资约束。2008年全球金融危机爆发后,企业普遍面临着不同程度的融资压力,尤其对那些在平时获得信贷资源就比较困难的民营企业而言更是雪上加霜。央行统计数据显示,股市处于"牛市"的2007年,上市公司从股票市场获得高达7 848.63亿元,占当期社会总融资的7.3%(中国人民银行,2008)。然而,全球金融危机爆发后,股票融资占当期社会融资规模成断崖式下降,2008年降至4.8%,2013年又进一步降至1.3%。银行信贷融资占当期社会融资规模的比重从2008年的70%下降至2013年的51%,降幅高达20%(图4-1)。

较多报告显示2008年中央政府实施的宽松货币政策,更多地将资金配置在了基础设施建设领域。新增信贷资金进入地方政府融资平台,已在地方政府债务

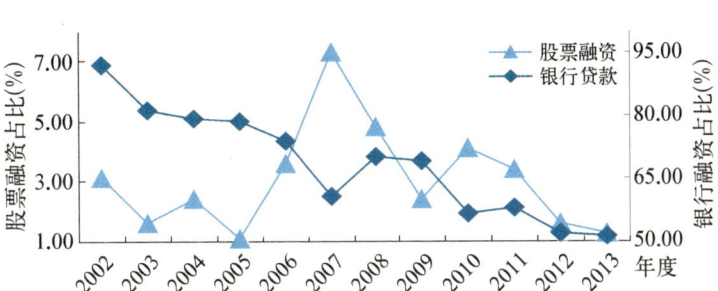

图 4-1　股票和银行贷款占社会融资规模的比重变动趋势

审计公告得以确认(中国人民银行,2010;国家审计署,2011;马永强、陈欢,2013)。

在外部宏观经济发生较大波动的情形下,货币政策则通过一定的传导路径,在微观层面的企业往往会作出相应的回馈行为,最为明显的则体现为企业的信贷资源获取受到冲击(Bennake et al.,1996;Bloom,2009;靳庆鲁等,2012;饶品贵、姜国华,2013;Shi,2015)[112-116]。然而,在外部信贷资源收缩的情形下,我们并没有观察到群体性的企业破产趋势。按照融资优序理论的观点,在外部资金难以获得的情况下,内部资金来源很可能成为融资的替代性选择。转型经济体的研究表明,在外部金融市场环境受到巨大冲击时,企业更可能从集团内部寻求救助,以缓解外部宏观经济波动导致的负面影响。这类研究见诸 Castaneda(2002)对墨西哥金融冲击的研究、Shin and Park(1999)、Lee et al.(2009)等对韩国金融危机的考察以及 Khanna and Palepu(2000)、Gopalan et al.(2007)对印度企业的考察[74,19,75,5-6]。

内部资本市场作为应对外部市场失灵的调节工具,在外部市场环境发生重大变化后,更可能承担起外部市场的功能。我们利用手工收集的 2007—2011 年度的企业集团内部资金往来数据和央行调查数据,考察了宏观经济政策波动与内部资本市场的关系。图 4-2 给出了从贷款需求和经营景气两个维度描述了这两类宏观经济指标与集团内部资金往来的关联性。

图 4-2 中的四幅分图分别从贷款需求、企业经营景气两个维度度量宏观经济环境,同时从借出和收回两个维度度量集团内部资金往来规模①。从图形中的曲线变动趋势来看,企业内部资金往来与贷款需求呈现同方向变动,而与经营景气状况呈现反向变动。鉴于以上事实,我们认为外部宏观经济波动,尤其是在

---

① 本章中贷款需求和经营景气数据来自中国人民银行每个季度的《银行家调查报告》和《企业家调查报告》,我们利用该报告中的贷款需求指数和经营景气指数来度量信贷需求状况和企业经营状况。具体数据的来源和处理过程,将在后续实证部分作详细介绍。

负面的经济波动中,企业会通过集团内部的资金运作来弥补资金需求。因此,本书预期通过手工收集的集团内部资金往来数据和央行的宏观信贷数据,考察这两者之间的内部联动机制,以进一步阐明宏观经济政策如何传导至企业的融资运营策略层面,从而丰富内部资本市场的宏观经济理论基础。

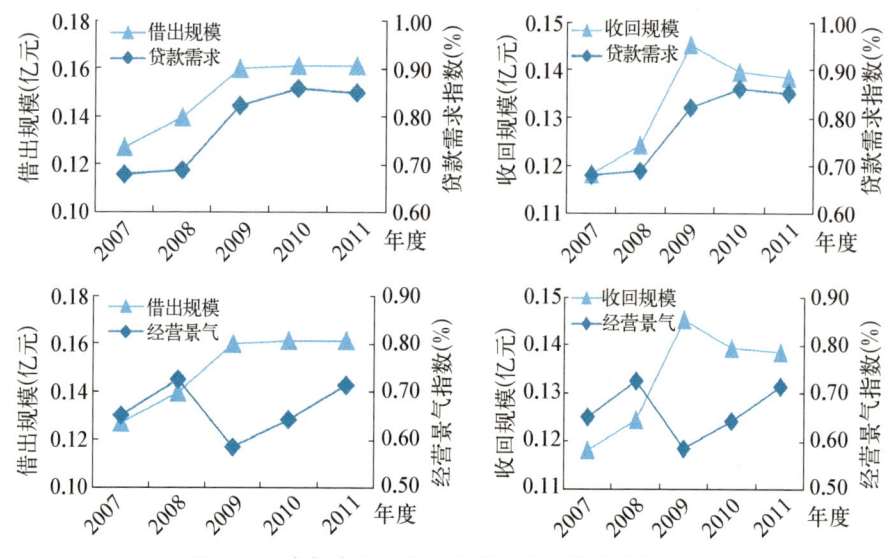

图4-2 内部资金往来与宏观经济政策波动趋势图

针对中国信贷市场的研究发现,金融机构尤其是商业银行对民营企业具有明显的"信贷歧视",并且这一现象在宏观经济政策时期表现得更为明显(allen et al.,2005;饶品贵、姜国华,2013)。Stiglitz and Weiss(1981)的研究发现,在货币政策紧缩时期,存在着明显的信贷配给现象[130]。饶品贵、姜国华(2013)的研究发现,在货币紧缩时期,非国有企业在信贷获取方面变得更加困难,转而采用商业信用融资来弥补资金短缺[131]。外部信贷收缩的背景下,企业的投资也会相应受到约束,为了维持企业正常的运营,面临融资约束的企业更多地采用内源性融资方式来进行资金配置(Custodio et al.,2005;祝继高、陆正飞,2009;江龙、刘笑松,2011)[132-134]。由此,在货币政策紧缩时期,外部融资成本升高以及信贷资源的可得性变得困难,对于企业层面而言,应当更需要采用内源性的融资方式进行资本配置。因此,在中国当前信贷资源配置不均衡的情形下,考察不同所有制企业尤其是融资受到约束的企业,如何获得运营资金均有重要的现实意义。然而,已有文献考察的基本都是替代银行贷款的外部融资渠道,而到目前为止很少有研究考察企业在内部资金上的筹集与配置行为。比如,张厚义和明立志

(2001)对中国民营企业的调查发现,民营企业主要通过私人、非银行中介组织获得信贷资金[147]。Ge and Qiu(2007)考察国有企业与非国有企业在利用商业信用方面的差异,发现非国有企业具有更强的动机利用商业信用来解决融资上的问题。另外,Long and Zhang(2011)讨论了中国的产业集聚和企业融资行为,发现非国有企业通过产业集聚形成有效的财务协同解决了资金短缺问题。既有研究缺乏从内部资本市场角度分析企业解决融资困境的方式,这成为本书研究的一个重要出发点。

既有文献对管理层激励在内部资本配置效率方面的研究,相对较为缺乏。比较典型的文献是Scharfstein and Stein(2000)、Datta et al.(2009)的研究,他们认为可以通过监控部门经理的工作量来增加其机会成本,从而减少他们的"游说"动机。因此,提高内部资本配置效率的关键在于,如何有效约束高管的权力以及如何有效对高管进行激励。Datta et al.(2009)认为对CEO实施有效补偿机制能够有效提升内部资本市场运行效率。然而鲜有研究从CFO的特质方面考察其对内部资本市场战略构建的影响,CFO在资金运营方面的作用比CEO更为直接和关键。因此,本书重点从CFO特征方面,系统考察了CFO特质对内部资本市场战略构建的影响机制。

本章基于手工的2007—2011年度上市公司内部资本市场运行数据,并结合央行的宏观经济政策调查数据以及CFO特征的数据,遵循"宏观环境——个体特性——行为人特质"的经济传导逻辑,分别从宏观经济政策波动、企业特质以及CFO人口特征3个不同层面对内部资本市场的构建影响机制进行了系统考察。研究发现,宏观经济趋紧的背景下,企业更可能实施内部资本市场战略,以缓解融资缺口。进一步区分所有权性质,民营企业利用内部资本市场缓解融资约束的动机更强。在CFO人口特征方面的考察则发现,绩效薪酬越高、担任董事以及具有金融背景的CFO更可能实施内部资本市场战略。

相比于已有的研究,本书的贡献主要体现在以下三点:首先,不同于以往内部资本市场研究,本书将外部宏观经济环境与企业内部资本配置行为进行了契合,这有助于更好地从内外两个层面理解集团内部资金配置行为。既有研究主要从企业层面对内部资本市场进行考察,较少有研究能够结合外部宏观经济进行融合研究(杨棉之等,2010;叶康涛、曾雪云,2011;He et al.,2013)。

其次,我们手工收集了母公司对子公司的资金借出、偿还和结余这三组数据,从这三个维度直接度量了我国上市公司内部资本市场的规模,从而全面而直观地反映了内部资本市场的运作。既有文献中对于内部资本市场的讨论,主要采取案例的方式(王峰娟、邹存良,2009;王化成、曾雪云,2012)[17-18]。少数的相关实证研究也未能直接度量内部资本市场的规模,而是通过比较集团公司与非集团公司来推断内部资本市场的存在(Shin,1999;Rousseau and Kim,2008;Yan,2010;He等,2013)[19-20,111,47]。

最后,我们从CFO的人口特征来考察其对内部资本市场运作效率的影响。以往的研究主要从CEO的特征来考察其对内部资本市场效率的影响(Wulf,2002;Datta et al.,2009)[27-28]。在企业的内部资金配置中,具体的实际运作更多是由CFO来实施。因此,考察CFO的薪酬激励机制能够更好地反映内部资本配置的实际情况,理解CFO的激励机制在内部资本配置中的作用机制。

4.2 宏观经济波动层面内部资本市场构建的影响因素

在外部宏观经济发生较大波动的情形下,通过一定的传导路径,在微观层面的企业往往会作出相应的回馈行为(Bennake et al.,1996;Bloom,2009;靳庆鲁等,2012;饶品贵、姜国华,2013;Shi,2015)[112-116]。因此,需要从宏观经济政策层面考察其对企业信贷资源配置的影响机制。

4.2.1 理论分析与假说发展

既有文献的研究表明,宏观经济环境能够通过一定的传导机制影响企业层面的经营决策。在宏观经济环境中最为重要的就是货币政策和财政政策的影响,货币政策影响企业的信贷资源供给,而财政政策影响企业的投资机会、税赋(Bernanke and Blinder,1992;Gertler and Gilchrist,1994;Hu et al.,1999;Nilsen,2002;陈志斌、刘静,2010;Chen et al.,2012)[119-124]。货币政策对微观主体经济行为的调节,主要通过货币渠道(比如利率、汇率等)、信贷渠道以及资产价格渠道(Kashyap,1993;Bernanke and Gertler,1995)[125-126]。既有文献的研究表明,在中国经济运行中,信贷渠道在货币政策传导过程中占主导作用。周英章、蒋振声(2002)考察了中国1992—2001年的货币政策传导机制,发现中国的货币政策依靠货币渠道和信贷渠道共同作用,但信贷渠道的作用更强[127]。盛朝晖(2006)、索颜峰、范从来(2007)针对中国货币政策的传导机制研究,得出了类似的结论[128-129]。货币政策通过上述两个主要渠道影响利率和信贷可得性,调节企业层面的资金需求,从而影响企业的投融资活动。影响企业的产出,最终影响全社会的总需求和总产出,以期达到宏观调控的预期目标。这一过程可简述为"利率→资本成本→投资需求→产出→总供给→供需均衡"。宏观经济的波动,尤其是货币政策紧缩时期,对微观企业层面的经营决策影响更为突出。Stiglitz and Weiss(1981)的研究发现,在货币政策紧缩时期,存在着明显的信贷配给现象[130]。饶品贵、姜国华(2013)的研究发现,在货币紧缩时期,非国有企业在信贷获取方面变得更加困难,转而采用商业信用融资来弥补资金短缺[131]。外部信贷收缩的背景下,企业的投资也会相应受到约束,为了维持企业正常的运营,面临融资约束的企业更多地采用内源性融资方式来进行资金配置(Custodio et al.,2005;祝继高、陆正飞,2009;江龙、刘笑松,2011)[132-134]。

由此,在货币政策紧缩时期,外部融资成本升高以及信贷资源的可得性变得困难,对于企业层面而言,应当更需要采用内源性的融资方式进行资本配置。货币政策紧缩时期,通过信贷资源的收紧,对企业的资金筹集形成限制。根据融资优序理论,外部融资受到约束的情形下,应当充分利用内源融资。尤其是对于面临融资约束的企业,更需要优化资金来源渠道,降低外部信贷的比重,增加内源融资的比重。在经济政策紧缩时期,集团内部需要挖掘资金潜能,利用内部资本市场筹集经营所需资金。

宏观经济政策对行业的冲击存在非对称性,即对不同行业的影响在方向和程度上均存在差异。因此,对于集团化运作的公司而言,可以充分利用运营行业的多元化优势,分散宏观经济政策的负面冲击影响。利用集团所构建的内部资本市场在集团内部进行调配,能够缓解不同成员企业的资金溢缺状况。有鉴于此,我们提出如下假说:

H1a:相比货币政策宽松时期,在货币政策紧缩时期,企业更可能构建内部资本市场来进行资金配置。

H1b:给定企业构建内部资本市场的前提下,在货币政策紧缩时期,企业内部资金往来更为活跃。

宏观经济政策的波动,对不同产权性质主体的影响存在显著差异。江龙、刘笑松(2011)对中国上市公司在不同经济周期中的现金持有行为的考察发现,在经济衰退时期,民营企业持有更多的现金以应对未来经营环境的不确定性[134]。类似地,饶品贵、姜国华(2013)的研究发现在货币政策紧缩时期,民营企业获取信贷变得更为困难,转而使用商业信用作为银行信贷的替代选择。由此可以证实,宏观经济政策对不同所有制的传导机制和效果存在显著差异。王义中、宋敏(2014)从资金需求途径考察了宏观经济政策如何影响公司投资,研究发现宏观经济政策主要影响其外部需求(例如市场需求)进而对投资行为进行调节[135]。进一步地,在信贷市场中存在着明显的所有制歧视(Allen et al.,2005;Cull et al.,2006)[136-137]。

因此,在信贷宽松时期,银行将主要的信贷资源配置给国有企业以及政府主导的投资项目(例如地方基础设施建设等),剩余的部分再从民营企业中择优配置。然而,在信贷紧缩时期,信贷市场总体的信贷供应量下降,企业层面的信贷行为都会受到不同程度的抑制,民营企业在信贷融资方面受到的冲击尤为明显。因此,在信贷宽松时期,民营企业尚且面临融资歧视,在信贷紧缩时期则会更为强烈。

既有文献的研究表明,所有制融资歧视在相当长时间仍然存在,金融体制改革尤其是银行信贷理念变革是个渐进的过程。在信贷资源获取方面,民营企业的弱势地位,在宏观经济紧缩时期表现得更为明显。在金融市场化改革并不能一步到位的前提下,鉴于民营企业的经营波动性较大的特征,民营企业应当调整信贷资金的配置结构,增加从集团内部筹集资金的比重,降低对外部信贷资金的依赖。紧缩时期,民营企业面临的融资约束更为强烈,其对资金的需求有增无减,为了维持正常的生产经营,民营企业更可能从内部寻求资金来源,以降低融资缺口。有鉴于此,我们提出如下假说:

H2a:相比货币政策宽松时期,在货币政策紧缩时期,民营企业更可能构建内部资本市场来进行资金配置。

H2b:给定企业构建内部资本市场的前提下,货币政策紧缩时期,民营企业的内部资金往来更为活跃。

前文对宏观经济政策在微观层面的传导效应分析,其中隐含着宏观经济政策在各个区域的执行效果相同,然而实际情况是宏观经济政策的执行存在明显的区域效应(Scott,1955;Carlino and Defina,1999;Weber,2004)。Scott(1955)对美国公开市场操作从纽约中心地区向其他地区传导存在明显的滞后效应,由此证实货币政策存在区域效应[139]。类似的研究发现货币政策区域效应,同样存在于其他国家和地区,例如 Arnold(2001)针对欧洲 68 个地区的研究以及 Weber(2004)针对澳大利亚的研究。货币政策执行存在区域效应,Cechetti(1999)认为这与同一货币政策区域内的银行体系规模、金融机构的流动偏好、法制完善程度、政府干预程度、产业结构等因素密切相关[140]。

我国的区域经济发展由于受历史、政治以及自然条件的影响,呈现较为明显的"东高西低"不均衡状态,在金融市场发育方面差距更大。国家统计局(2014)的统计数据显示,西部地区金融业产值占GDP比重仅为5%,金融机构数量仅为东部地区的60%[141]。地区经济金融发展的不均衡以及金融体系分布的不均衡,导致宏观经济政策在不同地区传导的效果也相差较大(巴曙松,2000;蒋益民、陈璋,2009)[142]。

因此,我们金融市场发育程度的不均衡,货币政策传导的效果存在差异,在信贷资源配置方面对企业的影响程度也不一致。信贷传导效果的不一致,使得企业对信贷资源获取的障碍程度存在不同,因而企业所感受到的融资约束亦存在差异。位于金融市场化程度越高的区域,对信贷需求旺盛,一旦面临货币政策紧缩则较快感受到资金获取的压力。这类企业为了避免由于资金短缺而陷入债务危机的局面,很可能及时调整资金配置结构和来源。因此,处于金融发育程度较高区域的企业对信贷政策的反应速度更快,更可能快速调整资金来源渠道。在外部良好的金融市场环境背景支持下,也更可能利用内部资本市场来筹集资金。

然而,由于市场环境、产业结构、政治历史因素的影响,相比于金融发育程度较高区域的企业,位于金融市场发育程度较低的企业对货币政策的变化要相对缓慢。在信贷资源配置结构上所做的调整也相对有限,时间也相对会延迟。进一步地,这类企业在信贷紧缩时期,由于产业结构的差异,资金需求的波动也相对较弱,因此对信贷资源收缩反映并不敏感。同时,由于金融市场发育程度低的地区,金融机构提供的金融服务也较为单一,并不能够有效配合企业实施内部资本市场运营战略。因此,即使企业在货币政策紧缩时期有动机构建内部资本市场战略,但缺少成熟的金融机构服务支持,因而实施的概率较低。有鉴于外部金融市场发育环境对内部资本市场的影响,我们提出如下假说:

H3a:相比货币政策宽松时期,在货币政策紧缩时期,位于金融发育程度越高地区的企业更可能构建内部资本市场来进行资金配置。

H3b:给定企业构建内部资本市场的前提下,在货币政策紧缩时期,位于金融发育程度越高地区的企业内部资本市场运行更为活跃。

为了能够更为清晰地理解宏观经济政策与内部资本市场运行的逻辑关系,我们以理论框架结构图的形式展现上述的理论分析推导过程。图4-3给出了宏观经济政策影响内部资本市场构建的逻辑脉络。

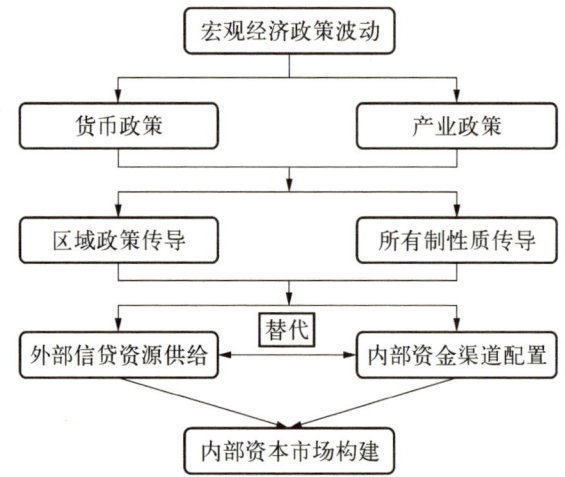

图 4-3 宏观经济政策波动与内部资本市场构建的逻辑链

4.2.2 数据与实证模型

1. 数据来源

本章的内部资金往来数据来自手工收集的 2007—2011 年上市公司披露的《控股股东及其他关联方占用上市公司资金的专项审核报告》(以下简称"专项审核报告")。

有关宏观经济波动在微观企业层面的度量,既有文献一直未有较好的度量。在少量的有关宏微观结合的公司金融研究中,一般采用广义货币供应量(M_2)增长率来度量,但较多文献认为用 M_2 度量宏观经济政策并不准确(Romer and Romer,1990;Bredin and Fountas,2009)。因此,本书利用中国人民银行发布的《银行家调查报告》和《企业家调查报告》提供的贷款需求指数和资金周转需求指数作为度量宏观经济政策波动的指标①。选取这两个指标,主要基于以下理由:(1) 贷款需求指数反映企业对贷款获取的意愿,这与企业的融资需求一致;(2) 资金周转需求指数反映企业家对未来企业资金运营情况的预期,从而影响企业未来的资金运营安排。因此,这两个指标能够更好地反映企业对融资需求

---

① 《银行家调查报告》由人民银行和国家统计局从 2004 年起按季,对我国境内地市级以上的各类银行机构采取全面调查,对农村信用合作社采用分层抽样调查,全国共调查各类银行机构 2 900 家左右。调查对象为全国各类银行机构的总部负责人及其分支机构行长或主管信贷业务的副行长。具体指标包括银行家信心指数、货币政策感受指数、贷款需求指数以及银行业景气指数。《企业家调查报告》是中国人民银行对 5 000 户企业的经营者展开的调查,具体指标包括企业家信心指数、资金周转需求指数、经营景气指数等。

的实际情况,同时也能够较好地反映当期宏观经济政策的运行情况。其他财务数据来自 CSMAR 数据库和 Wind 数据库,公司治理数据来自 CCER 色诺芬数据库和 RESSET 金融数据库。参照经验研究通行做法,剔除金融类、ST 类、缺少专项审核报告以及财务数据缺失的样本,最终获得 7 836 个有效样本。表 4-1 给出了样本分布情况。

表 4-1 样本分布

Panel A:年度分布

	2007	2008	2009	2010	2011	Total
频 数	1 132	1 441	1 528	1 688	2 047	7 836
占比(%)	14.45	18.40	19.50	21.54	26.12	100

Panel B:行业分布①

	A	B	C	D	E	F	G	H	J	K	L	M	Total
频 数	184	168	4 641	298	170	321	553	459	401	243	62	336	7 836
占比(%)	2.35	2.14	59.23	3.80	2.17	4.10	7.06	5.86	5.12	3.10	0.79	4.29	100

表 4-1 中显示研究样本在年度之间的分布相对较为均匀,2011 年的占比较其他年度偏高,是由于当年有 279 家公司进行 IPO。行业分布方面,除制造业占比达 59% 以外,其他行业分布较为均匀,这与当前的上市门槛注重资产规模和盈利水平相关。本章的数据处理软件为 SAS 9.2 版本。

2. 模型构建

在前述理论分析的基础上,我们进一步利用实证模型检验前文的 3 个假说,首先我们参照 Romer and Romer(1990),祝继高、陆正飞(2009)的做法,构建模型 1 考察宏观经济政策波动对企业内部资本市场运作的影响:

$$ICM = a_1 MW + a_2 Private + a_3 Fd + a_4 Id + a_5 Seo + \phi_j Control_j$$

················· 模型 1

模型 1 中,因变量 ICM 表征内部资金往来规模,具体从上市公司对其子公

---

① 本书中所涉及的行业分类采用证监会 2001 年颁布的《上市公司行业分类指引》中所指定的行业分类代码。具体的行业分类为:A:农、林、牧、渔业;B:采掘业;C:制造业;D:电力煤气及水的生产和供应业;E:建筑业;F:交通运输仓储业;G:信息技术业;H:批发和零售贸易;J:房地产业;K:社会服务业;L:传播与文化产业;M:综合类。

司的资金借出($Acof$)、偿还($Acrf$)以及结余($Acnf$)三个维度度量。自变量中,代表宏观经济政策波动的指标(MW),具体从贷款需求($Lconfi$)和企业资金周转需求($Fconfi$)两个维度展开;代表产权性质的变量($Private$),按照实际控制人性质进行分类,区分为国有和民营两类;度量地区金融发展水平的变量(Fd),以地区金融业增加值占比来衡量。模型中还控制了公司治理状况(Id)、股权再融资机会(Seo)。$Control_j$为一组控制变量的集合,包括负债率(Lev)、销售净利率($Nros$)、资产规模($Size$)、固定资产比重(Fa)、成长性($Growth$)以及大股东占款($Csnf$)。同时,我们还控制了行业(Ind)和年度($Year$)的影响。模型1及本章中各变量定义,详见表4-2。

表4-2 变量定义

变量	变量定义及计量
$Fconfi$	贷款需求指数,取自人民银行上年第4季度《银行家调查报告》
$Lconfi$	资金周转需求指数,取自人民银行上年第4季度《企业家调查报告》
$Mpconfi$	货币政策偏紧指数,取自人民银行上年第4季度《银行家调查报告》
M_2_Grow	广义货币供应量M_2的增长率
$Acof$	子公司及附属企业资金借出的变化量/上期营业收入
$Acrf$	子公司及附属企业资金偿还的变化量/上期营业收入
$Acnf$	子公司及附属企业资金占用净增加额的变化量/上期营业收入
$Private$	若实际控制人为民营,$Private$取1,否则取0
Fd	公司总部所在省份上年金融业产值占GDP比重
Lev	上期借款取得的现金/上期总资产
Seo	如果上年存在增发或配股,Seo取1,否则取0
$Nros$	上期净利润/上期销售收入
$Csnf$	大股东及附属企业净借出资金的变化量/上期营业收入
Id	董事会中独立董事占比
$Size$	上期销售收入的自然对数
Fa	上期固定资产/上期总资产
$Growth$	(本期销售收入-上期销售收入)/上期销售收入

为了进一步区分宏观经济政策波动对不同所有制企业的影响,我们构建模

型 2 检验假说 2：

$$ICM = a_1 MW + a_2 Private + a_3 Private * MW + a_4 Fd + \phi_j Control_j$$
.... 模型 2

模型 2 中，加入了所有权性质（$Private$）与宏观经济波动（MW）的交互项 $Private * MW$，并且将宏观经济波动区分为高低两组，小于中位数的为宏观经济宽松时期，取值为 1，大于中位数为宏观经济紧缩时期，取值为 0，其他变量与模型 1 一致。为了避免年度效应和行业效应对标准差的影响，我们参照 Peterson（2009）、靳庆鲁等（2012）的做法采用了 Cluster 处理方式。

与模型 2 类似，为了验证区域金融深化程度对内部资本市场运作的影响，我们进一步构建模型 3 检验假说 3：

$$ICM = a_1 MW + a_2 Fd + a_3 Fd * MW + a_4 Private + \phi_j Control_j$$
.... 模型 3

模型 3 中，加入了区域金融深化程度（Fd）与宏观经济波动（MW）的交互项 $Fd * MW$，其他控制变量以及变量定义均与模型 2 一致。

4.2.3 实证结果与分析

1. 描述性统计分析

表 4-3 给出了模型中主要变量的描述性统计结果。为了剔除极端值的影响，我们对所有连续变量进行了上下 1% 的缩尾处理。

表 4-3 中显示，资金借出规模（$Acof$）显著大于资金收回规模（$Acrf$），对应均值分别为 0.15 和 0.13，同时 75% 以下均为 0，表明仍然有较多上市公司母子公司在样本期间内并没有发生内部资金往来。同时结合该变量的标准差均大于 0.30，因此不同公司在内部资金使用方面仍存在较大差异。进一步地，母公司对子公司的资金借出大于收回，表明集团总部通过内部资金调配可能更多的是出于资金支持的目的。贷款需求（$Lconfi$）均值（中位数）为 0.721（0.668），表明样本期间内企业对贷款需求强烈。与贷款需求类似，企业资金周转需求（$Fconfi$）均值（中位数）为 0.669（0.722），也进一步表明企业层面对资金周转的需求较为强烈。从货币政策偏紧指数来看，$Mpconfi$ 均值（中位数）为 0.665（0.654）表明银行家对货币政策持偏紧预期。广义货币供应量增长率（M_2_Grow）最小值为 0.167，而最大值为 0.277，表明货币供应量在不同年度有较大幅度的变动。

表4-3 主要变量描述性统计

变量	N	MEAN	STD.	MIN	Q1	MED	Q3	MAX
$Acof$	7 836	0.152	0.353	0.000	0.000	0.002	0.122	2.233
$Acrf$	7 836	0.135	0.319	0.000	0.000	0.002	0.098	1.971
$Acnf$	7 836	0.019	0.107	−0.318	0.000	0.000	0.010	0.683
$Lconfi$	7 836	0.721	0.098	0.619	0.667	0.668	0.822	0.831
$Fconfi$	7 836	0.669	0.124	0.486	0.594	0.722	0.744	0.746
$Mpconfi$	7 836	0.665	0.058	0.585	0.644	0.654	0.714	0.728
M_2_Grow	7 836	0.198	0.046	0.167	0.169	0.178	0.197	0.277
$Private$	7 836	0.436	0.496	0.000	0.000	0.000	1.000	1.000
Lev	7 836	0.224	0.190	0.000	0.060	0.194	0.341	0.827
Seo	7 836	0.076	0.266	0.000	0.000	0.000	0.000	1.000
Ros	7 836	0.068	0.236	−1.297	0.021	0.062	0.134	1.007
Fd	7 836	0.057	0.032	0.020	0.035	0.049	0.067	0.137
Id	7 836	0.365	0.050	0.286	0.333	0.333	0.375	0.556
$Csnf$	7 836	−0.003	0.057	−0.375	0.000	0.000	0.000	0.235
Fa	7 836	0.270	0.187	0.002	0.123	0.237	0.393	0.783
$Size$	7 836	20.883	1.503	16.488	19.966	20.837	21.763	24.869
$Growth$	7 836	0.267	0.740	−0.717	0.004	0.156	0.340	5.813

其他控制变量方面,所有权性质($Private$)均值为0.436,表明样本中民营企业占43%,国有样本占绝对份额。银行信贷(Lev)均值为0.224,表明企业22.4%的资金来源于银行贷款。股权再融资(Seo)均值为7.6%,表明只有很少一部分企业通过增发或配股获得了权益融资。盈利能力指标($Nros$)均值为6.8%,最小值为−1.297,最大为1.007,表明上市公司整体盈利能力较低,且公司间差异较大。区域金融深化程度(Fd)均值为5.7%,最小值为2%,最大值为13.7%,表明中国金融市场发育程度较低,且地区间差异较大。独立董事占比均值为36%,与证监会所要求的基准比例相当。大股东占款($Csnf$)均值为−0.3%,75%分位以下均为0,表明大股东对上市公司的资金占用已基本不存在,并转变为对上市公司的支持行为,这与Johnson(2000)的观点一致。固定资产比重(Fa)均值为27%,最小值为0.2%,最大值为78.3%。结合资产规模

($Size$)均值为 20.83,标准差为 1.5,表明上市公司间的规模和资产结构均有较大差异,这与当前不同板块上市资格相关。最后,企业成长性($Growth$)的均值为 26.7%,标准差 0.74,表明公司间面临的投资机会存在较大差异。

描述性统计结果表明,不同企业间内部资金往来规模差异较大,揭示内部资本市场的运作与企业层面特征具有重要的关联。同时,资金借出规模要显著大于资金收回规模,这可能是由于总部在资金配置上倾向于提供资金支持,以缓解成员企业的融资困境。总体上看,总部借出的资金有借有还,表明内部资本市场是一个动态的资本配置过程。从宏观经济政策波动的数据来看,样本期间无论是从银行信贷资源配给方面,还是企业家对资金运营需求方面,均揭示宏观经济形势波动较大,且对未来预期持不太乐观的情绪。由此,结合宏观经济波动与内部资本市场活跃的这一现象,我们推测在这两类事件之间可能存在一定的关系。有鉴于此,我们需要进一步借助相关性分析予以检验。

2. 相关性分析

表 4-4 汇集了主要变量之间的相关系数。贷款需求($Lconfi$)与资金借出和结余呈正相关,相关系数为 0.03 和 0.05,且在 1% 水平上通过显著性检验。

资金周转需求($Fconfi$)仅与资金结余正相关,相关系数为 0.026,在 5% 水平上通过显著性检验。所有权性质($Private$)与内部资金往来无论是在资金借出还是偿还或结余层面均显著正相关,相关系数分别为 0.135、0.146 和 0.03。类似地,区域金融深化程度(Fd)与资金借出和偿还显著正相关,相关系数均为 0.06,且在 1% 水平上通过显著性检验。此外,表征宏观经济的代理变量货币政策偏紧($Mpconfi$)和广义货币供应量($M2\_Grow$)与内部资金往来在结余维度也呈正相关关系。代表内部资金往来规模的变量($Acof$、$Acrf$、$Acnf$)及宏观经济波动变量之间($Lconfi$、$Fconfi$、$Mpconfi$、$M2\_Grow$)均显著相关,相关系数均接近或大于 0.5,存在共线性的可能,因此在后续的回归分析中应将这些变量放到不同模型中。其他变量之间的相关系数均在 0.3 以下,不存在严重的共线性问题。

从相关性分析的结果来看,宏观经济政策波动的指标与内部资金往来指标之间的相关性较高,表明宏观经济波动确实能够影响企业的资金配置。其中所揭示的基本逻辑,主要是宏观经济政策波动,尤其是货币政策波动,导致信贷资源配给发生变化,从而影响企业层面的资金供给。宏观经济波动对企业产销的需求也会形成较大的冲击,因此在产销需求和资金需求的双重冲击下,较多企业将面临资金短缺或陷入财务危机的可能。在外部信贷资源波动的情形下,对于

表4-4 主要变量的相关性检验

	Acof	Acrf	Acnf	Lconfi	Fconfi	Mpconfi	M2_Grow	Private	Fd
Acof	1.000	0.900***	0.496***	0.030***	−0.003	0.007	0.027**	0.135***	0.066***
Acrf	0.900***	1.000	0.156***	0.018	−0.009	−0.002	0.019	0.146***	0.063***
Acnf	0.496***	0.156***	1.000	0.047***	0.026**	0.039***	0.033***	0.034**	0.032***
Lconfi	0.030***	0.018	0.047***	1.000	0.411***	0.835***	0.708***	0.052***	0.051***
Fconfi	−0.003	−0.009	0.026**	0.411***	1.000	0.757***	−0.167***	0.009	−0.019
Opconfi	0.007	−0.002	0.039***	0.835***	0.757***	1.000	0.480***	0.024*	−0.007
M2_grow	0.027**	0.019	0.033***	0.708***	−0.167***	0.480***	1.000	0.032**	0.045***
Private	0.135***	0.146***	0.034**	0.052***	0.009	0.024*	0.032**	1.000	−0.034**
Fd	0.066***	0.063***	0.032***	0.051***	−0.019	−0.007	0.045***	−0.034**	1.000

注：变量定义见表4-2。该表的左下方为Pearson相关系数检验结果，右上方为Spearman相关系数检验结果。***、**、*分别表示在1%、5%、10%水平下显著。

那些面临融资约束的企业而言,其很可能利用内部资金往来以解决资金问题。因此,正如我们在相关性分析中所看到的宏观经济波动指标与内部资本市场的互动关系。不过,这两者之间是否存在必然的联系,仅通过相关性分析是不充分的,我们还需要借助进一步的深入分析来加以判断。

3. 多元回归分析

在相关性分析的基础上,我们初步观测到宏观经济政策的波动与内部资金往来具有显著的关联。因此,在此基础上,我们利用多元回归模型检验前文的假说。表 4-5 给出了宏观经济政策波动对内部资本市场构建的回归结果。

表 4-5 宏观经济环境对内部资本市场构建的影响

因变量	$Acof$		$Acrf$		$Acnf$	
	(1)	(2)	(3)	(4)	(5)	(6)
Lconfi	0.69*** [9.66]		0.61*** [9.51]		0.12*** [5.17]	
Fconfi		0.65*** [9.57]		0.59*** [8.46]		0.09*** [4.82]
Private	0.06*** [7.03]	0.04*** [6.95]	0.05*** [7.76]	0.03*** [7.05]	0.02 [0.80]	0.01 [0.69]
Lev	0.20*** [9.50]	0.21*** [9.45]	0.19*** [9.67]	0.17*** [9.23]	0.01* [1.91]	0.01* [1.88]
Seo	0.05*** [3.27]	0.05*** [3.45]	0.03* [1.89]	0.02* [1.90]	0.03*** [4.32]	0.01*** [4.56]
Nros	0.02 [0.16]	0.01 [0.14]	0.01 [0.40]	0.01 [0.37]	0.01* [1.77]	0.01* [1.79]
Fd	0.59*** [4.72]	0.56*** [4.70]	0.56*** [4.93]	0.51*** [4.69]	0.05 [1.61]	0.03 [1.63]
Id	0.17** [2.16]	0.15** [2.27]	0.13* [1.93]	0.12* [1.88]	0.03 [1.53]	0.02 [1.50]
Csnf	−0.05 [−0.70]	−0.04 [−0.69]	−0.13** [−2.07]	−0.09** [−2.05]	0.01 [0.79]	0.02 [0.77]
Fa	−0.01 [−0.53]	−0.02 [−0.52]	0.02 [0.40]	0.01 [0.37]	−0.02* [−1.94]	−0.01* [−1.91]
Size	−0.02*** [−7.68]	−0.03*** [−7.49]	−0.02*** [−7.78]	−0.01*** [−7.67]	0.01*** [−4.25]	0.02*** [−4.22]
Growth	−0.07*** [−5.19]	−0.05*** [−5.16]	−0.03*** [−5.67]	−0.02*** [−5.59]	0.01 [−1.03]	0.02 [−1.01]

续表

因变量	Acof		Acrf		Acnf	
	(1)	(2)	(3)	(4)	(5)	(6)
行业	控制	控制	控制	控制	控制	控制
年度	控制	控制	控制	控制	控制	控制
Adj_R^2	0.23	0.23	0.22	0.21	0.05	0.05
N	7 836	7 836	7 836	7 836	7 836	7 836

注：括号内为回归系数对应的 t 值；***、**、*分别表示1%、5%和10%的显著性水平。

表4-5的回归结果显示，贷款需求与资金借出显著正相关，且在1%水平上通过显著性检验。与此同时，贷款需求与资金偿还显著正相关，也在1%水平上通过显著性检验。由此表明贷款意愿越强烈，企业更可能利用集团内部资本市场来进行资金配置。贷款需求强烈从一个侧面反映信贷市场上信贷资源稀缺，从而导致资金获得可能更为困难。为了验证这一揣测，我们进一步利用企业家层面的资金周转需求数据，回归结果显示资金周转需求同样与内部资金往来显著正相关。因此，在宏观经济政策紧缩时期，企业在外部信贷市场融资获得限制，因此更可能利用内部资本市场来筹集资金。由此，假说1得到支持。

进一步区分资金往来结构，我们发现宏观经济波动对资金借出的影响要更为明显，反映在回归系数方面，资金借出模型为0.69(0.65)大于资金偿还模型0.61(0.59)。因此，我们推测在宏观经济紧缩时期，集团内部的资金往来更可能是母公司对子公司的支持行为，以帮助子公司缓解融资约束。其他控制变量方面，所有制（Private）与内部资本市场运作显著正相关，表明民营企业更可能利用内部资本市场以缓解融资约束。地区金融深化程度（Fd）和公司治理（Id）与内部资本市场运作显著正相关，表明健全的金融市场发育程度和良好的公司治理更能促进企业使用内源融资方式，这与既有文献的研究一致（Williamson，1987；Rajan and Zingales，1998）。负债率（Lev）、股权再融资机会（Seo）与内部资本市场运作也显著正相关，表明企业在外部融资受困的情况下，可能会利用内部资本市场在集团内进行资金配置。此外，公司规模（Size）、成长性（Growth）与内部资本市场运作负相关，表明公司规模越大、成长性越好的公司越可能获得外部信贷融资渠道，因而利用内部渠道融资的动机相对较弱。

根据前文分析，宏观经济波动对不同所有制企业的影响不同，我们进一步区分所有制考察了宏观经济波动对内部资本市场运作的影响。表4-6给出了模型 2 的回归结果。

表 4-6 所有制交互宏观经济环境对内部资本市场构建的影响

因变量	Acof		Acrf		Acnf	
	(1)	(2)	(3)	(4)	(5)	(6)
Private * Lconfi	−0.01 [−0.72]		−0.02 [−1.33]		0.01 [1.16]	
Lconfi	0.69*** [9.69]		0.62*** [9.59]		0.11*** [5.06]	
Private * Fconfi		0.00 [−0.17]		−0.01 [−0.67]		0.00 [0.76]
Fconfi		0.69*** [9.65]		0.61*** [9.53]		0.11*** [5.12]
Private	0.07*** [5.76]	0.06*** [4.37]	0.07*** [6.72]	0.07*** [5.22]	0.01 [−0.16]	0.01 [−0.12]
Lev	0.20*** [9.47]	0.20*** [9.48]	0.19*** [9.63]	0.19*** [9.64]	0.01* [1.94]	0.01* [1.93]
Seo	0.05*** [3.26]	0.05*** [3.27]	0.02* [1.87]	0.02* [1.88]	0.02*** [4.33]	0.02*** [4.33]
Nros	0.00 [0.19]	0.00 [0.17]	0.01 [0.45]	0.01 [0.42]	0.01* [1.72]	0.01* [1.75]
Fd	0.59*** [4.73]	0.59*** [4.72]	0.56*** [4.95]	0.56*** [4.94]	0.06 [1.59]	0.06 [1.60]
Id	0.17** [2.15]	0.17** [2.16]	0.13* [1.90]	0.13* [1.92]	0.04 [1.55]	0.04 [1.54]
Csnf	−0.05 [−0.69]	−0.05 [−0.70]	−0.13** [−2.05]	−0.13** [−2.05]	0.02 [0.78]	0.02 [0.76]
Fa	−0.01 [−0.54]	−0.01 [−0.53]	0.01 [0.37]	0.01 [0.40]	−0.01* [−1.92]	−0.02* [−1.94]
Size	−0.02*** [−7.69]	−0.02*** [−7.68]	−0.02*** [−7.82]	−0.02*** [−7.80]	0.01*** [−4.22]	0.01*** [−4.24]
Growth	−0.03*** [−5.18]	−0.03*** [−5.19]	−0.03*** [−5.64]	−0.03*** [−5.67]	0.01 [−1.05]	0.01 [−1.02]

续 表

因变量	*Acof*		*Acrf*		*Acnf*	
	(1)	(2)	(3)	(4)	(5)	(6)
行业	控制	控制	控制	控制	控制	控制
年度	控制	控制	控制	控制	控制	控制
Adj_R^2	0.23	0.22	0.22	0.22	0.05	0.05
N	7 836	7 836	7 836	7 836	7 836	7 836

注：括号内为回归系数对应的 t 值；***、**、* 分别表示 1%、5% 和 10% 的显著性水平。

表 4-6 与表 4-5 不同之处在于增加了所有制与宏观经济变量的交互项，回归结果显示，宏观经济变量（$Lconfi$、$Fconfi$）的回归系数显著为正，且在 1% 水平上通过显著性检验。在货币政策宽松时期，国有企业更可能获得信贷资源，从而在集团内部进行分配。进一步考察民营企业在宏观经济波动时期的资金配置行为，回归结果显示所有制（$Private$）的回归系数显著为正，表明民营企业更可能在货币政策紧缩时期利用内部资本市场进行资金配置。这可能是由于信贷紧缩时期，信贷供给主要减少的是民营企业的份额，民营企业信贷资源可获得性受到限制，这与饶品贵、姜国华（2013）的研究结论基本一致。由此，假说 2 得到支持。

与表 4-6 类似，我们进一步考察了区域金融深化程度对内部资本市场运作的影响。表 4-7 给出了模型 3 的回归结果。宏观经济变量（$Lconfi$、$Fconfi$）的回归系数显著为正，且在 1% 水平上通过显著性检验。表明在宏观经济趋好的情形下，位于区域金融发育程度较低地区的企业更可能利用内部资本市场进行资金配置，这可能是由于信贷宽松时期信贷投放具有地区倾斜导向。在获得较多信贷情形下，该地区的企业由此通过内部资本市场进行资源"分配"。

我们进一步考察在宏观经济紧缩时期位于金融发育成熟区域的企业资金配置行为，回归结果显示区域金融深化程度（Fd）的回归系数显著为正，且在 1% 水平上通过显著性检验，表明在宏观经济形势趋紧的情形下，位于金融市场发育成熟地区的企业更可能利用内部资本市场进行资金配置，以缓解外部宏观经济波动对企业造成的负面冲击。由此，假说 3 得到支持。

回归结果表明，内部资本市场与外部金融环境密切相关，良好的外部金融环境能够支持企业利用内部资本市场进行资金配置，提高资本配置效率，支持企业的资金运营需求。

表 4-7 金融深化程度交互宏观经济环境对内部资本市场构建的影响

因变量	Acof		Acrf		Acnf	
	(1)	(2)	(3)	(4)	(5)	(6)
Fd * Lconfi	−0.25 [−1.05]		−0.38* [−1.76]		0.09 [1.24]	
Lconfi	0.69*** [9.72]		0.62*** [9.65]		0.11*** [5.00]	
Fd * Fconfi		−0.28 [−1.19]		−0.30 [−1.37]		−0.04 [−0.51]
Fconfi		0.70*** [9.73]		0.62*** [9.60]		0.12*** [5.19]
Fd	0.72*** [4.16]	0.72*** [4.33]	0.75*** [4.79]	0.70*** [4.60]	0.02 [0.32]	0.08 [1.55]
Private	0.06*** [7.04]	0.06*** [7.03]	0.06*** [7.78]	0.06*** [7.77]	0.01 [0.78]	0.01 [0.80]
Lev	0.20*** [9.46]	0.20*** [9.46]	0.19*** [9.62]	0.19*** [9.63]	0.01* [1.94]	0.01* [1.89]
Seo	0.05*** [3.26]	0.05*** [3.25]	0.02* [1.87]	0.02* [1.87]	0.02*** [4.33]	0.02*** [4.31]
Nros	0.00 [0.16]	0.00 [0.15]	0.01 [0.39]	0.01 [0.38]	0.01 [1.78]	0.01* [1.76]
Id	0.17** [2.17]	0.17** [2.16]	0.14* [1.94]	0.13* [1.93]	0.04 [1.52]	0.04 [1.52]
Csnf	−0.05 [−0.72]	−0.05 [−0.71]	−0.13** [−2.10]	−0.13** [−2.08]	0.02 [0.81]	0.02 [0.79]
Fa	−0.01 [−0.51]	−0.01 [−0.52]	0.01 [0.43]	0.01 [0.41]	−0.02** [−1.96]	−0.02* [−1.94]
Size	−0.02*** [−7.68]	−0.02*** [−7.68]	−0.02*** [−7.79]	−0.02*** [−7.78]	0.00*** [−4.25]	0.00*** [−4.25]
Growth	−0.03*** [−5.19]	−0.03*** [−5.20]	−0.03*** [−5.67]	−0.03*** [−5.68]	0.01 [−1.03]	0.01 [−1.03]
行业	控制	控制	控制	控制	控制	控制
年度	控制	控制	控制	控制	控制	控制
Adj_R^2	0.23	0.23	0.22	0.22	0.05	0.05
N	7 836	7 836	7 836	7 836	7 836	7 836

注：括号内为回归系数对应的 t 值；***、**、* 分别表示 1%、5% 和 10% 的显著性水平。

宏观经济波动传导的区域效应,对企业内部资本市场运作的影响,还进一步揭示了内部资本市场并非单向的替代关系(Williamson,1975)。外部资本市场的发展,能够为内部资本市场的构建和有效运作提供良好的运行基础,例如商业银行提供的现金管理服务、网络银行服务等。

4. 进一步分析

在给定企业存在内部资本市场的条件下,即资金借出与偿还不同时为 0 的样本。我们进一步考察宏观经济波动对企业内部资本市场运作规模的影响。表 4-8 给出了宏观经济政策波动对内部资本市场运作规模的影响。

表 4-8 所有制交互宏观经济环境对内部资本市场活跃程度的影响

因变量	$Acof$		$Acrf$		$Acnf$	
	(1)	(2)	(3)	(4)	(5)	(6)
Private * Lconfi	-0.02 [-0.76]		-0.03 [-1.39]		0.01 [1.13]	
Lconfi	1.45*** [12.41]		1.30*** [12.31]		0.23*** [5.94]	
Private * Fconfi		-0.02 [-0.98]		-0.02 [-1.07]		0.01 [0.70]
Fconfi		1.45*** [12.42]		1.30*** [12.28]		0.24*** [5.96]
Private	0.08*** [4.61]	0.09*** [4.93]	0.09*** [5.60]	0.09*** [5.58]	0.00 [-0.58]	0.00 [-0.24]
Lev	0.25*** [7.33]	0.25*** [7.36]	0.23*** [7.52]	0.23*** [7.56]	0.01 [1.00]	0.01 [0.97]
Seo	0.08*** [3.65]	0.09*** [3.67]	0.04** [2.04]	0.04** [2.08]	0.04*** [4.50]	0.04*** [4.47]
Nros	0.03 [1.01]	0.03 [1.01]	0.03 [1.27]	0.03 [1.25]	0.02** [2.22]	0.02** [2.24]
Fd	0.45** [2.32]	0.45** [2.30]	0.46*** [2.62]	0.46*** [2.58]	0.05 [0.69]	0.05 [0.72]
Id	0.27** [2.26]	0.27** [2.27]	0.22** [2.03]	0.22** [2.05]	0.06 [1.45]	0.06 [1.43]
Csnf	-0.10 [-0.82]	-0.10 [-0.85]	-0.28** [-2.52]	-0.28*** [-2.58]	0.05 [1.18]	0.05 [1.23]

续 表

因变量	$Acof$		$Acrf$		$Acnf$	
	(1)	(2)	(3)	(4)	(5)	(6)
Fa	0.03 [0.66]	0.03 [0.66]	0.07* [1.77]	0.07* [1.78]	−0.03* [−1.84]	−0.03* [−1.84]
Size	−0.05*** [−10.84]	−0.05*** [−10.85]	−0.05*** [−10.96]	−0.05*** [−10.96]	−0.01*** [−5.35]	−0.01*** [−5.35]
Growth	−0.05*** [−5.88]	−0.05*** [−5.87]	−0.05*** [−6.39]	−0.05*** [−6.40]	0.01 [−1.22]	0.01 [−1.21]
行业/年度	控制	控制	控制	控制	控制	控制
Adj_R^2	0.36	0.36	0.35	0.35	0.09	0.09
N	4 509	4 509	4 509	4 509	4 509	4 509

注：括号内为回归系数对应的 t 值；***、**、*分别表示1%、5%和10%的显著性水平。

表4-8回归结果显示,在给定使用内部资本市场的前提下,贷款需求($Lconfi$)与内部资本市场规模显著正相关,且在1%水平上通过显著性检验。在资金周转需求($Fconfi$)模型中,得到同样的结论,由此表明在宏观经济政策趋紧的条件下,民营企业利用内部资金往来的规模更大。相比民营企业,国有企业在宏观经济政策趋松的条件下,内部资金往来的规模更大。

民营企业与国有企业应对宏观经济波动不同的方式,揭示在宏观经济紧缩时期,这两类企业在外部信贷资源获取方面存在较大的差异,在紧缩时期民营企业分得的信贷资源份额更少,因而更有动机利用内部资本市场进行资金筹集,以缓解成员企业融资约束。而国有企业在信贷宽松时期,更可能将大量的信贷资源通过内部资本市场分配给成员企业,是资源平均分配而非缓解资金困境。

我们还考察了区域金融深化程度对内部资本市场活跃程度的影响。表4-9给出了考虑这一影响的模型回归结果。

表4-9的回归结果显示,贷款需求($Lconfi$)与内部资本市场运行规模显著正相关,且在1%水平上通过显著性检验,表明宏观经济趋松的条件下,金融发育程度较低地区的企业内部资金往来规模更大。揭示在信贷资源充足的情形下,这类企业更可能将获得的外部资金通过内部资本市场对成员企业进行分配。金融深化程度(Fd)的回归系数也显著为正,在5%水平上通过显著性检验,表明在宏观经济趋紧的条件下,金融发育程度较高地区的企业内部资金往来规模更

大。上述结论在资金周转需求（$Fconfi$）模型中同样成立。这一结论揭示，在宏观经济趋紧的背景下，金融深化程度较高地区的企业更能够利用内部资本市场缓解政策冲击导致的资金供给不足。

表4-9 金融深化程度交互宏观经济环境对内部资本市场活跃程度的影响

因变量	$Acof$		$Acrf$		$Acnf$	
	(1)	(2)	(3)	(4)	(5)	(6)
Fd * Lconfi	−0.08 [−0.22]		−0.31 [−0.92]		0.18 [1.38]	
Lconfi	1.44*** [12.33]		1.31*** [12.26]		0.23*** [5.84]	
Fd * Fconfi		−0.18 [−0.49]		−0.21 [−0.62]		−0.05 [−0.38]
Fconfi		1.45*** [12.37]		1.30*** [12.24]		0.24*** [6.05]
Fd	0.49* [1.78]	0.53** [2.04]	0.62** [2.48]	0.55** [2.34]	−0.04 [−0.46]	0.07 [0.80]
Private	0.07*** [5.58]	0.07*** [5.58]	0.08*** [6.35]	0.08*** [6.34]	0.00 [0.23]	0.00 [0.26]
Lev	0.25*** [7.36]	0.25*** [7.34]	0.23*** [7.56]	0.23*** [7.54]	0.01 [0.98]	0.01 [0.95]
Seo	0.08*** [3.66]	0.08*** [3.65]	0.04** [2.07]	0.04** [2.05]	0.04*** [4.48]	0.04*** [4.47]
Nros	0.03 [0.99]	0.03 [0.98]	0.03 [1.22]	0.03 [1.21]	0.02** [2.27]	0.02** [2.26]
Id	0.28** [2.29]	0.28** [2.29]	0.23** [2.08]	0.23** [2.07]	0.06 [1.40]	0.06 [1.41]
Csnf	−0.10 [−0.85]	−0.10 [−0.84]	−0.28*** [−2.59]	−0.28*** [−2.56]	0.05 [1.25]	0.05 [1.23]
Fa	0.03 [0.67]	0.03 [0.67]	0.07* [1.80]	0.07* [1.79]	−0.03* [−1.88]	−0.03* [−1.85]
Size	−0.05*** [−10.83]	−0.05*** [−10.82]	−0.05*** [−10.96]	−0.05*** [−10.93]	−0.01*** [−5.34]	−0.01*** [−5.37]

续 表

因变量	Acof		Acrf		Acnf	
	(1)	(2)	(3)	(4)	(5)	(6)
Growth	−0.05*** [−5.90]	−0.05*** [−5.90]	−0.05*** [−6.43]	−0.05*** [−6.42]	0.01 [−1.18]	0.01 [−1.19]
行业	控制	控制	控制	控制	控制	控制
年度	控制	控制	控制	控制	控制	控制
Adj_R^2	0.36	0.36	0.35	0.35	0.09	0.09
N	4 509	4 509	4 509	4 509	4 509	4 509

注：括号内为回归系数对应的 t 值；***、**、*分别表示1%、5%和10%的显著性水平。

上述回归分析结果表明，宏观经济波动在不同所有制企业以及不同区域之间的影响后果并不一致，从而导致宏观经济波动的背景下，对于内部资本市场的资金配置使用的功效也存在较为明显的差异。有鉴于内部资本市场运作在产权性质和地区之间的差异，揭示我们在实施内部资本市场战略中需要根据不同的产权治理特征，并结合地区金融发育状况，从而构建符合企业显示运营环境的内部资金配置运作体系。在政府层面揭示政策制定者需要平衡地区的发展，缩小地区之间在金融、服务以及科技支撑方面的差距。同时，针对不同产权性质在内部资本市场运行效率上的差异，也需要进一步推进产权治理，降低委托-代理成本，提高内部治理效率。

5. 稳健性检验

考虑到对宏观经济政策波动的度量变量选取以及样本的规模，可能会影响到上述结论的稳健性，因此我们对样本进行了如下处理：

（1）剔除当年上市的样本，考虑到当年上市企业获得较多的权益融资，资金充足，同时因监管部门对关联交易的审查，因而使用内部资本市场动机较弱。

（2）参照靳庆鲁等（2012）的做法，利用 M_2 增长率作为货币政策紧缩的判别指标。同时利用银行家对货币政策感受来度量经济形势，以上年末 M_2 增长率和银行家货币政策偏紧指数（$Mpconfi$）来度量宏观经济政策波动状况。

（3）替换负债率的度量，利用上期末总负债与总资产的比重来度量。

（4）任意改变样本期间，以排除样本选择偏误影响（限于篇幅，未报告）。

表4-10和表4-11给出了经过上述步骤处理的回归结果，结论基本不变。

表4-10 所有制交互宏观经济环境对内部资本市场的影响(稳健性检验)

因变量	Acof		Acrf		Acnf	
	(1)	(2)	(3)	(4)	(5)	(6)
Private * M_2	−0.01 [−0.87]		−0.01 [−0.96]		0.00 [0.86]	
M_2_Grow	0.69*** [9.70]		0.62*** [9.56]		0.11*** [5.08]	
Private * Mpconfi		−0.01 [−0.72]		−0.02 [−1.33]		0.01 [1.16]
Mpconfi		0.69*** [9.69]		0.62*** [9.59]		0.11*** [5.06]
Private	0.07*** [6.01]	0.07*** [5.76]	0.07*** [6.64]	0.07*** [6.72]	0.01 [0.08]	0.01 [−0.16]
Lev	0.20*** [9.50]	0.20*** [9.47]	0.19*** [9.67]	0.19*** [9.63]	0.01* [1.90]	0.01* [1.94]
Seo	0.05*** [3.27]	0.05*** [3.26]	0.03* [1.89]	0.02* [1.87]	0.02*** [4.32]	0.02*** [4.33]
Nros	0.00 [0.19]	0.00 [0.19]	0.01 [0.43]	0.01 [0.45]	0.01* [1.74]	0.01* [1.72]
Fd	0.59*** [4.73]	0.59*** [4.73]	0.56*** [4.93]	0.56*** [4.95]	0.06 [1.61]	0.06 [1.59]
Id	0.17** [2.15]	0.17** [2.15]	0.13* [1.92]	0.13* [1.90]	0.04 [1.53]	0.04 [1.55]
Csnf	−0.05 [−0.70]	−0.05 [−0.69]	−0.13** [−2.07]	−0.13** [−2.05]	0.02 [0.79]	0.02 [0.78]
Fa	−0.01 [−0.55]	−0.01 [−0.54]	0.01 [0.38]	0.01 [0.37]	−0.01* [−1.92]	−0.01* [−1.92]
Size	−0.02*** [−7.69]	−0.02*** [−7.69]	−0.02*** [−7.80]	−0.02*** [−7.82]	0.01*** [−4.24]	0.01*** [−4.22]
Growth	−0.03*** [−5.18]	−0.03*** [−5.18]	−0.03*** [−5.65]	−0.03*** [−5.64]	0.01 [−1.04]	0.01 [−1.05]
行业	控制	控制	控制	控制	控制	控制
Adj_R^2	0.23	0.23	0.22	0.22	0.05	0.05
N	6 998	6 998	6 998	6 998	6 998	6 998

注：括号内为回归系数对应的 t 值；***、**、* 分别表示1%、5%和10%的显著性水平。

表 4-11 金融深化程度交互宏观经济环境对内部资本市场的影响(稳健性检验)

因变量	$Acof$		$Acrf$		$Acnf$	
	(1)	(2)	(3)	(4)	(5)	(6)
Fd * M_2_Grow	−0.25 [−0.95]		−0.26 [−1.10]		0.04 [0.51]	
M_2_Grow	0.69*** [9.70]		0.62*** [9.57]		0.11*** [5.11]	
Fd * Mpconfi		−0.25 [−1.05]		−0.38* [−1.76]		0.09 [1.24]
Mpconfi		0.69*** [9.72]		0.62*** [9.65]		0.11*** [5.00]
Fd	0.76*** [3.47]	0.72*** [4.16]	0.74*** [3.71]	0.75*** [4.79]	0.03 [0.50]	0.02 [0.32]
Private	0.06*** [7.03]	0.06*** [7.04]	0.06*** [7.77]	0.06*** [7.78]	0.00 [0.79]	0.00 [0.78]
Lev	0.20*** [9.49]	0.20*** [9.46]	0.19*** [9.66]	0.19*** [9.62]	0.01* [1.91]	0.01* [1.94]
Seo	0.05*** [3.27]	0.05*** [3.26]	0.03* [1.89]	0.02* [1.87]	0.02*** [4.32]	0.02*** [4.33]
Nros	0.00 [0.17]	0.00 [0.16]	0.01 [0.40]	0.01 [0.39]	0.01* [1.77]	0.01* [1.78]
Id	0.17** [2.17]	0.17** [2.17]	0.13* [1.94]	0.14* [1.94]	0.04 [1.52]	0.04 [1.52]
Csnf	−0.05 [−0.72]	−0.05 [−0.72]	−0.13** [−2.10]	−0.13** [−2.10]	0.02 [0.80]	0.02 [0.81]
Fa	−0.01 [−0.52]	−0.01 [−0.51]	0.01 [0.41]	0.01 [0.43]	−0.02* [−1.95]	−0.02** [−1.96]
Size	−0.02*** [−7.69]	−0.02*** [−7.68]	−0.02*** [−7.80]	−0.02*** [−7.79]	0.00*** [−4.25]	0.00*** [−4.25]
Growth	−0.03*** [−5.19]	−0.03*** [−5.19]	−0.03*** [−5.67]	−0.03*** [−5.67]	0.01 [−1.03]	0.01 [−1.03]
行业/年度	控制	控制	控制	控制	控制	控制
Adj_R^2	0.23	0.23	0.22	0.22	0.05	0.05
N	6 998	6 998	6 998	6 998	6 998	6 998

注:括号内为回归系数对应的 t 值;***、**、*分别表示1%、5%和10%的显著性水平。

表 4-10 的回归结果显示,所有制($Private$)回归系数显著为正,且在 1% 水平上通过显著性检验,表明民营企业在货币政策紧缩时期更可能使用内部资本市场进行资金筹措,以缓解成员企业的资金不足。然而在货币供应量增长较快的宏观经济趋松时期,国有企业更可能利用内部资本市场进行集团内资金分配。但 M_2 的增长,受较多因素影响,并非仅仅反映货币政策的变动,可能还有中央政府其他的政策性考虑,选择这一指标并不恰当。

表 4-11 回归结果显示,货币政策预期($Mpconfi$)与内部资本市场运作正相关,且在 1% 水平上通过显著性检验,表明货币政策宽松时期,金融发育程度较低地区的企业更可能将获得信贷资源分配至成员企业,具有"平均主义"倾向。金融深化程度(Fd)的回归显著为正,表明货币政策紧缩时期,金融深化程度较高地区的企业更可能利用内部资本市场缓解成员企业资金短缺,降低其融资约束。结论表明,这两类地区企业在内部资金配置的动机上存在显著差异。

4.3 企业异质性层面内部资本市场构建的影响因素

对企业资金配置行为的分析,需要从企业本身的特性进行分析。不同产权性质的企业,在资本获取、经营方式、产业特性均存在较大的差异。因此,对企业构建内部资本市场的动机考察,需要从企业的产权性质、财务杠杆等方面进行。

4.3.1 理论分析与假说发展

在中国的国民经济体系中,存在着两类不同特征的产权主体,即国有企业和民营企业(含私营、集体、外资)。这两类不同的产权主体,在经营结构和目标上也存在显著差异(张维迎,2003;Allen et al.,2005)。国有企业作为国有资本运营的主体,主要分布在关系国计民生的领域,例如国防、电力、煤炭、通信、钢铁行业。国有企业的存在,主要服务于国家经济安全和社会稳定,因此在考核目标上更加注重社会利益。相比于国有企业,民营企业主要集中在市场化的领域,即与民众日常相关的行业。在国家行业发展结构中,国有企业所在的行业关系到国家重大利益,在市场资源获取方面更加便利,尤其是体现在金融资源方面。根据世界银行的报告,在金融市场的资源配置过程中,国有企业获得了近 70% 的贷款总额(中国人民银行,2000—2012)。然而,民营企业基本获得的贷款份额则不到 10%,这与民营企业所创造的近 70% 的税收以及 90% 的新增就业岗位是不相称的(中华全国工商业联合会,2004—2013)。

与金融配置结构失衡相对应,中国金融市场化相对缓慢。金融业对经济的贡献程度处于较低的水平,远低于发达经济体(朱红军,2006;Lu and Beck,2014)。在金融资源配置结构中又主要以银行信贷的方式存在,这一比例维持在90%(Huang and Song,2006)。由此,失衡的金融市场发育程度和金融配置资源不均和的背景,使得不同市场主体对信贷资源的抢夺变得较为明显。在政府政策支持和银行系统内生于国有经济的影响下,民营企业在获取信贷资源方面处于明显的劣势(Brandt and Li,2003;Allen et al.,2005)。同时,国有企业具有更多的政治关联,因而可以获得更多的"政治借贷"。

在当前的信贷市场中,民营企业仍然面临较为严重的融资歧视,但这并非完全是由于政治因素。民营企业由于其主要是由原来的相对较弱的国有企业或个体私营经济发展而来,并且其所经营的行业基本为竞争性行业,因而民营企业的经营业绩波动性较大。因此,民营企业在存在"融资歧视"的金融市场处于劣势,在获取信贷资源方面存在较大的障碍。然而,即使在存在融资障碍的背景下,民营企业仍然能够获得较快速度的增长。既有研究的分析,认为民营经济在缺乏有效的金融支撑的背景下获得快速发展有违于经典经济理论。

民营企业的快速发展并非完全背离于金融经济的支持,而是民营企业通过其他渠道获得了经营发展所需的资金。从资金需求角度而言,民营企业所在的行业更需要资金的支持,更希望能够通过正规金融渠道获取资金。然而,信贷市场的借贷规则以及供求结构不平衡,限制了民营企业从正规金融渠道获得信贷资源。因此,在获取外部正规金融资源受限的情况下,企业会尝试从各种其他渠道取得维持运营所需要的资金,比如从供应商那边获得商业信用以及通过其他非正规融资的渠道。在实践中,一个集团中的成员企业若面临财务困境,他们解决问题的另一种选择是向母公司以及其他的子公司借钱。相比于从供应商以及其他方获取商业信用融资,企业在集团内部进行资金筹集相对更为容易且成本更低。因此,相比于国有企业,民营企业所面临的融资约束程度更高,因此其利用内部资本市场进行资金筹集的动力更强。基于此,我们提出如下假说:

H4:相比于国有企业,民营企业具有更强的动机建立内部资本市场。

对内部资本市场效率的讨论,较多的研究认为内部资本配置的无效率归因于总部管理层与部门经理之间的激励冲突。Stein(1997)认为分部经理从预期收益获得了私有收益,预期收益越高则分部经理获得的私有收益越大,因此激励分部经理推进更多的项目实施,争取更多的资金支持[15]。在分部经理个人私利驱使下,他们与总部管理层进行了持续的"游说"行为,以获得总部的资金支持。然而,总部管理层与分部经理之间对项目的预期收益、风险等信息的理解存在偏差,因此,分部经理对项目信息的不真实描述,使得集团内部资金配置产生扭曲。进一步地,随着总部监管的分部数量不断增加,总部的监管能力在下降,因此分部经理与总部管理层之间的信息不对称程度进一步加大。Rajan et al. (2000)的研究发现,分部经理的寻租行为加剧了集团内部资金配置的扭曲,内部资金配置呈现"平均主义"的交叉补贴行为[16]。由此进一步表明,内部资本市场的运行效率与企业内部的公司治理结构以及治理效率具有重要的影响。因此,对于实施内部资本市场战略的企业而言,需要优化治理结构,从而提升运行效率。

不同产权性质的治理结构,由于历史和产业结构的因素从而存在较大的差异。国有企业作为国有资本参与国计民生关键领域的载体,长期以来存在着所有者缺位的问题。即使在1998年启动的国企改制中,仍未能有效解决产权结构单一的问题,改革并不彻底(Chang and Wong, 2004)。股权结构的过度集中,实际所有者缺位,从而导致国有企业的治理结构并不能够适应现代企业制度要求。同时,国有企业的领导者层基本由上级主管部门行政委任,这进一步降低了企业的运营效率。行政任命的国有企业负责人在其经济任期内,更加关注政治前途,因而在企业运营上并非完全按照市场化的机制来实施资本运营战略。作为参照,民营企业的治理结构则相对更为符合现代企业制度要求,其产生于个体私营经济,股权结构多元制衡。同时,民营企业的经营者基本从市场选任,具有较强的专业运营能力。因此,在企业运营制度设计和运作上,更可能参照市场通行规律进行运营与管理。内部资本市场战略的运营,是企业资本运营战略的重要组成部分,需要有良好的公司治理结构作为支撑。内部资本市场战略构建后,不同所有制企业在运营效率上可能因治理效率的差异,从而产生不同的经济效果。国有企业因治理结构的先天畸形,即使已经构建内部资本市场战略,但由于内部治理的不匹配,从而扭曲资本配置,使得内部资本市场的运作流于形式。然而,民营企业由于采用市场化的内部治理模式,因而会将内部资本市场战略有效实施并充分利用,因而显示出更为活跃而有效的内部资本运作。

内部资本市场中涉及较多的利益相关方,包括上市公司的大股东、上市公司及其附属企业。不同的利益主体,在内部资本市场的运行中有着不同的利益动机。对于集团总部实施内部资本市场战略而言,需要得到成员企业和大股东的支持,尤其是下属子公司的配合。然而,梳理我国企业集团发展史,我们发现国有企业集团的组建更多的是"拉郎配"式行政组合,在实际运行过程中存在明显的"集而不团"的现象。因此,集团总部实施内部资本市场战略存在较大的"下行阻力"。民营企业的集团组建则是基于对冲外部经济冲击的结果,是经济自然的选择。更进一步地,国有企业集团是基于相同产业链的横向联合,集团内部的现金流分布差异性较小。单调的产业组合,在外部宏观经济波动的背景下,通过内部资金调配的空间相对较小。然而,民营企业集团的组建,主要就是基于风险分散的导向而启动,因此产业链之间的互补,能够为集团内部资本的调配提供较广的空间。有鉴于国有企业与民营企业的上述差异,我们推测民营企业的内部资本市场更可能高效率地运行,而国有企业的内部资本市场由于治理结构和行业单调的限制而成为缺乏实际效率仅具有形式的资本战略。有鉴于此,我们提出如下假说:

H5:相比于国有企业,在建立内部资本市场的前提下,民营企业的内部资本市场运行效率更高,内部资金往来规模更大。

为了能够更为清晰地理解产权制度安排与内部资本市场运行的逻辑关系,我们以理论框架结构图的形式展现上述理论分析推导过程。图4-4给出了产权性质影响内部资本市场构建的逻辑脉络。

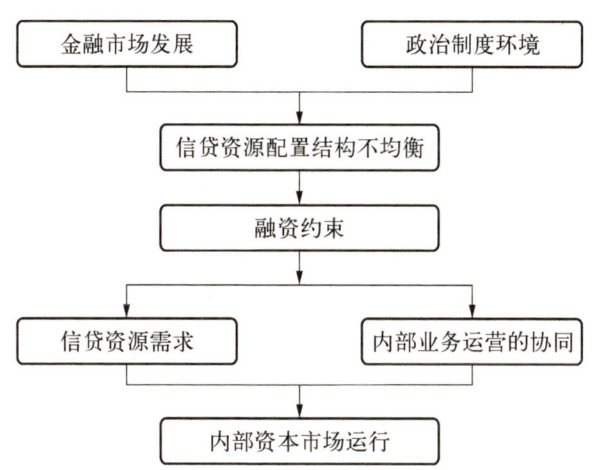

图4-4 产权性质与内部资本市场构建的逻辑框架

4.3.2 数据与实证模型

1. 数据来源

本章的数据来自手工收集的2007—2011年上市公司披露的《控股股东及其他关联方占用上市公司资金的专项审核报告》(以下简称"专项审核报告"),其他财务数据来源及数据筛选规则与前文类似,最终有 7 836 个有效研究样本。样本年度分布与行业分布与前文一致,故不再赘述。

本章区分所有制性质来对样本公司进行考察。表 4-12 给出了样本按所有制分类的结果。

表 4-12 样本活跃程度分布表

	N					占比(%)				
	2007	2008	2009	2010	2011	2007	2008	2009	2010	2011
Panel A:总样本组										
国有	725	881	910	932	974	64	61	60	55	48
民营	407	560	618	756	1 073	36	39	40	45	52
总样本	1 132	1 441	1 528	1 688	2 047	100	100	100	100	100
Panel B:活跃样本										
国有	355	433	510	526	604	49	49	56	56	62
民营	235	320	378	462	686	57	57	62	61	64
总样本	590	753	888	988	1 290	106	106	118	117	126

注:上市公司与其子公司间资金借出或偿还金额不为 0,则将其定义为活跃样本,否则为非活跃样本。

表 4-12 中显示,总样本中国有企业平均占 58%。为了详细分析内部资本市场的运作,我们将全样本分为活跃组与非活跃组。若一个上市公司与其子公司之间的资金占用额或者偿还额不为 0,我们就将该样本称为活跃样本,否则就称为非活跃样本。在总样本中,活跃样本平均占 56%(表 4-12),表明大部分企业都在利用内部资本市场进行资金配置。进一步,我们可以发现,国有企业组中平均有 54% 的企业有着活跃的内部资本市场,而民营企业组中这一比例达到了 60%。由于民营企业面临的融资约束更严重,因此更有动力建立内部资本市场。由此,假说 4 得到支持。

2. 模型构建

利用 Logistic 回归模型,我们建立回归模型 4 考察融资约束对内部资本市场建立的影响:

$$ICM\_dumy = a_1 Private + a_2 Seo + a_3 Lev + a_4 Nros + \phi_j Control_j$$

模型 4

等式左边为内部资本市场活跃与否的二元变量,如果占用额或偿还额不为零,取1,否则取0。根据假设4,面临融资约束程度越高的企业,越有可能建立内部资本市场。因此,我们参照 Aharony et al. (2000)、Brandt et al. (2003)和 Allen et al. (2005)的做法,选取实际控制人的性质($Private$),股权再融资的机会(Seo),获取银行信贷能力(Lev),内部现金流创造能力($Nros$)作为度量企业面临融资约束的代理变量。$Control_j$ 为一组控制变量的集合,包括公司规模($Size$)、固定资产比重(Fa)、投资机会($Growth$)、行业虚拟变量(Ind)以及年度虚拟变量($Year$)。同时,参照 Stein(1997)和 Rajan et al. (2000)的做法,我们还控制了公司内部治理结构(Id)和地区金额深化程度(Fd)对内部资本市场发育的影响。模型中各变量定义与前文一致。

给定一个企业已经建立了内部资本市场,我们进一步考察影响内部资本市场规模的因素。为此,我们构建回归模型5:

$$ICM\_size = a_1 Private + a_2 Seo + a_3 Lev + a_4 Nros + \phi_j Control_j$$

························ 模型5

模型5中,度量内部资本市场规模的变量 ICM_size 包括资金占用($Acof$)、资金偿还($Acrf$)和资金结余($Acnf$)这三个维度。根据假设1的预期,融资约束程度越高的企业,利用内部资本市场的动机越强,因此内部资本市场的规模也可能越大。因此,我们参照 Shin(1999)、Allen et al. (2005)、He et al. (2013)的做法,考察融资约束和外部金融市场发育程度对内部资本市场运作规模的影响。与模型4一致,融资约束的程度以所有制($Private$)、股权再融资(Seo)、银行信贷能力(Lev)和盈利能力($Nros$)来度量。外部金融市场发育程度和内部治理机制以金融深化程度(Fd)和独立董事的比例(Id)来度量。其他控制变量与模型4一致。

4.3.3 实证结果与分析

1. 描述性统计分析

表4-13给出了主要变量的基本统计描述。为了剔除极端值的影响,我们对样本进行了上下1%的缩尾处理。

从银行信贷能力代理变量 Lev 来看,其均值为24%,表明银行仍然主导着金融资源的配置。股权再融资变量 Seo 的均值为8%,这个比较低的水平可能是因为金融危机爆发后,投资者对经济发展预期看低,股权再融资缺乏利好的发行窗口。[①] 内部现金流创造能力 $Nros$ 的均值为 2%,表明上市公司总体的盈利能力较低。

表 4-13 主要变量描述性统计结果

变量	均值	中位数	标准差
Private	0.404	0.000	0.491
Lev	0.244	0.219	0.201
Seo	0.082	0.000	0.275
Nros	0.020	0.046	0.298
Csnf	−0.005	0.000	0.061
Fd	0.057	0.046	0.032
Id	0.363	0.333	0.050
Size	20.941	20.919	1.497
Fa	0.286	0.263	0.184
Growth	0.168	0.043	0.788

描述性统计结果显示,银行信贷渠道仍然是当前信贷资金配置的主导渠道。因此,企业集团需要构建内部资本市场的基础,仍需要外部良好的信贷环境支持。总部通过良好的借贷资质获取外部信贷,从而在集团内部进行重新配置。然而,对于面临较强融资约束的企业,其在获取外部信贷资源存在障碍的情形下,则很可能在集团内部进行资金的筹集,并在成员企业间按照一定规则配置稀缺的资金。信贷资源的稀缺性以及不同产权性质的企业在金融市场上的地位差异性,我们推测不同企业解决资金短缺的方式可能存在较大的差异。由此,我们需要进一步利用其他的分析方法加以检验。

2. 相关性分析

在对变量进行基本描述统计后,我们进一步考察上述变量与内部资本市场之间的相关性。表 4-14 给出了主要变量的相关性系数。

表 4-14 中显示,所有制性质与内部资本市场运作显著相关。具体地,所有制性质与资金借出($Acof$)的相关系数为 0.17,且在 1% 水平上显著,表明民营

[①] 与此同时,在 2008 年 12 月 6 日至 2009 年 6 月 29 日期间,证监会暂停了 IPO 审核进程。

企业更可能建立内部资本市场,显示出更大的资金借出规模。所有制性质与资金收回($Acrf$)的相关显著正相关,相关系数为0.20,同样在1%水平上显著。进一步考察资金借出($Acof$)与资金收回($Acrf$)的相关系数,发现资金收回的系数要大于资金借出的系数,表明民营企业在资金借出后要求成员企业尽快偿还以加速资金周转。这两项变量与所有制之间的显著相关,表明民营企业更可能建立内部资本市场,并且内部资金往来频率更高,资金往来规模也更大。

表 4-14 主要变量相关性分析

	Private	Acof	Acrf	Acnf	Fd
Private	1.00	0.17***	0.20***	0.02	−0.04
Acof	0.17***	1.00	0.89***	0.36***	−0.01
Acrf	0.20***	0.89***	1.00	0.00	0.01
Acnf	0.02	0.36***	0.00	1.00	−0.02
Fd	−0.04	−0.01	0.01	−0.02	1.00

注:该表的左下方为Pearson相关系数检验结果,右上方为Spearman相关系数检验结果。***、**、*分别表示在1%、5%、10%水平下显著。

相关性分析的结果表明,产权性质与内部资金往来活动这两者之间存在高度的关联,由此验证了不同产权性质的企业在获得信贷资源上的差异从而影响到其在内部资本市场构建上的差异。具体而言,国有企业由于在信贷市场较为容易获取资源,因此资金相对充裕,其面临的融资约束也较小,因此其在内部资本市场利用的动机相对较弱。相比而言,民营企业所面临的融资约束则相对要强一些,因此其为了缓解融资压力更有可能使用内部资本市场。从这个层面而言,企业构建内部资本市场的动机,很可能是由于其所面临的融资约束程度所导致。为了检验这一推测,我们需要进一步结合其他分析方法加以验证。

3. 多元回归分析

表 4-15 给出了模型 4 的回归结果。$Private$ 回归系数为正,表明民营企业在利用内部资本市场进行资金配置方面具有更强的动机,由此假说 4 得到支持。

此外,Lev 的回归系数为正,表明企业在外部融资受限的情形下更有可能挖掘内源融资潜力,通过内部资本市场缓解资金压力。股权再融资变量(Seo)和内部现金流变量($Nros$)的回归系数均为负,符合预期,但并不显著。金融深化程度(Fd)的回归系数显著为正,表明内部资本市场的建立需要依托良好的外部金融环境作为支撑。在其他控制变量方面,独立董事规模、投资机会与内部资本市场的建立负相关,但并不显著。固定资产投资规模系数为负,可能是由于固定资产规模越大,企业通过资产抵押方式获得外部信贷资源的能力越强,因此利用内部资本市场调配资金的动机相对较弱。资产规模($Size$)的系数为正,在10%水平上通过了显著性检验,表明规模越大的公司越有能力进行资金聚集,形成规模效应。大股东资金占用($Csnf$)的系数为正,结合该变量统计描述结果中均值为负,表明在经济萧条时期大股东可能通过内部资本市场为上市公司提供资金支持。回归模型的C值为0.65,表明模型的解释力较强,较好地刻画了影响内部资本市场的建立的主要因素。

表4-15 产权性质对内部资本市场建立的影响

变量	系 数	Wald值	Pr>ChiSq
Private	0.35***	7.33	0.01
Lev	0.98***	8.79	0.00
Seo	-0.25	1.23	0.27
Nros	-0.07	0.10	0.75
Fd	7.86***	14.43	0.00
Id	-0.96	0.74	0.39
Csnf	2.42**	5.56	0.02
Size	0.05*	3.35	0.07
Fa	-0.74*	3.61	0.06
Growth	-0.01	0.01	0.92
行业		控制	
年度		控制	
C值		0.65	
N		7 836	

注:***、**、*分别代表在1%、5%、10%水平上显著,均为双尾检验。

表4-16给出了模型5的回归结果。首先,所有制性质高度显著。无论是在资金借出($Acof$)还是资金收回方面($Acrf$),民营企业的内部资本市场相比于国有企业都更加活跃,这进一步支持了假说4。其次,反映内部现金流创造能力的变量($Nros$)的系数在借出和结余的回归中都显著为负,表明企业的留存收益越少,依托内部资本市场来筹集正常运营所需资金的动机越强。公司治理状况

变量(Id)与内部资本市场的活跃程度显著正相关,说明良好的公司治理结构或许能够促进内部资本市场的发展。

表 4-16 产权性质对内部资本市场活跃程度的影响

因 变 量	模型 1($Acof$)	模型 2($Acrf$)	模型 3($Acnf$)
Private	0.18***[4.54]	0.17***[5.23]	0.00[0.29]
Lev	0.04[0.40]	0.10[1.25]	−0.02[−0.94]
Seo	−0.02[−0.21]	−0.01[−0.19]	0.00[0.04]
Nros	−0.13*[−1.83]	−0.05[−0.85]	−0.03*[−1.89]
Fd	0.33[0.55]	0.80[1.54]	−0.10[−0.64]
Id	0.94***[2.59]	0.74**[2.38]	0.25***[2.65]
Csnf	−0.25[−0.59]	−0.09[−0.25]	−0.16[−1.39]
Size	−0.01[−1.38]	−0.01[−1.39]	−0.00*[−1.73]
Fa	0.06[0.45]	0.09[0.83]	0.01[0.33]
Growth	−0.03[−1.06]	−0.02[−1.10]	0.00[0.39]
行业	控制	控制	控制
年度	控制	控制	控制
Adj_R^2	0.27	0.29	0.03
N	4 509	4 509	4 509

注:(1)括号内的数值为 t 值;(2)***、**、*分别代表在1%、5%、10%水平上显著,均为双尾检验。

上述回归分析结果表明,不同产权性质企业在内部资本市场构建和利用程度上均存在显著差异,由此证实融资约束程度差异确实能够影响企业在内部资金利用上的行为。信贷资源配置的不均衡,使得企业间资金配置存在较大的差异,从而影响企业在资金筹集方式上有较大不同。民营企业在内部资本市场构建上表现出更强的动机,并在内部资金往来上显示更大的资金规模,进一步表明其对资金需求较为强烈,但其在信贷市场上却面临较大的融资障碍。为了维持正常的资金周转,民营企业在集团内部通过资金拆借的方式来进行。作为经济发展的主力军,运营最具有活力,然而信贷资源配给严重失衡,制约了民营经济的发展。因此,上述结论为政策制定者提供了金融资源配置政策的重要依据,在信贷资源配置上需要平衡不同产业尤其是民营企业所在的竞争性行业的信贷资源配给。在当前信贷资源配置不均衡下,利用内部资本市场融资仍然是民营企业的现实选择,这能够在一定程度上缓解其所面临的融资压力。

4. 稳健性检验

由于实证研究普遍存在计量偏差问题,因此研究结论仍可能存在偏误。为此,我们对内部资本市场构建模型作如下稳健性测试:

表 4-17 产权性质对内部资本市场活跃程度影响的稳健性检验(变量缩尾)

因变量	模型 1($Acof$)	模型 2($Acrf$)	模型 3($Acnf$)
Private	0.18***[4.81]	0.18***[5.47]	0.00[0.39]
Lev	−0.02[−0.25]	−0.02[−0.30]	−0.01[−0.36]
Seo	−0.03[−0.38]	−0.03[−0.36]	0.00[0.18]
Roa	−0.15*[−1.81]	−0.08[−1.19]	−0.03[−1.55]
Cashr	−0.47***[−2.63]	−0.33***[−2.17]	−0.05[−1.03]
Fd	−0.01[−0.01]	0.53[1.02]	−0.15[−0.96]
Id	0.45[1.20]	0.39[1.22]	0.20**[2.05]
Csnf	−0.35[−0.82]	−0.19[−0.52]	−0.16[−1.48]
Size	0.02[1.11]	0.01[0.68]	0.01[−0.78]
Fa	−0.05[−0.39]	0.02[0.19]	0.01[0.12]
Growth	−0.06*[−1.64]	−0.05*[−1.82]	0.01[0.65]
行业	控制	控制	控制
年度	控制	控制	控制
Adj_R^2	0.27	0.28	0.03
N	4 509	4 509	4 509

注:(1) 括号内的数值为 t 值;(2) ***、**、* 分别代表在 1%、5%、10% 水平上显著,均为双尾检验。

(1) 为了剔除极端值的影响,我们对连续变量进行上下 5% 的缩尾处理。

(2) 改变变量定义。对财务杠杆的度量,本书采用现金流量表中的"来自银行借款的现金流入"并以总资产进行标准化。这样的度量方式可能并不能准确反映企业的实际信贷状况。譬如,债务融资中还保留债券融资、商业保理等渠道。因此,参照同类研究的通行做法,在稳健性检验中我们用总负债除以总资产来度量财务杠杆,以 ROA 代替 ROS 来度量企业内部创造现金流的能力,同时以总资产的自然对数作为公司规模的考察变量。

(3) 此外,以排除样本时间选择偏误导致的影响。发现结论并未发生实质性变化(限于篇幅,未汇报)。

表 4-17 和 4-18 分别给出了按照上述处理后内部资本构建模型的稳健性检验结果。

表 4-18　产权性质对内部资本市场活跃程度影响的稳健性检验(改变变量定义)

因变量	模型 1(Acof)	模型 2(Acrf)	模型 3(Acnf)
Private	0.17***[4.65]	0.16***[4.14]	0.01[0.69]
Lev	−0.02[−0.26]	−0.02[−0.25]	−0.01[−0.28]
Seo	−0.02[−0.42]	−0.03[−0.37]	0.01[0.15]
Roa	−0.16*[−1.79]	−0.07[−1.45]	−0.02[−1.33]
Cashr	−0.46***[−2.59]	−0.32***[−2.74]	−0.06[−1.38]
Fd	−0.01[−0.32]	0.49[1.21]	−0.13[−0.92]
Id	0.41[1.31]	0.37[1.24]	0.22**[2.15]
Csnf	−0.37[−0.80]	−0.16[−0.53]	−0.14[−1.39]
Size	0.02[1.21]	0.01[0.78]	−0.01[−0.79]
Fa	−0.03[−0.42]	0.01[0.17]	0.01[0.18]
Growth	−0.06*[−1.68]	−0.05*[−1.65]	0.01[0.73]
行业	控制	控制	控制
年度	控制	控制	控制
Adj_R^2	0.26	0.25	0.02
N	4 509	4 509	4 509

注:括号内的数值为 t 值;***、**、*分别代表在 1%、5%、10%水平上显著,均为双尾检验。

表 4-17 和表 4-18 的结果显示,经过上述调整后结论均未发生实质性变化。由此表明,前述实证分析结论具有较好的稳健性。

4.4　CFO 特质层面内部资本市场构建的影响因素

内部资本市场的运作效率,从根本上而言取决于管理层的政策设计和执行监督。既有的研究针对管理层在内部资本市场运作中的角色分析,主要从 CEO

的角度进行(Wulf,2002;Datta et al.,2009)。内部资本市场战略作为资金运营战略,实际中更多地由CFO来负责,因此对CFO在内部资本市场战略运营中的研究更具有现实价值。然而,这类研究在既有文献中鲜有讨论。

4.4.1 理论分析与假说发展

内部资本市场的运行效率,取决于内部资本配置是否遵循"挑选竞争优胜者"的原则。内部资本配置能否按照竞争原则来配置资金,又取决于总部对管理层是否建立起有效的激励机制。Wulf(2002)的研究也同样发现,在内部资本配置活动中,加入有效的高管约束条款则能有效抑制高管的自利行为[27]。Datta et al.(2009)的研究同样证实,设计一套对CEO的激励机制能够显著改善内部资本市场的运行效率[28]。因此,在集团内部建立有效的激励机制下,管理层会权衡资本配置的私有收益与成本,并且能够降低管理层与股东之间的代理冲突,从而能够促进内部资本效率的提升(Datta et al.,2009)。

在解决委托代理冲突的问题中,既有研究认为设计良好的经理人薪酬机制是实现股东与管理层目标兼容的核心机制。如果股东与管理层对项目投资机会信息完全对称,则股东可以依据经理人员的实际努力程度给予其相应的薪酬支付,然而由于信息不对称因素的存在使得基于经理人努力程度的薪酬机制在现实中无法实现(Holmstrong,1979;Jensen and Meckling,1976;Jensen and Murphy,1990)[65-67]。在现实中,应用最为广泛的则是采用基于业绩的绩效薪酬制度体系(Jensen and Murphy,1990)。采用业绩型的薪酬制度能够使得经理薪酬增长与股东财富增长保持同步,从而能够有效降低股东与经理层之间的委托代理冲突(Datta et al.,2001;Jackson et al.,2008;方军雄,2009;Wang and Xiao,2011)。方军雄(2012)考察了中国上市公司高管超额薪酬对高管解聘或者薪酬调整决策的影响,发现上期支付超额薪酬后随后高管解聘的业绩敏感性更高,薪酬变动的业绩敏感性也更高,从而表明中国上市公司薪酬契约具有一定的适用性。有效的薪酬激励,能够引导管理层在企业运营方面实施有利于企业持续增长的战略,从而最大化企业价值。资金运营作为企业经营战略中的核心组成部分,而CFO的薪酬与资金运营战略的实施效果又存在密切关联。因此,在管理层逐利和薪酬激励机制的作用下,绩效薪酬机制将会影响CFO利用内部资金配置方式推动企业战略的实施。进一步地,绩效薪酬的实施幅度越大,则CFO的实施内部资本配置的动力则越强,从而优化资金配置,提高资金运营效率。

值得注意的是,国有企业的高管薪酬受到政府管制,政府将其执政目标体现在国有企业管理薪酬考核中(Shleifer and Vishny,1994;林毅夫等,2004;Bai et al.,2006),从而削弱了以业绩为基础的绩效薪酬制度的效率[151-153]。因此,在国有企业中,管理层可能为了满足政府的施政纲领而进行内部资金往来,从而实现产业多元化运营的战略目标。进一步地,存在薪酬管制的背景下,国有企业的管理层很可能通过内部资金的运作实现业绩预期目标,同时在此过程中攫取个人私利,实现"一石二鸟"的功效。陈信元等(2009)认为,当货币性薪酬受到严格管制时,会被迫形成多元化的、非货币性的薪酬作为替代性的激励源泉[154]。王克敏等(2007)的研究发现,企业获得的控制权缺乏监督和制衡约束而导致企业内部权力配置失衡时,管理者实施权力寻租的空间显著增大[155]。相比于国有企业,民营企业的管理层面临更强的市场竞争压力,薪酬更多的是采取市场化的绩效薪酬,因此其所带来的是企业投资效率的提升,因而不太可能通过内部资金往来攫取个人私利。此外,既有研究表明,高管薪酬与公司规模、成长性相关,而与公司盈利能力并不直接相关,因此高管有动机通过过度投资来扩大公司规模从而获取高额薪酬(Frydman and Saks,2010)[156]。基于前文的分析,高管为了获得非货币性收益的动机也会促使其进行内部资金往来。高管利用内部资金往来,实施过度投资加剧信息不对称程度,从而有利于获取个人私利。进一步地,过度投资活动增强了高管获取个人私利的机会主义动机,高管利用过度投资中的信息不对称加剧了高管转移公司资源、谋取私利的行为(Dhaoui and Jouini,2011)并且这种过度投资行为有利于高管巩固自身在公司的地位[157]。在有效的薪酬激励制度下,CFO作为公司资本运营的战略规划者,更有动力去实施有利于自身利益的内部资本市场战略。在满足CFO自身利益的情形下,基于绩效的薪酬制度设计也更可能满足股东财富增长的内在要求,从而实现CFO个人利益与公司利益的有效协调。

不过,国有企业与民营企业在CFO选聘任用机制上存在较大的差异。国有企业的CFO是由国资主管部门采用行政任命的方式委派,因此这类CFO所关心的并非一定是企业的业绩。行政任命式的CFO任职机制,决定了CFO的薪酬与企业的关联性可能较弱,为了获得更好的政治升迁,更可能采取保守的资本运营战略。因此,在绩效薪酬制度下,薪酬越高越不可能实施内部资本市场战略。同时,由上级主管部门委派的具有行政级别的CFO,其更加关注于政治生涯,在高薪酬制度下更可能避免实施内部资本市场战略而导致的负面后果,因而实施内部资本市场的动机更弱,以实现风险的规避。

然而,相比于国有企业的CFO的选聘制度,民营企业的CFO从市场中进行挑选,与企业之间具有明确的业绩考核合同约束。与此同时,民营企业所面临的市场竞争压力更大,职业经理人机制更为成熟。因此,在有效的薪酬激励制度下,民营企业的CFO为了能够获取更为客观的薪酬收入,更可能实施内部资本市场战略,为企业正常的生产经营提供资金支持,促进业绩的稳定增长,以符合股东利益的考核要求。基于上述分析,国有企业的CFO的薪酬制度设计使其更可能降低实施内部资本市场战略的动机,而民营企业的CFO在业绩考核压力的背景下,更可能具有强烈的动机去实施内部资本市场战略,从而满足自身利益与公司价值的协调与共赢。有鉴于此,我们提出如下假说:

H6a:其他条件不变,CFO绩效薪酬与内部资本市场建立以及运作规模显著相关。

H6b:其他条件不变,民营企业CFO薪酬与内部资本市场建立及运作规模显著负相关,国有企业CFO薪酬与内部资本市场建立及运作规模显著正相关。

既有文献的研究发现,高管权力对企业财务行为也具有较大的影响。高管的权力,实际上是高管可支配资源的范围(例如,管理层压制不同意见、强制执行个人意愿的能力)。公司治理机制越薄弱,管理层的权力就越大(Finkelstein,1992;权小锋等,2010)[158-159]。在董事长兼任总经理、经理长期在位以及缺乏外部股东监督的情况下,公司董事往往远离股东而依赖管理层,管理层就可能凌驾于公司治理机制之上,拥有超越其特定控制权范围的深度影响力(Bebchuk and Fried,2005;王克敏、王志超,2007;卢锐,2008;权小锋等,2010)。进一步地,随着政府对企业放权让利改革以来,我国企业管理层权力逐渐加强。同时,国有企业管理层由政府任命,并享有行政级别,这更加强化了国有企业管理层的权力(吕长江、赵宇恒,2008)。Narayanan(1985)提出,当企业面临长期较优与短期次优两个互斥的投资项目时,上任时间短、能力尚未得到认可的管理层会选择盈利较快能迅速为管理层赢得声誉的短期项目,而放弃从长远来说符合股东利益最大化的长期项目。卢锐等(2008)认为,当公司最高管理者不是业绩的忠实追求者时,其他高管成员自然也不会通过提高业绩去争取竞争,而是更多地通过"讨好"或贿赂最高管理者或主管部门(或股东),从而在权力和租金分配中获得更大的份额。卢馨等(2014)考察了管理层权力对企业投资的影响,发现管理层的权力强度与企业的投资水平显著正相关,并且民营企业的这一特征更加明显[160]。既有文献对管理层的讨论,不仅仅局限在投资效率方面的考察,在融资、经营决策方面也有一些文献的研究。Finkelstein(1988)的研究发现,在公司战略决策过程中,高层管理者(不含 CEO)如果同时也是董事会成员,则他比非董事会成员的高管对决策的影响力要大。韩立岩、李慧(2009)考察了 CEO 权力与财务危机的关系,发现在财务危机组,CEO 权力越小,危机越严重;而正常组的 CEO 权力越大,经营绩效则越好[161]。作为企业资本与财务运作的主导者 CFO 与 CEO 类似,CFO 权力越大,越有可能在集团内部进行资本整合(Ge et al.,2011;Balsam et al.,2012)。内部资本市场的构建,需要成员企业的配合,因此 CFO 担任董事会成员越有可能通过高层决策机构获得对成员企业资本运营的影响力。借助董事会权力,CFO 更可能实施基于集团整体利益的资本运营战略(Feng et al.,2011)。因此,CFO 担任董事会成员具有更好的职权和资源整合能力,协调各成员企业的资金配置,从而在集团内部实现资金配置的优化,达到资金配置的动态均衡。

考虑到产权性质的差异,国有企业与民营企业的 CFO 选聘机制和重视程度均存在较大差异(丁友刚、文佑云,2012)。国有企业的 CFO 通常由国资部门行政委派,CFO 的工作动机能可能服从于行政安排和个人政治前途考量,因此我们认为其在内部资本市场运营战略上的作用有限,然而民营企业的 CFO 通常从外部市场聘任,因此其具有更强的业绩考核压力,具有更强的动机利用内部资本市场进行资金配置的动力。在国有企业中,CFO 的职责与 CEO 较为模糊,CFO 更可能成为 CEO 的财务"助手",而非企业财务战略的实施者,并且在公司经营决策中的自主权相对更小,甚至不太容易进入核心决策团队(邓春华,2003;王福胜、程富,2012)。相比而言,民营企业面向市场的竞争压力更大,企业的所有者更期望具有专业实践背景的 CFO 来实施基于企业长期稳定发展的财务经营战略,因而更可能赋予其更大的职权,并让其进入决策核心团队。有鉴于此,我们进一步提出如下假说:

H7a:其他条件不变,CFO 担任董事与内部资本市场建立以及运作规模显著正相关。

H7b:相比于国有企业,民营企业 CFO 担任董事具有更强的动力建立内部资本市场,并显示出更大的运行规模。

高层梯队理论的研究表明,高管背景,尤其是高管担任现职之前的任职背景对组织战略和组织绩效具有重要的影响(Hambrick and Mason,1984;Bertrand and Schoar,2003;Deshmukh et al.,2013)。高管任职背景能给公司带来税收、融资、投资以及信用评级等方面的好处,从而有利于提高公司价值(Facio,2006;Claessens et al.,2007)。然而,既有研究对高管背景特征的研究主要集中在政治背景考察上,有关金融背景特征对企业经营行为影响的讨论相对稀缺,而且主要是针对董事长的金融任职背景讨论。比较典型的文献是 Hayes and Abernathy(1980)和 Jesen and Zajac(2004)的这两篇文章。Hayes and Abernathy(1980)研究发现具有金融背景的 CEO 认为企业是多个业务单元的组合,这样的企业更可能实施多元化战略。Jesen and Zajac(2004)针对财富 500 强企业 CEO 的调查发现,具有金融背景的 CEO 更倾向于多元化的投资战略。然而,针对中国企业的研究,陈传明、孙俊华(2008)的研究发现,具有金融背景的 CEO 实施多元化经营战略的倾向更低。姜付秀等(2009)的研究更为细致讨论了管理层特征对企业过度投资的影响,研究发现董事长具有金融教育背景的企业,更可能发生过度投资行为,董事长具有金融工作背景的企业更不太可能发生过度投资行为。进一步考虑资金配置行为而言,内部资金配置从业务性质上而言是属于资金筹集与配置的范畴,因此资金配置具体由 CFO 来实施,我们推测 CFO 的任职背景对企业实施内部资金配置行为具有重要的影响。具有金融任职背景的 CFO 能够将金融业的财务战略移植到当前所在企业,基于企业整体战略和企业资金运营需求,实施符合企业战略目标的内部资金运营战略。相比于缺乏金融背景的 CFO,具有金融背景的 CFO 可能具有更为全面和专业的资金运营战略,更可能实施基于企业价值最大化的资金配置管理体系。

进一步地,国有企业与民营企业在公司治理结构和融资方面存在显著差异,不同的委托代理成本和融资约束程度又进一步影响到企业经营决策行为。吴文锋等(2008)研究发现在地方政府干预程度较高的地区高管政治背景能够增加公司价值,政府干预程度越高,这种效果越明显。在国有企业中,董事长具有金融教育背景的企业更可能发生过度投资行为,这主要是基于收益考虑;董事长具有金融工作背景的更不可能发生过度投资行为,这主要是基于风险考虑。在国有企业的财务决策过程中,CFO 的决策权力相对较弱,即便是具有金融业任职背景的 CFO 在企业经营决策活动中所发挥的作用也相对有限。相比于国有企业,民营企业的 CFO 更可能是从外部市场选聘,具有金融背景的 CFO 则更是企业基于长期资本运营战略的实施者。同时,民营企业面临的信贷约束更强。在融资约束和职业经理人选聘机制的作用下,民营企业 CFO 任职背景更可能优化资金运营战略,实施基于融资优序原则的内部资金配置体系,优化内部资金配置,提高资金运营效率。有鉴于此,我们提出如下假说:

H8a:其他条件不变,CFO 具有金融业的任职背景,更可能建立内部资本市场,并显示出更大的内部资本市场运作规模。

H8b：其他条件不变,相比于国有企业,民营企业 CFO 具有金融业的任职背景更可能建立内部资本市场,并显示出更大的内部资本市场运作规模。

图 4-5 给出了 CFO 特征影响内部资本市场构建的逻辑脉络。

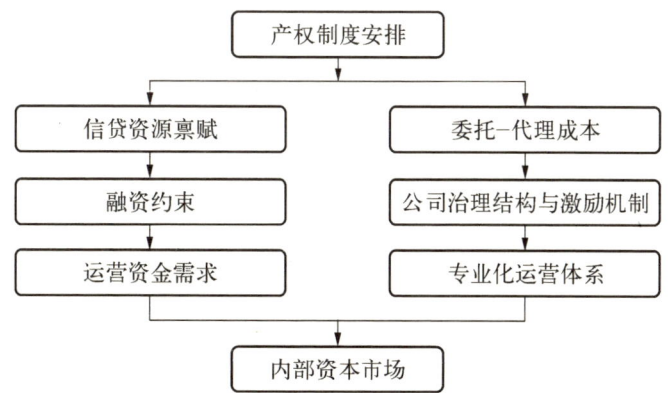

图 4-5 CFO 特征与内部资本市场运作的逻辑链

4.4.2 数据与实证模型

1. 数据来源

本章的数据来自手工收集的 2007—2011 年上市公司披露的《控股股东及其他关联方占用上市公司资金的专项审核报告》(以下简称"专项审核报告"),其他财务数据来源及数据筛选规则与前文类似,最终有 7 836 个有效研究样本。样本年度分布与行业分布与前文一致,故不再赘述。

2. 模型构建

在前述理论分析的基础上,我们构建如下模型来检验本章的假设:

$$ICM_{i,t} = \alpha_0 + a_1 Cfochap_{i,t} + a_2 Private_{i,t} + a_3 Fd_{i,t} + \varphi_j Control_{i,t} + \varepsilon_{i,t}$$

························· 模型 6

模型中 $ICM_{i,t}$ 代表公司 i 在第 t 年的内部资本市场运作规模,具体从资金借出($Acof$)、资金收回($Acrf$)以及资金结余($Acnf$)三个角度进行度量。$Cfochap$ 度量 CFO 的人口特征,具体从 CFO 薪酬($Cfosala$)、CFO 权力($Cfodir$)和 CFO 任职背景($Cfoback$)三个维度展开。CFO 薪酬以 CFO 薪酬的变化量除以当年净利润的变化量来度量;CFO 权力以 CFO 是否为董事会成员作为权力的代理变量,若担任董事则取 1,否则取 0。CFO 的任职背景以 CFO

是否具有金融业任职背景,如有金融背景则取 1,否则取 0。同时参照 Rajan and zingales(1998)、Khanna(2000)、Walker(2005)、邵军、刘志远(2008)和谢军、黄志忠(2014)等,在模型中我们同时加入了所有权性质($Private$)。Rajan and zingales(1998)、Lee et al.(2009)和马永强、陈欢(2013)研究认为,内部资本市场的使用与外部金融市场发育程度密切存在关联,即内部资本市场与外部资本市场存在着一定的替代关系。因此,在本章的模型中也加控制了区域金融深化程度(Fd)。

$Control_{i,t}$为一组控制变量的结合。参照 Gopalan et al.(2007)及刘星等(2010)的做法,模型中控制了财务杠杆(Lev)、股权再融资机会(Seo)、独立董事占比(Id)、大股东资金占用($Csnf$)、内部现金流创造能力($Nros$)、现金持有比率($Cashr$)、公司规模($Size$)、固定资产规模(Fa)、投资机会($Growth$)。同时,在模型中我们还控制了行业(Ind)和年度($Year$)的影响。模型中除 CFO 特征变量,其余变量定义与表 4-2 相同。

4.4.3 实证结果与分析

1. 描述性统计分析

表 4-19 汇报了模型中主要变量的描述性统计结果。为了剔除极端值的影响,我们对所有连续变量进行了上下 1% 的缩尾处理。

表 4-19 CFO 特征变量描述性统计

变量	N	MEAN	STD.	MIN	Q1	MED	Q3	MAX
Panel A:全样本								
Cfosala	7 836	0.005	0.032	−0.120	−0.001	0.000	0.005	0.186
Cfodir	7 836	0.332	0.471	0.000	0.000	0.000	1.000	1.000
cfoback	7 836	0.033	0.178	0.000	0.000	0.000	1.000	1.000
Panel B:活跃样本								
Cfosala	4 509	0.004	0.031	−0.120	−0.001	0.000	0.005	0.186
Cfodir	4 509	0.336	0.473	0.000	0.000	0.000	1.000	1.000
cfoback	4 509	0.034	0.181	0.000	0.000	0.000	1.000	1.000

为了初步检验 CFO 特征对内部资本市场活跃程度的假说,我们区分样本性

质,分别就活跃样本与非活跃样本的主要变量进行描述性统计分析,以辨别这两组样本是否存在显著差异。活跃样本的定义与前文的定义一致,即资金借出金额或收回金额不为0定义为活跃样本,否则为非活跃样本。

从表4-19的描述性统计结果来看,全样本中CFO业绩薪酬($Cfosala$)的均最大值与最小值的差异为0.306,表明样本企业中CFO的业绩薪酬存在较大的差异,这进一步证实既有高管薪酬的研究结论(陈冬华等,2005;王克敏、王志超,2007;辛清泉等,2007;方军雄,2011)。CFO权力($Cfodir$)均值为0.332,即有约1/3的CFO担任董事会成员。CFO具有金融业任职背景($Cfoback$)均值为0.033,表明当前上市中CFO具有金融背景的占比较低。进一步观察活跃样本中的CFO特征,薪酬($Cfodir$)、权力($Cfodir$)和任职背景($Cfoback$)的均值分别为0.004、0.036、0.034,均高于全样本组,由此可以推测CFO在有效的薪酬激励机制下,或担任董事会成员或具有金融任职背景则可能会通过自身具有决策的权限推动内部资本市场战略的实施,从而表现出更为活跃的内部资本市场运行规模。

在基本描述统计的基础上,我们进一步利用组间检验的方式比较了CFO特征差异对内部资本市场运行的影响。表4-20给出了从CFO薪酬制度、CFO权力以及CFO任职背景3个层面的差异对内部资本市场运行影响的组间检验,并区分全样本和民营样本[①]。具体地,首先,在CFO薪酬激励层面,绩效薪酬越低的组,则表现出更大的内部资金往来规模,并且在民营样本中表现得更为显著,在1%水平上通过显著性检验。从资金往来结构来看,CFO薪酬制度差异在借出规模上显著高于收回及结余规模层面,均在1%水平上通过显著性检验。其次,在CFO权力层面,CFO担任董事组别的内部资金往来规模更大,组间的差异通过均值检验。与前述的CFO薪酬制度相似,民营样本和借出维度的CFO权力差异对内部资金往来规模的影响更为明显,均在1%水平上通过显著性检验。最后,从CFO任职背景方面考察发现,具有金融任职背景的样本组显示出更大规模的内部资金往来,并且在民营样本组合借出维度更为显著,均在1%水平上通过显著性检验。由此,组间的均值检验表明,CFO特征层面的差异,均能够对内部资金往来产生显著的影响,并且这种效果在民营企业样本组中效果更为明显,从而进一步证实了前述的研究推测。

---

① 限于排版篇幅的限制,本书未汇报国有样本的组间比较结果。鉴于比较结果的显示,国有样本的组间差异并不显著。

表 4-20 内部资本运行规模的组间比较

	全 样 本			民 营 样 本		
	高组(1组)	低组(0组)	均值检验(T检验)	高组(1组)	低组(0组)	均值检验(T检验)
Panel A：Cfosala						
Acof	0.15	0.27	−1.98**	0.26	0.41	−2.71***
Acrf	0.13	0.26	−1.69*	0.25	0.38	−2.64***
Ancf	0.01	0.02	−0.04	0.02	0.04	−2.12**
Panel B：Cfodir						
Acof	0.18	0.16	1.97**	0.29	0.22	2.79***
Acrf	0.17	0.13	1.64*	0.28	0.19	2.69***
Ancf	0.01	0.01	0.05	0.02	0.01	2.13**
Panel C：Cfoback						
Acof	0.54	0.27	2.93***	0.72	0.36	4.14***
Acrf	0.49	0.24	2.79***	0.55	0.32	4.03***
Ancf	0.04	0.02	1.94*	0.14	0.02	2.16**

注：***、**、*分别表示在1%、5%、10%显著性水平上显著,均为双尾检验。

描述性统计结果显示,CFO 的人口特征的确能够影响内部资本市场的运作。CFO 在有效的薪酬激励制度引导下,可能会基于自利的考量,实施内部资本市场运作战略,以满足业绩考核的要求。不同产权性质下所反映出的不同的运作影响,表明了国有企业和民营企业的 CFO 薪酬制度存在较大的差异,对 CFO 在资金运作上产生不同的影响路径。与此同时,CFO 的权力以及任职背景对内部资本市场运行的影响,也进一步表明 CFO 的职权和知识结构能够促使其利用专业知识背景和权力在集团内部实施资金运营战略。CFO 担任董事使其在经营决策中具有更强的影响力和话语权,从而能够在集团内部通过行政权威机制来进行资金的归集与调拨。更进一步地,CFO 具有与资金运营相关的专业知识结构,将有助于其在集团资金运营中发挥理论指引作用。由此,为了充分发挥 CFO 在集团资金运营方面的作用,应当构建有效的薪酬激励制度,赋予其更多的职权和管理权威,并在知识结构上强调专业化,从而促进 CFO 具有更好的能力实施和运营内部资本市场,为企业集团的稳定、快速发展提供资金支持。

2. 相关性分析

在对变量进行描述性统计的基础上,我们进一步通过相关性分析来考察高管特征对内部资本市场构建的影响。表 4-21 给出了主要变量的相关性分析结果。

表 4-21 主要变量相关性分析

	Cfosala	Cfodir	Cfoback	Acof	Acrf	Acnf	Private
Cfosala	1.000			−0.038**	−0.048*	0.005	0.036
Cfodir		1.000		0.033**	0.058*	0.001	0.007
Cfoback			1.000	0.072***	0.077***	0.027	−0.032
Acof	−0.038**	0.033**	0.072***	1.000	0.899***	0.372***	0.152***
Acrf	−0.048*	0.058*	0.077***	0.899***	1.000	0.035	0.167***
Acnf	0.005	0.001	0.027	0.372***	0.035	1.000	0.022
Private	0.036	0.007	−0.032	0.152***	0.167***	0.022	1.000

注:该表的左下方为 Pearson 相关系数检验结果,右上方为 Spearman 相关系数检验结果。***、**、*分别表示在1%、5%、10%水平下显著。

表 4-21 中显示,资金借出($Acof$)与 CFO 薪酬业绩敏感性呈现负相关的关系,与资金收回($Acrf$)呈现正相关,表明 CFO 业绩薪酬越高,则 CFO 实施内部资本市场的概率越低,这可能是由于 CFO 基于业绩的考量对内部资本市场战略实施缺乏信息,抑或是在资本运作战略上持保守策略。

进一步考察 CFO 权力($Cfodir$)与内部资本市场构建的相关性,$Cfodir$ 与资金借出的相关系数为 0.03(收回时为 0.06),且在 5%(收回为 10%)水平下显著,发现 CFO 担任董事会成员时更可能推动内部资本市场战略的实施。

CFO 金融背景($Cfoback$)与内部资金往来亦具有显著相关性,$Cfoback$ 与资金借出(或收回)相关系数为 0.07,且在 1%水平上通过显著性检验,表明具有金融任职背景的 CFO 更可能使用内部资本市场进行资金配置。

相关性分析结果表明,CFO 人口特征确实影响内部资本市场的构建,揭示 CFO 在内部资本市场运作中具有重要作用。CFO 作为企业集团资金运营实务的操盘手,其作用的发挥在一定程度上取决于激励制度社会和企业内部治理特征。实证结果表明,有效的薪酬制度设计将使得 CFO 具有更强的动机实施基于企业业绩增长和自身利益满足的资金运营战略。同时,CFO 在企业内部的职权越大,对成员企业的协调和管控能力则越强,因而更容易在集团内部调配资金,实施内部资本市场运营战略。进一步地,具有专业化知识结构的CFO在运营上更能将资金运营与企业战略进行有效协同。资金运作不仅仅是单一的资金业务,其具有较强的战略高度,因此需要CFO能够站在企业整体战略层面设计资金运营体系。在这样的背景下,需要具有金融背景的CFO以更加宏观的战略视野统筹集团内部资金配置。在一定程度上而言,内部资本市场运营要求对CFO的知识结构进行重塑,以适应集团化资金运营的协同与战略支撑。

3. 多元回归分析

在进行描述统计和相关性分析的基础上,我们进一步通过多元回归分析的方式考察高管特征对内部资本市场运作的影响。表4-22给出了CFO特征对内部资本构建影响的回归结果。

表4-22显示,对于国有企业,CFO的业绩薪酬与内部资本市场建立呈相关,在5%的水平上通过显著性检验,假说6得到支持。国企的经理层注重实施内部资本市场所带来的业绩变化,业绩与薪酬的相关性越高,其实施内部资本市场战略所获得的收益越大。相比于国有企业,民营企业的CFO薪酬与内部资本市场构建呈现负相关的关系,所有制与CFO薪酬的交互项($Private * Cfosala$)在1%的水平上通过显著性检验,表明民营企业的CFO对于实施内部资本市场战略可能持谨慎的态度,即实施内部资本市场可能会带来"跨部门交叉补贴"的风险降低公司的经营业绩,进而会影响CFO自身薪酬。

进一步地,民营企业CFO担任董事会成员时,CFO更可能推动内部资本市场战略,在模型中表现为所有制与CFO权力($Private * Cfodir$)回归系数为正,且至少在10%水平上通过显著性检验,由此假说7得到支持。然而,在国有企业中,并没有显示出此类特征,可能是因为国有企业的董事会运行机制与民营企业存在差异,CFO在决策中的影响力并非能够推动内部资本市场战略实施。

最后,表4-22的回归结果显示,所有制和CFO金融背景的交互项($Private * Cfoback$)在1%水平上通过显著性检验。表明CFO具有金融背景对内部资本市场的构建具有显著的影响,不过这种关系仅在民营企业中存在。有别于国有企业的总会计师委派制度,民营企业的CFO主要是从职业经理人市场选聘。在市场化运营机制和融资约束的背景下,具有金融任职背景的民营企业CFO,更可能借助内部资本市场,优化资金配置结构,提升内部资金配置效率。

第4章 内部资本市场构建的动因

表4-22 CFO特征对内部资本市场建立的影响

因变量	Acof			Acrf			Acrf		
	(1)	(2)	(3)	(4)	(5)	(6)	(7)	(8)	(9)
Cfosala	0.09** [2.55]			0.06** [2.03]			−0.03 [−0.42]		
Private * Cfosala	−0.17*** [−2.75]			−0.17*** [−3.21]			0.04*** [2.36]		
Cfodir		−0.01 [−0.26]			−0.01 [−0.17]			0.01 [0.26]	
Private * Cfodir		0.08* [1.65]			0.10** [2.22]			−0.01 [−0.01]	
Cfoback			−0.05 [−0.66]			−0.03 [−0.48]			−0.02 [−0.82]
Private * Cfoback			0.62*** [4.48]			0.54*** [4.48]			0.09*** [2.56]
Private	0.80*** [3.15]	0.08*** [2.62]	0.12*** [4.89]	0.79*** [3.65]	0.08*** [2.91]	0.12*** [5.48]	−0.18** [−2.30]	0.01 [0.48]	0.01 [0.25]
Lev	0.10 [1.63]	0.10 [1.54]	0.06 [1.03]	0.14*** [2.57]	0.13** [2.48]	0.11** [2.09]	−0.01 [−0.92]	−0.01 [−0.86]	−0.01 [−0.91]
Seo	−0.05 [−1.02]	−0.02 [−0.46]	−0.04 [−0.86]	−0.04 [−0.96]	−0.02 [−0.46]	−0.03 [−0.82]	−0.01 [−0.29]	0.01 [0.14]	0.01 [0.06]
Id	0.13 [0.58]	0.06 [0.27]	0.28 [1.30]	0.11 [0.55]	0.07 [0.34]	0.21 [1.13]	0.12** [2.19]	0.11* [1.89]	0.10** [1.98]

续表

因变量	Acof		Acrf				Acnf		
	(1)	(2)	(3)	(4)	(5)	(6)	(7)	(8)	(9)
Csnf	0.12 [0.63]	0.17 [0.87]	0.10 [0.50]	0.09 [0.53]	0.13 [0.77]	0.07 [0.43]	−0.01 [−0.29]	−0.01 [−0.26]	−0.02 [−0.32]
Fd	0.51 [1.30]	0.73* [1.89]	0.72* [1.89]	0.79** [2.31]	0.89*** [2.71]	0.88*** [2.68]	−0.06 [−0.60]	−0.02 [−0.02]	−0.01 [−0.03]
Ros	−0.02 [−0.44]	−0.06 [−1.20]	−0.07 [−1.51]	0.01 [0.13]	−0.03 [−0.74]	−0.03 [−0.91]	−0.01 [−1.04]	−0.01 [−1.32]	−0.01 [−1.24]
Cashr	−0.28*** [−2.59]	−0.26** [−2.41]	−0.26** [−2.40]	−0.17* [−1.79]	−0.16* [−1.70]	−0.16* [−1.71]	−0.04 [−1.41]	−0.03 [−1.13]	−0.03 [−1.14]
Size	−0.04** [−2.11]	−0.06*** [−2.83]	0.01 [0.24]	−0.03* [−1.89]	−0.05*** [−2.60]	0.01 [−0.20]	−0.01 [−0.05]	−0.01 [−0.61]	−0.01 [−0.86]
Fa	−0.09 [−1.09]	−0.06 [−0.82]	−0.05 [−0.69]	−0.03 [−0.51]	−0.02 [−0.29]	−0.01 [−0.17]	−0.02 [−0.23]	0.02 [0.08]	0.01 [0.05]
Growth	−0.03 [−1.49]	−0.04* [−1.86]	−0.02 [−1.06]	−0.03 [−1.44]	−0.04* [−1.87]	−0.02 [−1.14]	0.01 [0.78]	0.01 [0.63]	0.01 [0.76]
行业	控制	控制	控制	控制	控制	控制	控制	控制	控制
年度	控制	控制	控制	控制	控制	控制	控制	控制	控制
Adj_R^2	0.17	0.04	0.18	0.19	0.05	0.19	0.02	0.01	0.03
N	7 836	7 836	7 836	7 836	7 836	7 836	7 836	7 836	7 836

注：括号内为回归系数对应的 t 值；***，**，* 分别表示 1%、5% 和 10% 的显著性水平。

结合上述多元回归分析的结论,本书发现CFO特征显著影响内部资本市场的构建,并且在不同所有制企业中呈现不同的影响机制。这可能与不同所有制企业面临的外部融资约束程度、内部公司治理机制存在较大的联系,这些都可能影响管理层实施内部资本市场战略。本书的研究结果揭示,在内部资本市场运行中需要充分发挥CFO的资本运营主导作用,实施基于业绩考核的绩效薪酬制度,在经营决策中赋予其更多的职权,并优化其知识结构。更为重要的,在不同产权性质的企业中,应当针对治理效率的差异,因地制宜设计符合产权治理特征的CFO制度体系。

4. 进一步分析

鉴于CFO特征显著影响内部资本市场构建,我们进一步考察CFO特征是否影响内部资本市场运行规模。表4-23汇集了这一影响的回归结果。

表4-23中显示,CFO薪酬的业绩敏感性显著影响内部资本市场运行的活跃程度,但不同所有制企业之间存在显著差异。具体地,国有企业CFO业绩薪酬与内部资本市场运行规模呈正相关关系,且在1%水平(收回模型为5%水平)上通过显著性检验,表明国有企业中CFO基于自身利益最大化的考虑,更可能促进内部资本市场运作,以更好地实现管理层私有收益和控股股东利益需求。然而,在民营企业中,CFO薪酬与内部资本市场运作规模呈负相关的关系,在1%的水平上通过显著性检验,表明民营企业的CFO基于谨慎性考虑,权衡内部资本市场运行中的利益与成本,可能对内部资本市场运作采取更为保守的态度,以尽量保持自身利益不受损。尽管两类所有制企业的CFO薪酬对内部资本市场运作的影响方向不一致,但可以看出CFO薪酬确实影响内部资本市场运行,提高了业绩薪酬对经理层的约束作用,从而有利于内部资本配置效率改进。

进一步考察CFO权力对内部资本市场运行规模的影响,表4-23显示,CFO权力确实影响内部资本市场运行规模,由此假说7得到支持。具体地,对于民营企业而言,当CFO担任董事时能够促进内部资本市场运作规模的扩大,在回归模型中显示为CFO权力与所有制的交互项($Private * Cfodir$)在5%水平(借出模型中为10%水平)上通过显著性检验。然而,对于国有企业而言,并没有观察到此类特征,这可能是由于国有企业的决策机制与民营企业存在差异。由此,表明CFO在企业中的管理地位将显著影响实施财务战略的程度和方式。

在考察了薪酬、权力对内部资本市场运行规模的基础上,表4-23进一步汇报了CFO任职背景对内部资本市场运行规模的影响。表中回归结果显示,所有制与CFO任职背景的交互项($Private * Cfoback$)在1%(结余模型在5%)

表4-23 CFO特征对内部资本市场规模的影响

因变量=ICM	Acof				Acrf			Acnf	
	(1)	(2)	(3)	(4)	(5)	(6)	(7)	(8)	(9)
Cfosala	0.17*** [2.83]			0.12** [2.30]			−0.02 [−0.24]		
Private * Cfosala	−0.34*** [−3.64]			−0.35*** [−4.35]			0.06** [2.37]		
Cfodir		−0.02 [−0.36]			−0.01 [−0.21]			0.01 [0.12]	
Private * Cfodir		0.13* [1.72]			0.15** [2.19]				0.02 [0.20]	
Cfoback			−0.06 [−0.46]			−0.01 [−0.12]			−0.03 [−0.77]
Private * Cfoback			0.83*** [3.95]			0.71*** [3.93]			0.12** [2.13]
Private	0.78*** [3.97]	0.09* [1.75]	0.16*** [4.20]	0.72*** [4.74]	0.09** [2.08]	0.16*** [4.81]	−0.30** [−2.34]	0.01 [0.11]	0.01 [0.07]
Lev	0.1 [0.99]	0.07 [0.72]	0.01 [0.06]	0.16* [1.92]	0.14 [1.62]	0.09 [1.09]	−0.03 [−1.15]	−0.03 [−1.07]	−0.03 [−1.17]
Seo	−0.06 [−0.65]	−0.01 [−0.13]	−0.03 [−0.31]	−0.05 [−0.68]	−0.01 [−0.20]	−0.02 [−0.32]	−0.01 [−0.06]	0.01 [0.27]	0.01 [0.25]
Id	0.60 [1.60]	0.49 [1.28]	0.73** [2.04]	0.48 [1.49]	0.42 [1.28]	0.56* [1.81]	0.25** [2.52]	0.23** [2.30]	0.22** [2.29]

第4章 内部资本市场构建的动因

续 表

因变量=ICM	Acof			Acrf			Acnf		
	(1)	(2)	(3)	(4)	(5)	(6)	(7)	(8)	(9)
Csnf	−0.14 [−0.32]	−0.26 [−0.61]	−0.38 [−0.90]	−0.01 [−0.04]	−0.14 [−0.39]	−0.22 [−0.62]	−0.16 [−1.38]	−0.16 [−1.40]	−0.16 [−1.45]
Fd	0.06 [0.10]	0.24 [0.41]	0.21 [0.34]	0.69 [1.31]	0.71 [1.37]	0.66 [1.30]	−0.21 [−1.30]	−0.12 [−0.77]	−0.13 [−0.81]
Ros	0.00 [−0.06]	−0.07 [−0.93]	−0.13* [−1.76]	0.04 [0.65]	−0.03 [−0.41]	−0.07 [−1.06]	−0.02 [−1.20]	−0.03 [−1.37]	−0.03 [−1.49]
Cashr	−0.42** [−2.36]	−0.44** [−2.50]	−0.41** [−2.35]	−0.24 [−1.57]	−0.28* [−1.86]	−0.25* [−1.69]	−0.06 [−1.33]	−0.05 [−1.01]	−0.05 [−1.01]
Size	−0.09*** [−2.60]	−0.13*** [−3.60]	0.01 [0.08]	−0.07** [−2.34]	−0.10*** [−3.37]	−0.01 [−0.33]	−0.02 [−0.28]	−0.01 [−0.87]	−0.01 [−0.97]
Fa	−0.02 [−0.15]	−0.01 [−0.08]	0.01 [0.06]	0.03 [0.31]	0.04 [0.39]	0.06 [0.58]	0.01 [0.16]	0.01 [0.33]	0.01 [0.31]
Growth	−0.06* [−1.75]	−0.08** [−2.33]	−0.05 [−1.50]	−0.05* [−1.72]	−0.07** [−2.36]	−0.05 [−1.60]	0.01 [0.58]	0.01 [0.41]	0.01 [0.53]
Ind	控制	控制	控制	控制	控制	控制	控制	控制	控制
Year	控制	控制	控制	控制	控制	控制	控制	控制	控制
Adj_R^2	0.28	0.07	0.28	0.30	0.08	0.30	0.04	0.02	0.05
N	4 509	4 509	4 509	4 509	4 509	4 509	4 509	4 509	4 509

注：括号内为回归系数对应的 t 值；***、**、*分别表示1%、5%和10%的显著性水平。

水平上通过显著性检验,表明 CFO 金融背景对内部资本市场运行规模的影响这种关系仅在民营企业中成立。与前文分析一致,民营企业的 CFO 面临的考核压力更大,具有金融任职背景的 CFO 更可能使用积累的金融知识储备基础,充分利用内部资本市场来解决集团内部的资金配置不均衡,促进成员企业的协调发展。

综上分析,本书发现 CFO 特征确实影响内部资本市场的运作规模,但在不同的所有制企业中的影响机制存在较大的差异。由此表明,不同所有制的人事机制、经营决策机制和激励机制影响企业的战略制定和经营决策,从而对企业内部资本市场的运行产生重要影响。特别重要的是,为了降低股东与管理层的委托代理冲突,对管理层的激励应该设定多元的激励约束机制。在业绩薪酬机制的基础上,可以实施更为普遍的管理层持股、赋予管理层更多的经营决策自主权等,提高管理层的职业成就感和对股东利益的忠诚度,从而使得管理层利益与股东利益一致。同时在经理人员的选聘上,对于公司高级管理人员,尤其是董事会人员,应当强调管理者知识结构的复合性,形成多元的知识背景以应对未来更加复杂的运营环境。当前互联网时代的到来,专家型的管理者可能已经显得并不是非常重要,需要的是管理者更好地进行多学科知识融合。对于财务战略的制定者,应当更多赋予其有效的薪酬激励和相应的权责匹配的职位,特别是对拥有专业金融运作背景的 CFO 发挥其专业的知识能力,服务企业财务运营。

5. 内生性问题考虑

实证研究尤其是社会科学领域中的档案式研究,一般都会存在内生性问题的干扰,譬如遗漏重要变量、计量误差或模型设定问题都会导致内生性问题的产生。内生性问题的存在,将会导致 OLS 回归结果的有偏性和一致性,甚至可能影响研究结论的方向性。因此,需要对内生性问题进行相应的检验,以保证研究结论的正确性和可靠性。

本章对内生性问题的考察,主要是针对 CFO 特征与内部资本市场的关联性进行内生性检验。首先,我们对 CFO 薪酬激励与内部资本市场构建的关联性进行内生性检验。按照既有研究的一般做法,内生性检验的最佳方式是选取合适的工具变量(Instrument Variable)。工具变量的选取要求是与解释变量高度相关但与随机干扰项不相关,因此我们在对 CFO 薪酬的考察中选取行业 CFO 均值作为工具变量进行内生性检验。表 4-24 给出了工具变量回归分析的实证结果。

表 4-24　选取 CFO 薪酬工具变量的回归结果

因变量=Cfosala	系数	t 值
Indcfosala	0.48***	5.46
Lev	0.10*	1.65
Seo	−0.05	−1.02
Id	0.13	0.58
Csnf	0.12	0.63
Fd	0.51	1.30
Ros	−0.02	−0.44
Cashr	−0.28***	−2.59
Size	−0.04**	−2.11
Fa	−0.09	−1.09
Growth	−0.03	−1.49
Ind		控制
Year		控制
Adj_R^2		0.19
N		7 836

注：***、**、*分别表示在 1%、5% 和 10% 的显著性水平下通过显著性检验，均为双尾检验。

表 4-24 的回归结果表明，CFO 行业薪酬均值（$Indcfosala$）与样本企业个体 CFO 绩效薪酬（$Cfosala$）高度相关，相关系数为 0.48，并且在 1% 水平上通过显著性检验。此外，$Indcfosala$ 的卡方统计量值很小（0.25），表明该变量作为 CFO 绩效薪酬（$Cfosala$）的工具变量是有效的。因此，在选取工具变量方面，$Indcfosala$ 是较为恰当的。在确定 CFO 绩效薪酬的工具变量的基础上，我们进一步将工具变量（$Indcfosala$）引入回归模型 6，考察前述的研究结论是否发生变量。表 4-25 给出了引入工具变量后的回归结果。

表 4-25 的回归结果显示，利用工具变量（$Indcfosala$）进行的回归结果与原模型的回归结果（见表 4-23）比较，发现研究结论基本未发生变化，表明前述的实证结果具有较好的稳定性，表明 CFO 绩效薪酬影响内部资本市场的结论是可信的。利用工具变量进行的回归分析也表明，CFO 绩效薪酬影响内部资本市

表 4-25 选取 CFO 行业薪酬均值为 CFO 薪酬工具变量的回归结果

因 变 量	模型 1($Acof$)	模型 2($Acrf$)	模型 3($Acnf$)
Cfosala	0.07**[2.49]	0.04**[1.95]	−0.03[−0.40]
Private * Cfosala	−0.19***[−2.64]	−0.18***[−2.96]	0.01***[2.59]
Private	0.64***[2.96]	0.59***[3.43]	−0.14**[−2.29]
Lev	0.09[1.60]	0.11**[2.55]	−0.01[−0.88]
Seo	−0.06[−1.00]	−0.03[−0.94]	−0.01[−0.31]
Id	0.12[0.54]	0.10[0.54]	0.10**[2.17]
Csnf	0.10[0.62]	0.07[0.54]	−0.01[−0.26]
Fd	0.52[1.34]	0.74**[2.27]	−0.05[−0.57]
Ros	−0.02[−0.42]	0.01[0.12]	−0.01[−1.01]
Cashr	−0.27***[−2.54]	−0.15*[−1.71]	−0.03[−1.32]
Size	−0.04**[−2.08]	−0.03*[−1.84]	−0.01[−0.06]
Fa	−0.08[−1.04]	−0.03[−0.52]	−0.03[−0.22]
Growth	−0.03[−1.47]	−0.03[−1.42]	0.01[0.75]
行业	控制	控制	控制
年度	控制	控制	控制
Adj_R^2	0.17	0.16	0.01
N	7 836	7 836	7 836

注：括号内为回归系数对应的 t 值；***、**、*分别表示1%、5%和10%的显著性水平。

场的构建这一分析结论内生性问题并不明显，进一步表明研究结论较为稳健。

其次，我们进一步考察 CFO 权力影响内部资本市场的结论的内生性问题。我们选择 CFO 变更的角度考察内部资本市场的构建后是否需要具有权力较大的 CFO 来推动执行。选择这个角度考察 CFO 权力与内部资本市场的关系，是鉴于 CFO 权力越大的样本公司更可能使用内部资本市场很可能是由于内部资本市场已经运行的企业，更可能需要具有更大权力的 CFO 来进行推动和协调与成员企业的"游说"行为。为了验证这一推测，我们选取 CFO 发生变更的角度来进行考察，即如果上述推测成立则可以观察到继任的 CFO 具有较大权力的比重较大。利用年报数据和高管简历，我们考察了变更 CFO 的权力情况。表 4-26 给出了发生变更 CFO 担任董事的比重趋势。

表 4-26　变更 CFO 担任董事会成员频数分布

	2007	2008	2009	2010	2011
Panel A：继任					
人数(个)	15	23	12	14	17
占比(%)	1.32	1.60	0.78	0.82	0.83
Panel B：变更(含继任)					
人数(个)	40	54	27	43	57
占比(%)	3.53	3.74	1.76	2.54	2.78

数据来源：上市公司 2007—2011 年年报，经手工整理。

表 4-26 的数据显示，继任的 CFO 担任董事的平均比重仅在 1.07%，表明继任的 CFO 极少担任董事会成员，即继任的 CFO 拥有的集团内部调配权相对较弱。进一步地考察所有变更的 CFO 担任董事的情况，占比为 2.87%，虽略高于继任组的比重，但仍然偏低。结合这两个实施，表明 CFO 发生变更时，尤其是继任的 CFO 具有较大权力的情况极少，由此否定由于内部资本市场使用而赋予 CFO 更大权力的可能。有鉴于此，CFO 权力影响内部资本市场构建的结论并不存在严重的内生性问题，结论具有较好的稳健性。

最后，我们考察 CFO 任职背景对内部资本市场运行的内生性问题。与考虑 CFO 权力类似，我们仍然从 CFO 变更的角度来加以考察。在前述的分析中，我们发现具有金融任职背景的 CFO 更可能推动内部资本市场的使用，但这一结论也可能是由于内部资本市场建立后需要具有金融背景的 CFO 进行专业化运作。为了验证这一推测，我们考察了 CFO 发生变更的任职背景，表 4-27 给出了发生 CFO 变更的任职背景情况。

表 4-27 的数据显示，在继任的 CFO 中极少具有金融任职背景，这一比例最低仅为 0.17%，最高也仅为 0.41%，表明继任的 CFO 仍然可能是财务专业背景，其发生变更不太可能是由于内部资本市场运行需要专业人才的需要，由此前述揣测并不成立。进一步地放大样本，我么考察所有发生 CFO 的样本，我们同样发现具有金融背景的 CFO 占比亦相对较低，仅为 1.93%，同样证实 CFO 变更并非是内部资本市场运营需要。这一结论表明，CFO 金融任职背景影响内部资本市场构建所存在的内生性问题较弱，结论相对较为稳健。

表 4 - 27 变更 CFO 具有金融背景频数分布

	2007	2008	2009	2010	2011
Panel A：继任					
人数（个）	2	5	4	7	6
占比（%）	0.17	0.35	0.26	0.41	0.29
Panel B：变更（含继任）					
人数（个）	26	32	28	30	29
占比（%）	2.03	2.22	1.83	1.92	1.66

数据来源：上市公司 2007—2011 年年报，经手工整理。

总体而言，经过上述处理，本章的分析结论并不存在严重的内生性问题，实证分析的结论具有较好的稳健性。当然，作为计量经济学中的局限和社会科学研究的限制，内生性问题并不能被完全排除。上述对内生性处理，是尽最大可能降低内生性问题对研究结论的影响，以保证分析结果的可靠性。

6. 稳健性检验

考虑到实证研究中可能出现的计量偏差，为了研究结论的客观性和稳定性，我们在前述的实证分析中已经做了较为严谨的设计与讨论，但仍然可能存在结论的有偏性。为此，在这一部分我们对上述研究模型进行稳健性测试，以检验结论是否会发生实质性改变，具体检验方法如下：

（1）为了剔除极端值对研究结论的影响，我们对所有连续变量的上下 5% 分位进行了缩尾处理，发现结论未发生实质性改变。

（2）改变模型中变量的定义，就因变量而言，我们已经采用资金借出（$Acof$）、资金收回（$Acrf$）及资金结余（$Acnf$）三个角度进行度量，因而已经较为全面，并且结论基本一致。因此，我们主要调整自变量的定义。具体地，我们替换了财务杠杆的计算，以通行的总负债/总资产来度量；盈利能力以 ROA（净利润/总资产）来度量；企业规模以总资产的自然对数来度量。经过上述调整后，研究结论未发生实质性变化。

（3）任意改变样本期间，以排除样本时间选择偏误导致的影响。发现结论并未发生实质性变化（限于篇幅，未汇报）。

表 4 - 28 给出了经过上述调整的回归结果。

表4-28 CFO特征对内部资本市场运行影响的稳健性检验

因变量	Acof			Acrf			Acrnf		
	(1)	(2)	(3)	(4)	(5)	(6)	(7)	(8)	(9)
Cfosala	0.09** [2.40]			0.05* [1.71]			−0.03 [−0.21]		
Private * Cfosala	−0.16*** [−2.69]			−0.16*** [−3.03]			0.03** [2.18]		
Cfodirc		−0.01 [−0.19]			−0.01 [−0.13]			0.01 [0.32]	
Private * Cfodirc		0.08* [1.65]			0.10** [2.26]			−0.02 [−0.07]	
Cfoback			−0.05 [−0.64]			−0.03 [−0.43]			−0.02 [−0.85]
Private * Cfoback			0.63*** [4.52]			0.54*** [4.51]			0.09*** [2.61]
Private	0.79*** [3.10]	0.11*** [3.52]	0.12*** [5.03]	0.76*** [3.50]	0.10*** [3.68]	0.12*** [5.67]	−0.17** [−2.11]	0.01 [0.86]	0.01 [0.29]
Lev	−0.07 [−1.36]	−0.03 [−0.70]	−0.03 [−0.65]	−0.07 [−1.56]	−0.04 [−0.93]	−0.04 [−1.01]	−0.01 [−0.66]	−0.01 [−0.27]	−0.01 [−0.28]
Seo	−0.05 [−1.03]	−0.04 [−0.77]	−0.04 [−0.89]	−0.04 [−0.97]	−0.03 [−0.69]	−0.03 [−0.82]	−0.01 [−0.27]	0.01 [0.23]	0.01 [0.03]
Id	0.10 [0.44]	0.04 [0.16]	0.25 [1.19]	0.07 [0.34]	0.04 [0.19]	0.16 [0.85]	0.13** [2.24]	0.11* [1.89]	0.11** [2.16]

续 表

因变量=ICM	Acof			Acrf			Acnf		
	(1)	(2)	(3)	(4)	(5)	(6)	(7)	(8)	(9)
Csnf	0.15 [0.74]	0.13 [0.66]	0.10 [0.52]	0.13 [0.73]	0.12 [0.71]	0.09 [0.56]	−0.02 [−0.39]	−0.02 [−0.50]	−0.02 [−0.45]
Fd	0.51 [1.28]	0.59 [1.54]	0.70* [1.84]	0.80** [2.35]	0.81** [2.45]	0.87*** [2.64]	−0.07 [−0.74]	−0.02 [−0.26]	−0.01 [−0.09]
Roa	−0.17 [−1.07]	−0.28* [−1.80]	−0.22 [−1.44]	−0.14 [−1.02]	−0.25* [−1.86]	−0.20 [−1.52]	−0.03 [−0.74]	−0.03 [−0.76]	−0.02 [−0.47]
Cashr	−0.36*** [−3.17]	−0.32*** [−2.83]	−0.30*** [−2.66]	−0.25*** [−2.60]	−0.22** [−2.28]	−0.21** [−2.24]	−0.04 [−1.40]	−0.03 [−1.11]	−0.03 [−1.09]
Size	−0.03 [−1.51]	0.01 [0.21]	0.01 [0.80]	−0.02 [−0.95]	0.02 [0.15]	0.01 [0.85]	−0.01 [−0.26]	0.01 [0.40]	−0.01 [−1.07]
Fa	−0.10 [−1.20]	−0.09 [−1.16]	−0.06 [−0.75]	−0.05 [−0.67]	−0.04 [−0.61]	−0.02 [−0.31]	−0.01 [−0.26]	−0.02 [−0.02]	0.01 [0.11]
Growth	−0.03 [−1.49]	−0.03 [−1.35]	−0.02 [−1.04]	−0.03 [−1.49]	−0.03 [−1.53]	−0.02 [−1.20]	0.01 [0.87]	0.01 [0.95]	0.01 [0.88]
行业	控制	控制	控制	控制	控制	控制	控制	控制	控制
年度	控制	控制	控制	控制	控制	控制	控制	控制	控制
Adj_R^2	0.17	0.04	0.18	0.18	0.05	0.19	0.02	0.01	0.02
N	7 836	7 836	7 836	7 836	7 836	7 836	7 836	7 836	7 836

注：括号内为回归系数对应的 t 值；***，**，*分别表示 1%，5% 和 10% 的显著性水平。

4.5 本章小结

本书基于手工收集的 2007—2011 年的上市公司内部资本市场运行数据,从宏观经济政策、企业特征以及 CFO 人口特征三个层面系统考察了内部资本市场构建的影响因素。首先,在宏观政策分析层面,我们结合中国人民银行发布的《银行家调查报告》和《企业家调查报告》,分析了宏观经济政策对微观企业信贷层面的影响,以考察内部资本市场构建的宏观经济政策影响机制。研究发现,企业内部资本市场的建立和规模,与宏观经济政策波动密切相关,内部资本市场具有"金融缓冲器"的功能。

其次,针对企业特征层面的考察研究发现,民营企业具有更强的动机利用内部资本市场来缓解融资约束,并且民营企业在内部资本市场运行上更可能采取市场化的运行机制。产权性质的差异导致内部资本市场效率不同,揭示治理结构在内部资本市场运行中具有重要的影响。

最后,针对 CFO 特征与内部资本市场构建关系的考察发现,CFO 特征显著影响内部资本市场运行。进一步而言,民营企业的 CFO 特征对内部资本市场运行的影响作用更大,而国有企业的影响作用相对较弱。具体分析,发现 CFO 的业绩薪酬敏感性越高时,国有企业的 CFO 更可能推动内部资本市场的构建和运行,其更可能是基于"帝国建造"的动机,利用国有资本进行低成本甚至零成本的"商业试验",并最大化满足管理层私有收益。相比于国有企业,民营企业的 CFO 业绩薪酬敏感性会降低内部资本市场运作的动机,其可能是基于谨慎性考虑,在内部资本市场运作上可能采取保守的策略,以降低企业整体的运营风险。

进一步分析 CFO 的权力还显示,在民营企业中 CFO 担任董事会成员时,其更可能实施内部资本市场战略并显示出更大的内部资金往来规模。此外,研究发现具有金融背景的 CFO 更可能实施内部资本市场战略,并显示出更大的运行规模。进一步区分产权性质,CFO 的金融背景在内部资本运作方面的优势,在民营企业中发挥得更为明显。由此,本章的实证分析结果,有助于我们理解 CFO 特征与内部资本运营战略上的作用机制,揭示产权性质、治理机制、薪酬制度和 CFO 专业背景与财务战略的互动关系。

本章的研究结论,具有如下的政策含义:(1)宏观经济政策的制定,需要考虑到政策执行的区域和产权差异,应当深入理解宏观政策的传导路径和经济后果。(2) 推进金融体系市场化改革,按照市场化的运作机制配置信贷资源,在关注信贷收益的前提下,适当向民营企业和中小企业倾斜,以体现对民营经济的扶持。(3) 平衡区域金融发展,尤其是提高欠发达地区的金融基础设施建设,在政策上给予扶持,优化经营结构和服务模式,以增强金融服务实体经济的能力。(4) 对于面临融资约束的企业尤其是民营企业,实施内部资本市场运作能够提供一条行之有效的融资路径。

进一步地,在新兴市场中 CFO 制度还并未充分发挥其在公司治理中的有效作用。在优化公司治理结构的基础上,充分重视 CFO 在公司资本运营中的积极作用,赋予 CFO 在公司运营中更多的职权空间。在公司战略决策层面,提高 CFO 参与决策的层次和范围,使得 CFO 能够利用自身的专业知识结构在公司重大事项决策中发挥专业决策优势。同时,为充分发挥 CFO 的专业能力,应当尽可能选聘具有金融背景的高级管理人员担任 CFO,并辅助以有效的薪酬激励制度,从而在有效的公司治理框架下,实施基于集团内部有效的协同的财务战略体系,推动企业整体的健康、可持续发展。

第5章 内部资本配置机制

内部资本市场作为企业集团资金运作的重要载体,研究其运作机制对于提升企业资本运营效率具有重要的战略含义。本章利用手工收集的企业集团内部资金往来数据和子公司层面财务数据,以案例的方式考察了企业集团内部资金的配置机制。研究发现,不同产权性质的企业在资金配置方式上存在着显著差异。具体地,民营企业具有较强的动机采用市场化的方式配置内部资金。

5.1 引　　言

全球化进程的深化,使得集团化经营已经成为企业经营的主流趋势。在经济转型时期,集团化经营能够缓解外部资本市场不完美的负面效应(Richardson,1960;Lewellen,1971;Williamson,1975)。在外部资本市场融资通道受阻的情形下,企业可以借助于内部资本市场进行资金筹集,以缓解所面临的融资约束。不过,既有文献发现内部资本市场的功能并非只有"光明面",同时也存在"黑暗面"。在发达经济体中,内部资本市场的存在则成为价值折损的根源(Lang and Stulz,1994;Stein,1997;Wulf,2009)[162,15,27]。

对内部资本市场的经济后果的讨论,启发我们考察内部资本市场运行效率的内在机制。然而既有文献的讨论,主要集中在内部资本市场效率方面,并且实证文献数量也相当稀缺。从研究方式来看,也以个案研究为主(例如,邵军、刘志远,2007;王化成、曾雪云,2013)。内部资本市场的效率,与内部资本市场的运作机制是紧密相连的,因此对内部资本市场的考察需要结合其运作机制进行研究。现有文献对内部资本市场的研究,缺乏系统性的讨论。无论是在内部资本市场的界定、形成还是运行机制都是较为零散和模糊的。更为重要的,就我们所知目前较少讨论内部资本市场内部运行逻辑的实证文献。因此,在当前已有文献研究的基础上,系统讨论内部资本市场的运行逻辑框架具有重要的理论价值。

鉴于上述考虑,我们认为有必要考察内部资本市场运行机制及其对内部资本市场运行效率的影响。内部资金配置主体特性、所处外部宏观经济环境、资源禀赋以及公司治理机制,均会影响到内部资金配置的方式。我们通过案例的方式对三个不同类型案例企业的考察,发现在外部金融市场发育不健全的背景下,面临融资约束的企业,尤其是民营企业,具有较强的动机采用市场化的方式配置内部资金;受制于治理机制的"束缚",国有企业采用市场化机制配置资金的动力相对较弱。

当前关于企业集团内部资本市场的研究,尤其是集团内部资金配置的文献相当稀缺。因此,本书对内部资本市场领域研究的贡献,体现在以下三点:

第一,本书应用子公司层面数据考察内部资本市场运作机制。研究内部资本市场的一个重要限制,即缺乏内部资金运动的直接度量数据。具体地,无论是在上市公司层面的内部资金运动数据,还是子公司层面的财务数据,既有公开数据库均没有提供。我们利用手工的方式,收集了这些数据,解决了内部资本市场运作的"全景"数据。数据的丰富,为后续深入研究内部资本市场提供了可能,以便能够真正进入"内部"层面。

第二,区分不同的产权主体研究内部资本市场。我们选取不同产权性质的样本企业考察内部资本配置行为,这是既有文献所未探讨过的。利用产权性质差异考察资金配置行为,有助于理解产权机制对内部资本市场运作的影响路径。

第三,丰富了内部资本市场资金配置机制的相关文献。既有文献的讨论,主要集中在内部资本市场的效率,并且大都还是理论模型推导的方式(例如,Kim,1998;邹薇、钱雪松,2005;Yao,2013)[21-23]。有关企业集团内部资金配置的文献,则更加稀缺。因此,本书丰富了企业集团内部资金配置方面的文献,使得在此基础上深入研究提供了一个有益的借鉴。

本章其余部分,做如下安排:第二部分,简要介绍制度背景和相关文献;第三部分,介绍案例企业的基本情况;第四部分,阐述内部资金配置的运作机制;第五部分,资金配置机制异质性分析;第六部分,结论。

5.2 制度背景与理论分析

内部资本市场的构建,需要借助于企业集团,因此理解内部资本市场的运行,首先需要从企业集团的角度来考察内部资本产生的前提条件。内部资本市场根植于企业集团,企业集团的组织架构、内部治理机制则能够影响内部资本市场的运作方式及其效率。集团内部的组织运行机制,尤其是资源配置机制则直接影响到内部资本配置的机制,从而影响内部资本市场运行的经济后果。

5.2.1 企业集团与内部资本市场发展

近30年来,伴随着全球化进程和经济结构调整,中国企业经营集团化已成为主流趋势。根据统计数据显示,1997—2008年,中国大型企业集团的数量已经从2 369家发展到2 971家[①]。企业集团资产、营业收入规模也在不断增长,资产总额从2000年的106 984亿元增加到2008年的411 312亿元,增长了280%;营业收入从2000年的53 260亿元增加到271 871亿元,年均增长46%(国家统计局,2009)。中国最大500强企业集团总营业额达到326 582.41亿元,平均营业额达653亿元,其中营业额超过千亿元的有73家(中国企业评价协会,2011)。与此同时,2013年中国企业集团已经有96家进入《财富》500强,已占世界最大企业阵营1/5席位。

随着经济结构调整和海外并购进程加快,中国企业集团的规模还在继续增长。伴随着全球化进程的加速,中国企业集团的发展逐步呈现出多元化、国际化的特征。传统的企业集团行业主要分布于机械、制造行业,而当今企业集团的业务已经跨越了传统主业限制,开始涉足房地产、金融、服务、能源与医药等行业,已经很难区分其主营业务。随着中国企业"走出去"的战略实施,中国企业集团国际化程度也在逐渐提高,已经开展了一系列的公司并购与重组业务,拓展了企业集团的业务和地域范围,成为真正意义上的大型跨国企业集团。中国企业集团经营的多元化和国际化程度的提升,将为企业集团实施内

[①] 大型企业集团是指,中央直接管理的、国务院批准的国家试点企业集团、国务院主管部门批准的企业集团、省级人民政府批准的企业集团以及年末资产总额和营业收入均在5亿元以上的其他企业集团。

部资本市场战略提供可能。集团化经营实质为一项风险分散的战略设定,利用不同产业板块的现金流"跨时空分布"进行资金配置。集团内部不同产业分布,其资金流是存在较大差异的,因此需要集团总部进行系统性地调节。根据年报显示,中国上市公司内部资本市场规模从2003年的2 972亿元增长到2013年的62 746亿元,增长了20倍①。由此可见,在企业集团内部利用成员企业间的资金调配,是企业集团普遍采用的资金配置方式。值得注意的是,中国宏观经济的高速发展与金融市场发展相对滞后的"金融迷局",或许能够从企业集团内部资本市场中找到"谜底"(He et al.,2013;李焰等,2007)[47-48]。

5.2.2 内部资本市场运行与委托-代理冲突

集团总部如果存在较强的监管能力,则内部资本市场可以有效地进行资金配置(Weston,1970;Gertner et al.,1994;Matsusaka,2001;Maksimovic and Philips,2007)。Stein(1997)讨论了内部资本市场如何创造价值、设计最优组织规模以及预测市场周期,在模型中加入部门经理的私有收益,发现这些私有收益的动机刺激了经理们对项目预期的高估。Stein(1997)的研究还发现,集团公司具有较强的监管能力,同时总部具有资金配置的决定权,当集团总部发现部门经理存在攫取私有收益的动机时,总部会将资金调拨到其他部门,从而降低了在职消费的空间。

Mayer et al.(1992)进一步拓展了集团内部冲突模型,在该模型中描述了低层经理试图游说公司高管层增加公司可获得的投资现金流。高管层能够通过游说的成本来判断投资项目的真实价值,从而否决游说项目,避免资源的错误分配。Schafstein and Stein(2000)讨论了部门投资机会与经理的游说成本,发现具有较少投资机会的部门经理更有动机去进行游说,从而增加了整个集团公司的成本。对于集团公司高管层而言,通过增加游说经理所在部门的资本预算来降低游说成本,最终导致集团公司高管层在低成长性部门中进行了过度投资。为了调节不同部门之间的资本分配,集团公司高管对资本的分配是通过谈判的方式来进行的。Rajan and Zingales(2000)的研究认为,高管层向各部门用初次分配投资作为一个委托策略代表他没有能力进行盈余分配,

---

① 经计算,若按上市公司内部交易(含资金交易)规模测算,则截至2013年这一规模高达180 551亿元。若按上市公司所在集团测度,则内部交易规模和内部资金交易规模分别高达190 422亿元和64 201亿元。

这样的分配方式将会导致部门之间争夺盈余分配,从而不利于公司价值最大化。

5.2.3 内部市场化机制与资金配置

对内部资本市场运行效率的考察,既有研究表明内部资本市场运行中存在着严重的代理冲突。相对于集团内成员企业的资金需求,总部的资源禀赋是稀缺的。在信息不对称和总部高管权力寻租的情形下,部门经理会采取"游说"的方式来获得稀缺资源(Mayer et al.,1992)。部门经理的"不务正业"行为,导致在差的部门过度投资而在好的部门又投资不足,扭曲了集团整体资金配置(Scharfstein and Stein,2000;Aggarwal and Samwick,2003)。集团总部在各部门资金配置的不均衡,产生了严重的"交叉补贴"。这种资金配置的方式,使得具有较好现金流的部门利益受损,而对那些现金流量较差的部门则是"天赐良缘",集团成员之间共享"内部社会主义"天伦之乐(Rajan et al.,2000;Datta et al.,2009)。内部资本市场运行的低效,与内部资金配置的"平均社会主义"行为有着密不可分的联系。因此,在集团内部配置资金,应当采用市场化的机制来遴选"候选人"。市场化的资金配置机制,能够提高资金配置效率(Claessens et al.,2000;Manos et al.,2007;Buchuk et al.,2014)[34,163-164]。

不过,市场化机制的推行,需要有一系列的辅助机制配套。市场化推行程度高低,取决于企业的内生动力。内生动力的强弱,又与管理层(包括子公司经理层)的激励机制密切相关。既有文献表明,赋予管理层有效的激励机制,则能够有效提高内部资本市场的运行效率(Brusco and Panunzi,2005;Adams and Drtina,2008;Datta et al.,2009)[165-166,28]。进一步地,运用市场化的资金配置方式,能够显著提高资金使用效率,实现资源的优化配置。考虑到既有文献尚未直接考察企业集团内部资金配置,我们以商业银行的资金配置效率作为参照。2003 年银监会推行商业银行市场化改革以来,商业银行的不良贷款率从 2003 年末的 17.8% 下降到 2013 年末的 1%,资产回报率从 0.3% 上升到 1.4%。①

---

① 不良贷款率数据,来自中国银监会统计数据,详见 http://www.cbrc.gov.cn/chinese/home/docviewpage/110009.html;商业银行资产回报率,来自《中国金融统计年鉴 2003—2013》并经整理计算而得。

5.3 案例企业基本概况

在这一部分,我们基于两个案例来考察不同所有制的企业集团的内部资金配置行为。我们选取案例企业的标准如下:(1) 行业相同或接近,我们在此选择受金融危机影响较大的纺织业作为考察对象;(2) 资产规模接近,差异控制在±10%以内;(3) 区域市场化程度相近;(4) 至少有4家子公司资金往来数据;(5) 本期借入或偿还金额不为0。经过上述标准的筛选后,我们最终选取了深圳市纺织(集团)股份有限公司(股票代码:000045)、南京纺织进出口股份有限公司(股票代码:600250)作为国有组样本,宁波维科精华集团股份有限公司(股票代码:600152)作为民营案例样本。

5.3.1 案例企业介绍

基于后续的基本财务状况分析需要,我们从企业的财务指标、外部市场环境简要介绍一下这三个企业的基本情况。

1. 深圳市纺织(集团)股份有限公司(简称"深圳纺织")

深圳纺织成立于1994年,注册地为广东省深圳市。深圳纺织的当前控股股东为广东省深圳市投资控股有限公司,实际控制人为深圳市国有资产监督管理局,下属6家一级子公司。

2. 南京纺织进出口股份有限公司(简称"南纺股份")

南纺股份成立于1994年,注册地为江苏省南京市,控股股东为南京市国有资产经营(控股)有限公司,实际控制人为南京市国有资产管理委员会,下属34家一级子公司。

3. 宁波维科精华集团股份有限公司(简称"维科精华")

维科精华成立于1993年,注册地为浙江省宁波市,成为中国家纺业第一家上市公司。目前控股股东为宁波维科控股集团股份有限公司,实际控制人为何承命,下属14家一级子公司。

5.3.2 案例企业财务状况比较

企业内部资金配置方式,与企业本身所具有的特质密切相关。因此,在分析如何配置内部资金之前,需要考察企业层面的基本财务状况。对财务状况的分析,我们主要从企业资金需求角度选取相应的财务指标。因此,我们选取企业获取外部信贷资源的能力、偿债能力、资产营运能力、盈利能力以及成长性这些指标来进行考察。

1. 企业资产营运能力比较

上述分析已经得知不同企业获取信贷资源能力存在差异,对于在金融市场中处于弱势的企业而言,提升资产营运能力可能是有效途径。基于此,我们需要考察三个企业的资产营运能力。表5-1汇集了案例企业的资产营运指标。

表5-1 资产营运能力比较

	总资产周转率			应收账款周转率			存货周转率		
	2008	2009	2010	2008	2009	2010	2008	2009	2010
维科精华	0.93	0.71	1.05	13.24	12.63	18.15	3.72	1.83	2.76
深圳纺织	0.71	0.6	0.6	23.95	33.25	49.94	2.55	2.6	1.82
南纺股份	0.27	0.2	0.25	8.04	6.23	7.51	12.99	8.36	10.02

企业整体资产运作效率层面,维科精华的效率最高,南纺股份则最低。在分析总资产周转率的基础上,我们进一步考察了应收账款周转率和存货周转率这两个指标。三个企业的应收账款周转率差异性较大,其中深圳纺织的资金回笼速度最快。纺织产品所处的市场为竞争性市场,厂商众多,周转速度相对均较慢。值得注意的是,存货周转率相对较低的情形下,企业的资金链存在较大的断流压力,往往具有强烈的资金需求以弥补资金缺口。

2. 企业盈利能力比较

对案例企业的盈利能力分析,我们选取了销售净利率、净资产收益率、现金流量三个指标。表5-2给出了三个企业的盈利状况。从表5-2汇报的销售净利率数据来看,深圳纺织要优于其他两个企业,表明其销售对企业盈利的贡献程度较大。纺织行业竞争异常激烈,频繁的价格战促使企业薄利多销,销售净利率相对要低很多。

进一步地考察股东权益回报,总体上深圳纺织要高于其他两个企业。与销售净利率一致,南纺股份的净资产收益率波动性较大。更为重要的是,维科精华在2010年的股东权益回报显著高于其他两个企业。然而,企业盈利能力越强,并不能代表企业利用内源性融资的有效性越大,关键取决于经营活动实际创造的现金净流入量。因此,在考察资产收益的基础上,我们进一步考察了现金流量指标。南纺股份的现金流量比值维持在6%左右,稳定性最强。

表5-2 盈利能力比较

	销售净利率			净资产收益率			现金流量比率		
	2008	2009	2010	2008	2009	2010	2008	2009	2010
维科精华	0	0.01	0.02	0	0.01	0.08	−0.02	0.24	0.06
深圳纺织	0.03	0.01	0.04	0.04	0.01	0.04	0.01	0.11	−0.11
南纺股份	−0.06	0.03	0.03	−0.04	0.01	0.02	0.06	0.06	0.07

3. 企业发展能力比较

在分析当期财务运营状况的基础上,我们同时考察了不同企业在发展能力上的差异性。表5-3给出了三个企业发展能力的具体情况。

表5-3 发展能力比较

	总资产增长率			销售收入增长率			固定资产增长率		
	2008	2009	2010	2008	2009	2010	2008	2009	2010
维科精华	−0.03	0.36	0.06	−0.03	−0.11	0.75	−0.03	−0.08	−0.06
深圳纺织	−0.09	−0.07	0.31	0.05	−0.23	0.11	−0.06	0.01	−0.05
南纺股份	0.02	0.02	0.00	0.16	−0.25	0.26	0.27	0.13	0.00

总资产增长率层面,南纺股份相对较为稳定,年增长幅度维持在2%左右。维科精华在2009年度资产增长幅度达到了36%,结合固定资产增长率和存货周转率数值,表明资产增长可能主要是有流动资产增加所导致。销售收入增长率层面,三个企业均存在较大的波动性,其中维科精华的波动性最大,2010年相比于2008年增长了78%。值得注意的是,在2009年度三个企业的销售增长率均呈现大幅度下滑,这可能与金融危机爆发后企业开工不足、消费需求萎靡以及出口受阻等因素有关。在固定资产增长率层面,南纺股份的固定资产投资规模保持了较快速度的增长,主要是投资精密光电项目,2010年以后开始回落。维科精华和深圳纺织对固定资产的投资呈现下降的趋势。

4. 上市公司总部所在地金融市场发育程度比较

内部资金的有效运作,需要借助于上市公司总部所在地的金融市场发育程度。表5-4给出了三个企业总部所在地金融市场发育程度的情况。从三个地区金融市场发育程度的年度分布上看,年度间变化较为平稳。从地区层面来看,不同地区金融市场化发育程度存在显著差异。具体地,浙江省金融市场发育程度最高,金融业产值占到 GDP 总值的 8% 左右;江苏省金融市场发育程度最低,金融业产值占比仅为浙江省的 1/4。

表 5-4　上市公司总部所在地区金融市场发育程度比较

	地区金融深化程度		
	2008	2009	2010
浙　江	0.07	0.08	0.08
江　苏	0.02	0.02	0.02
广　东	0.06	0.06	0.06

注:金融深化程度=地区金融业 GDP/地区 GDP 总值。

5.4　内部资金配置的运作机理

5.4.1　案例数据来源

企业集团资金配置数据,来源于我们手工收集的《大股东及关联方资金占用专项审核报告》(以下简称"专项审核报告")。专项审核报告原始数据来源于上市公司公开披露信息。上市公司财务数据,来自国泰安 CSMAR 数据库。其他数据,来自上市公司年报。专项审核报告中,披露了上市公司总部与其子公司之间的资金往来状况,包括上市公司借出资金、子公司偿还资金以及利息的信息。因此,通过资金借入、偿还、利息数据,我们能够准确计算出上市公司总部与其子公司之间资金调拨的价格,即内部资金借贷利率。子公司层面的详细财务数据,来自国家统计局中国工业企业统计数据库。[①] 考虑到数据的限制和外部信贷环境的影响,我们选择 2009 年作为样本年度。有关这年的信贷环境与企业生存状况的讨论,详见第 1 章的内容。表 5-5 给出了资金借贷及财务指标数据。

[①] 截至目前,中国工业企业统计数据库更新到 2008 年,之后年度的数据尚未公开。我们对子公司的财务数据查询,是依据组织机构代码唯一性来进行匹配的。

表 5-5 内部资金配置影响因素分析

子公司名称	借入（万元）	偿还（万元）	利率	资产负债率	固定资产（万元）	营业收入（万元）	成本净利率
Panel A：维科精华							
宁波维科精华敦煌针织公司	300	500	0.033	0.51	3 513	12 688	−0.03
宁波维科精华家纺公司	7 800	7 700	0.020	0.44	8 986	30 762	0.01
宁波维钟印染公司	0	940	0.086	0.56	3 961	8 689	−0.08
宁波兴洋毛毯公司	1 000	1 000	0.001	0.28	4 619	16 593	−0.05
镇江维科精华棉纺织公司	792	2 742	0.045	0.75	10 589	18 496	−0.11
指标与利率的相关系数(ρ_1)	−0.39	−0.27		0.64	−0.13	−0.56	−0.53
指标与规模的相关系数(ρ_2)				−0.26	0.51	0.94	0.74
Panel B：深圳纺织							
深圳金兰装饰用品实业公司	1 465	1 182	0.024	0.48	2 393	8 767	0.01
深圳美百年服装有限公司	762	0	0.037	0.23	8 459	2 232	−0.23
深圳中兴纤维铜棉服饰公司	3 001	2 900	0.024	0.36	3 161	3 643	0.03
深圳盛波光电科技有限公司	28	800	0.032	0.26	5 503	8 246	0.13
指标与利率的相关系数(ρ_1)	−0.69	−0.81		−0.88	0.99	−0.43	−0.6
指标与规模的相关系数(ρ_2)				0.51	−0.58	−0.35	0.03
Panel C：南纺股份							
南京高新经纬电气公司	1 476	711	0.003	0.80	148 752	13 698	0.49
南京虹云制衣有限公司	6 620	2 775	0.028	0.46	27 853	2 462	0.38
南京建纺实业有限公司	19 100	22 658	0.032	0.87	31 029	8 200	−0.31
南京南泰显示有限公司	481	691	0.036	0.76	3 234	722	0.25
南京朗诗织造有限公司	7 599	11 327	0.038	0.82	37 969	15 987	0.09
南京南泰数码科技公司	3 550	8 381	0.016	0.54	31 552	6 653	0.17
指标与利率的相关系数(ρ_1)	0.38	0.37		0.17	−0.83	−0.24	−0.53
指标与规模的相关系数(ρ_2)				0.32	−0.24	0.15	−0.87

5.4.2 内部资金配置规模的影响因素分析

为了考察企业在进行内部资金配置的决策机制,我们逐一分析风险度量指标与内部资金配置规模的影响程度。财务数据的数值,我们参照经验研究和现实实践中的做法,选取滞后一期的数值。表5-5及图5-1、图5-2、图5-3分别以数值和图形的方式给出了主要财务指标与内部资金配置规模的相关性。

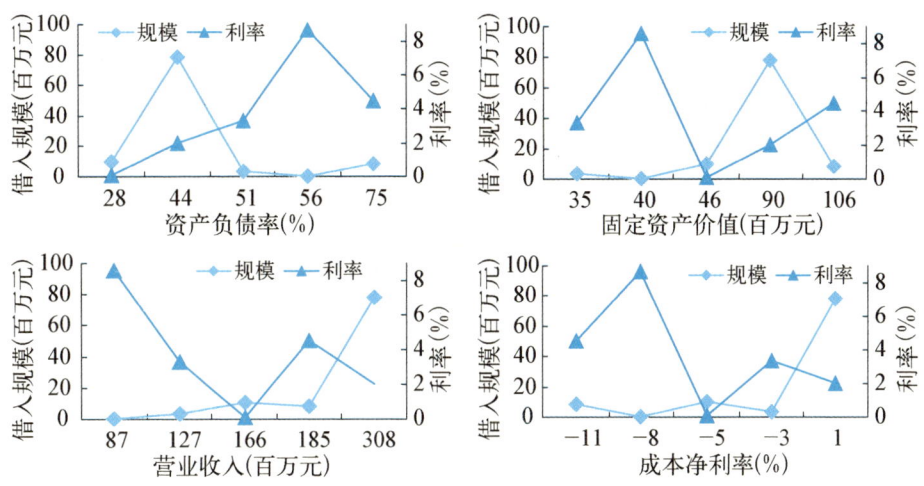

图5-1 维科精华内部资金配置与财务指标关系图

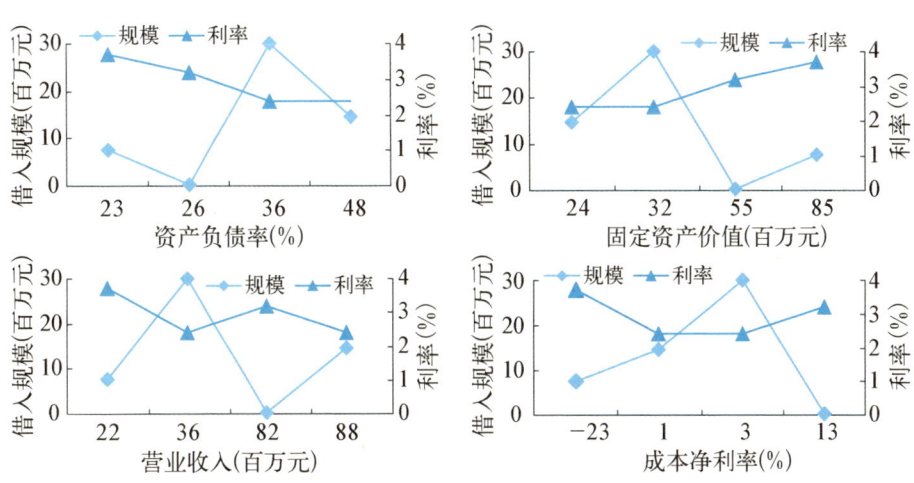

图5-2 深圳纺织内部资金配置与财务指标关系图

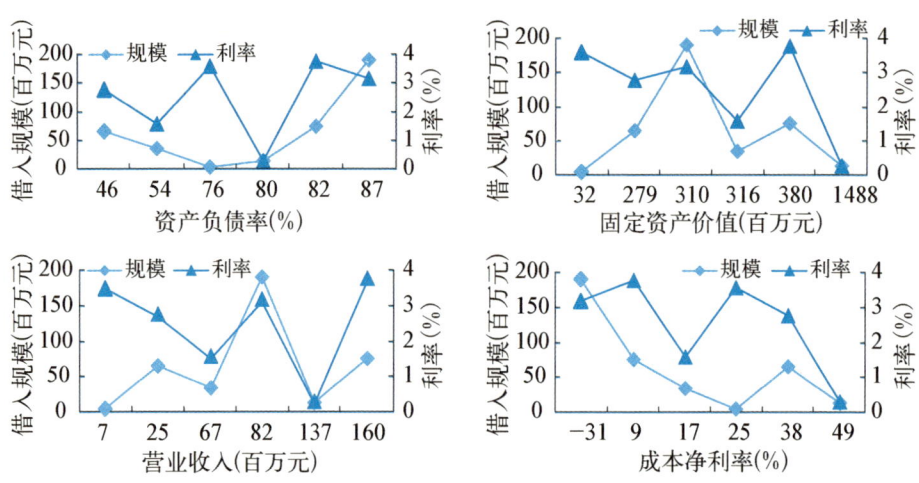

图 5-3 南纺股份内部资金配置与财务指标关系图

1. 财务杠杆

作为违约风险的度量指标,资产负债率是资金配置的核心要素。在图5-1、图5-2和图5-3中,横轴代表风险度量指标,左侧纵轴代表资金借入规模,右侧纵轴代表利率。由图可知,随着负债率上升,维科精华的内部资金借贷规模逐渐下降,深圳纺织和南纺股份则呈现上升的趋势。由此表明,总部对子公司提供资金时,维科精华注重子公司违约的风险,以确保信贷资产的安全。然而,南纺股份和深圳纺织对子公司的资金调拨,可能并没有从信贷资产安全角度进行资金配置。值得注意的是,深圳纺织子公司层面的负债率均较低(见表5-5,Panel B),违约风险总体可控,因而负债率与资金配置规模正相关($\rho_1 = 0.51$),并不意味着信贷资产存在高风险。

2. 抵押品价值

在信贷资源配置中,商业银行通常采用固定资产质押的方式来发放贷款。抵押品价值越高,企业获得的信贷资源相对就会越多。从图5-1、图5-2和图5-3可知,维科精华的借入规模随着抵押品价值增加而增长,而深圳纺织和南纺股份却呈现下降的趋势。从抵押品价值与资金运动规模的相关系数值来看,维科精华和深圳纺织这两个企业的固定资产价值均显著与内部资金配置规模相关,系数均超过了 $0.5(\rho_1 = 0.51, -0.58)$。值得注意的是,深圳纺织和南纺股份的系数值均为负($\rho_1 = -0.58, -0.24$),这与商业银行信贷规则相反。由此,进一步表明维科精华在资金配置上采取市场化的机制,而深圳纺织与南纺股份市场化运作的程度相对较低。

3. 销售规模

一个企业的销售规模,反映了这个企业产品在市场上被消费者所认可的程度,同时也预示着未来可以获得的现金流量规模。从图5-1、图5-2和图5-3可知,随着营业收入的增长,维科精华的资金借入规模呈现出同步增长的趋势,而深圳纺织与南纺股份则并未表现出规律性的变化趋势。进一步地,从营业收入与借入资金规模的相关系数来看,维科精华和南纺股份均显示出正相关($\rho_1 = 0.94, 0.15$),维科精华显示出更强的正相关趋势,与图形描述一致。然而,深圳纺织内部资金配置规模与子公司销售规模呈现负向关系($\rho_1 = -0.35$)。由此,在销售规模层面,维科精华更加注重子公司未来现金流量风险的考量,其余两家企业关注程度相对较弱。

4. 盈利能力

对债权人而言,债务人能否如期偿还债务根本上取决于其盈利能力。在盈利能力考察上,我们选取了成本净利率。成本净利率能够更好地反映企业的利润创造和成本控制能力,而不是仅仅从最后的净利润和资产规模来考察,这个指标更加强调收入费用的匹配。从图5-1、图5-2和图5-3来看,随着成本净利率的增长,维科精华与深圳纺织的内部资金配置规模均呈现出同步增长的趋势,而南纺股份则呈现出下降的趋势。结合相关系数值分析,不难发现维科精华和深圳纺织内部资金配置规模与子公司盈利能力呈正相关($\rho_1 = 0.74, 0.03$),且维科精华显示出与图形一致的明显趋势。然而,值得注意的是,南纺股份却呈现显著负相关趋势($\rho_1 = -0.87$)。该结论进一步表明,这三家企业在资金配置时对子公司盈利能力的考量是存在显著差异的。

从上述几个财务指标与内部资金配置的关联程度分析,可知不同类型企业在决定内部资金配置规模时的基准是存在显著差异的。具体地,维科精华在进行内部资金配置时,主要从抵押品价值、销售规模及盈利能力对成员企业的偿债能力做出评价;深圳纺织则主要从流动性、负债率及抵押品价值进行评估;南纺股份则主要考察子公司盈利能力。

5.4.3 内部资金配置利率的影响因素分析

从表5-5中汇报的内部资金配置结果来看,不同企业在内部资金的配置差异,同时体现在配置规模和配置价格上。因此,还需要在考察配置规模的基础上,进一步考察影响内部资金配置价格的影响因素。对内部资金配置价格的分析,我们仍然采取与考察资金配置规模一致的分析思路。

1. 财务杠杆

财务杠杆衡量了企业整体的债务状况,该指标数值越高揭示未来偿债的压力越大,出现违约的概率也相对更高。因此,在商业银行的信贷实践中,银行对财务杠杆的关注程度要显著高于其他指标。图 5-1、图 5-2 和图 5-3 显示,随着资产负债率的上升,维科精华与深圳纺织的资金配置利率呈现出上升的总体趋势。因此,我们借助于财务杠杆与利率的相关系数来进一步分析。维科精华和南纺股份均显示出内部资金配置利率与子公司财务杠杆正向的趋势($\rho_2 = 0.64, 0.17$),且维科精华的趋势要更加明显,这与图形描述一致。进一步考察深圳纺织,我们发现其内部资金配置利率与其子公司的财务杠杆呈现出显著的负相关趋势($\rho_2 = -0.88$)。

2. 抵押品价值

抵押品的价值,反映了抵押资产对债务的保障程度,体现了资产保全的要求。从图 5-1、图 5-2 和图 5-3 来看,维科精华和南纺股份的内部资金配置利率与子公司固定资产规模呈现下降趋势,而深圳纺织则呈现显著上升趋势。进一步结合相关性分析来看,深圳纺织和南纺股份的内部资金配置价格与固定资产价值显著相关($\rho_2 = 0.99, -0.83$,见表 5-5),维科精华的系数值较低($\rho_2 = -0.13$)。结论表明,深圳纺织与南纺股份在决定资金配置价格上均重视固定资产价值,但方向不同。

3. 销售规模

在决定资金配置价格时,商业银行一般更看重企业的销售规模。图 5-1、图 5-2 和图 5-3 显示,随着营业收入的上升,三个企业的内部资金配置利率均呈降低趋势。进一步地从营业收入与资金配置利率的相关性来看,维科精华和深圳纺织要显著高于南纺股份($|\rho_2| = 0.56 > 0.43 > 0.24$,见表 5-5),与图形描述的趋势一致。

4. 盈利能力

企业整体盈利能力,尤其是成本与利润创造的对比,更能反映借款人未来的债务清偿能力。同时,集团总部作为资金提供者与资产所有者的双重身份,考虑到资金占用成本可以从成员企业未来收益中进行弥补,因而可能对盈利能力强的成员收取较低的资金利率。从图 5-1、图 5-2 和图 5-3 来看,随着成本净利率的上升,三个企业的内部资金配置利率均呈现下降的趋势。进一步地,相关性分析表明三个企业的资金配置价格均与成员企业成本净利率呈现高度负相关($\rho_2 = -0.53, -0.60, -0.53$,见表 5-5)。特别地,三个企业的相关系数值较为接近,且相关系数绝对值均超过 0.5,这表明企业集团在进行资金配置时均关注成员企业的盈利状况,将其作为资金配置价格的一个重要因素。值得注意的是,企业集团内部资金配置价格决定与成员企业盈利能力的显著负相关,兼具偿债保障和未来收益弥补两层因素考虑,这与外部借款人仅考虑债权保障存在本质差异。

5. 借贷规模

在商业银行信贷实践中,通常存在着借贷的"规模经济",或者亦可准确称为"量大从优"。具体而言,针对不同信贷规模商业银行给予借款人不同的利率,交易金额越大,往往利率越低。当然,这里仅仅是从交易处理成本角度而言。商业银行在审批不同贷款时,对借款人信用资质、财务状况、评估抵押品价值以及获取其他信息方面所花费的成本基本是相同的。因而,对于商业银行而言,贷款规模越大,单位交易费用则相应越低。由此,我们在内部资金配置价格决定机制中,同时考察了资金借贷规模的影响。从图 5-1、图 5-2 和图 5-3 的 12 个分图来看,随着资金借入规模上升,维科精华与深圳纺织的内部资金利率总体上呈下降趋势,而南纺股份则呈上升趋势。进一步地,我们从相关性分析来考察。考虑到内部资金是一个双向的运动过程,我们将资金借贷规模区分为资金借入规模和资金偿还规模。首先,我们对资金借入层面进行考察,我们发现深圳纺织要显著高于其他两个 ($|\rho_2|=0.69>0.39>0.38$,见表 5-5),与图形描述较为一致。该结论表明,深圳纺织在对内部资金利率设定时关注了资金借入规模的影响。其次,我们从偿还层面进行考察,发现上述结论仍然成立。不过,资金偿还规模与资金配置价格的相关性整体上要稍弱于借入层面($|\rho_2|=0.81>0.37>0.27$)。这种事实的存在,揭示了企业内部资金的配置主要是从总部到成员企业,总部是资金配置的主体,同时对调拨给子公司的资金给予更为宽松的偿还周期。值得注意的是,深圳纺织偿还规模与资金配置价格的相关性要显著高于借入规模($|\rho_2|=0.81>0.69$),揭示该企业对资金配置价格的设定更加重视成员企业偿还资金的能力和积极性。通过这种方式,能够提高成员企业资金利用效率,加快集团的资金周转速度,亦有效限制了那些经营业绩差的企业频繁向总部"游说"资金行为。

我们再从整体上来对这三个企业的资金配置价格决定进行比较,发现三类企业侧重点具有显著差异。具体地,维科精华主要从财务杠杆、抵押品价值、销售规模以及盈利能力这四个方面决定资金配置价格,其做法基本与商业银行的资金价格决定一致,内部资金配置市场化特征较为明显。深圳纺织在决定资金配置价格时,主要考虑资金配置规模、财务杠杆、抵押品价值以及盈利能力,然而部分影响因素与价格的相关性方向与商业银行实践相反,可以认为接近市场化运作。南纺股份对内部资金价格的设定,则主要从抵押品价值和盈利能力考虑,且在这两种因素中又重点考虑抵押品价值。抵押品价值的高低,实际上也表明了这类企业在集团中的地位。特别地,集团内部地位越高的企业,越有可能获得价格更低的资金。因而,南纺股份对内部资金配置价格的设定,具有更多的内部平均倾向。若将上述结论进一步置于产权性质分析框架中,则可以发现民营企业在内部资金配置上具有更为明显的市场化特征,而国有企业尤其是垄断行业的国有企业则具有明显的"内部社会主义"特征。

结合内部资金配置规模的影响因素,我们发现民营企业在资金配置上更加接近于市场化运作机制,而国有企业则具有明显的内部平均分配的痕迹。这两类不同产权性质的企业在内部资金配置上的差异,仅仅从产权性质来分析是显然不够深入的。具体地,同样是国有企业,深圳纺织与南纺股份表现出较大的差异。因此,对于三个企业在内部资金配置方式上的显著差异,提示我们还需要从其他层面进一步考察。

5.5　内部资金配置的异质性剖析

前文的分析表明,三个案例企业在内部资金配置方式上存在较大差异。从这三个企业的产权性质上来看,民营样本公司的配置方式与国有样本公司是不同的。除了产权性质的差异会导致内部资金配置方式的差异之外,是否还有其他因素会导致内部资金配置方式的差异。因此,我们系统考察了有关内部资金运作的其他因素,诸如高管的特征、高管薪酬、持有子公司股权比例等指标。

5.5.1　产权性质

已有文献研究表明,所有权的性质会影响企业的融资行为(Aharony et al.,2000;Brandt and Li,2003;Wang et al.,2008;Su and Yang,2009)。无论是在银行债务融资,还是证券市场融资,非国有企业都面临着歧视。这些融资障碍的存在,使得非国有企业相比于国有企业面临更大的融资障碍,更有可能陷入财务危机。企业集团所面临的融资约束程度不同,将影响企业内部的资金配置行为。对于国有企业而言,其具有更强的政治联系,因而获得信贷资源相对容易。当外部信贷资源获得性障碍较小时,内部分配资金更可能出现"财大气粗",也更可能出现"内部社会主义"行为。相比之下,非国有企业面临较为严重的融资约束,因而在获得有限的信贷资金时,对内分配"倍加珍惜",更可能采取市场化分配的方式,根据"候选人"的资质"择优录取"。

5.5.2 外部信贷资源配置能力

考虑到内部资金配置的方式可能受制于资金禀赋,因此我们需要考察三个企业的信贷资源获取能力方面的差异。从企业获得银行贷款的能力来看,南纺股份所获得的银行贷款要明显高于其他两个企业,表明其在信贷市场上具有较强的谈判能力。进一步地,从年度分布上来看,南纺股份所获得的银行贷款基本维持在40%水平上(表5-6),而其他两个企业均有较大幅度的下降。具体而言,维科精华所获得的银行贷款占比从2008年的42%下降到2010年的18%,下降幅度超过50%。类似地,深圳纺织在获取银行信贷资源规模上也有所下降,但下降并不是很多。由此,可以看出国有企业相比于非国有企业,在获取信贷资源方面具有天然的"政治优势"。

表5-6 融资能力及偿债能力比较

	银行贷款占比			融资需求			流动比率		
	2008	2009	2010	2008	2009	2010	2008	2009	2010
维科精华	0.42	0.20	0.18	−0.02	0.34	−0.02	0.96	0.97	0.94
深圳纺织	0.24	0.23	0.16	−0.13	−0.08	0.27	0.94	0.88	1.01
南纺股份	0.49	0.48	0.41	0.05	0.01	−0.03	0.89	1.18	0.67

注:(1) 银行贷款占比=(长期贷款+短期贷款+1年内到期非流动负债)/总资产;
(2) 融资需求=资产增长率−可持续增长率,可持续增长率=净资产收益率/(1−净资产收益率)。

然而,银行贷款占比的差异,反映的是企业银行贷款规模的差异。因此,银行贷款占比较低并不意味着企业面临融资约束。为了确认企业的银行贷款比重较低是否源于融资约束,有必要在企业融资需求层面进行考察。

进一步从不同企业融资需求数据来看,企业的融资需求在不同年度之间呈现交替性。具体地,南纺股份在2008年具有较为强烈的外部融资需求,维科精华在2009年外部融资需求要显著强于其他两个企业,深圳纺织则在2010年表现出较强的融资需求。通过翻阅上市公司年报,南纺股份在2008年投资扩建了多个新兴产业项目,维科精华在2009年进行了多项股权收购及房地产开发项目增资,而深圳纺织在2010年参股房地产项目及股权收购。在投资需求驱动下,三个企业均显现出强烈的融资需求。结合前文的银行贷款比重,不难发现南纺股份在有融资需求的2008年和2009年均能够获得银行贷款。相比之下,维科精华在具有强烈融资需求的2009年银行贷款规模却在下降,表明其有融资需求却得不到有效的贷款供给。类似地,深圳纺织在有外部融资需求的2010年也同样存在着"借钱无门"的局面。

5.5.3　高管薪酬

根据薪酬激励理论,高级管理团队的工作业绩与其薪酬存在显著的关联性。基于绩效薪酬理论,同时参照 Ozbas(2005)和 Datta et al.(2009)的做法,我们考察了三个企业高层管理团队的薪酬相对于业绩的敏感程度。在业绩导向上,我们选取了净利润作为业绩考核的指标。表5-7给出了高层管理团队的绩效薪酬敏感系数。

表5-7　高层管理团队的绩效薪酬敏感系数

	2008		2009		2010	
	董事	高管	董事	高管	董事	高管
维科精华	-0.0009	0.0000	0.0121	0.0064	-0.0028	0.0021
深圳纺织	-1.1234	-1.1682	-0.0003	-0.0015	0.0314	0.0322
南纺股份	-0.0002	-0.0002	-0.0001	-0.0001	0.0020	0.0017

在董事层面,薪酬对业绩的敏感方向呈现负向,而且在各年间的波动性很大。由此,可以推断董事的薪酬并不是由业绩所主导。考虑到董事作为控股方的权力代表,考察其薪酬对业绩的敏感程度并不具有实质意义。因此,我们重点考察高管的薪酬敏感程度。对比三个企业高管薪酬的业绩敏感系数,我们发现只有维科精华的敏感系数为正,表明高管薪酬是基于业绩考核导向的,其他两个企业仅在2010年才呈现正向的关系。进一步区分南纺股份和深圳纺织的业绩薪酬敏感系数,深圳纺织的敏感系数绝对数值要显著高于南纺股份。结合上述维科精华样本,表明维科精华和深圳纺织的高管薪酬与业绩具有关联,在业绩考核的动力驱使下,高管必须尽职尽力经营好企业。

5.5.4 控股股东持股状况

企业集团内部决策效率的高低,与控股股东的持股比重具有较大的关联性。因此,我们考察了企业股权结构层面的差异。具体指标上,我们选取第一大股东的持股比例作为股权集中度的度量指标。表5-8给出了三个企业的第一大股东持股比例情况。深圳纺织第一大股东的持股比例最高,接近50%。南纺股份除了2008年第一大股东持股比例不到10%,之后年度持股比例保持在17%左右。维科精华的持股比例介于上述两个企业之间,持股比例维持在25%水平上。

表5-8 第一大股东持股比例

	持股比例(%)		
	2008	2009	2010
维科精华	24.28	24.28	24.28
深圳纺织	47.00	47.00	47.00
南纺股份	9.27	16.85	16.85

5.5.5 总部持有子公司股权

管理层级理论表明,管理层级越多,则管理的效率则显著下降。Rajan等(2000)的研究发现,总部对子公司的监管呈现抛物线规律,子公司越多,内部资本市场中代理成本越高。基于内部子公司数量和总部的控制能力考虑,我们考察了三个案例企业在子公司的控股比例、拥有的子公司数量上的差异。表5-9给出了3个案例企业总部对子公司的持股情况以及相应的子公司数量。

表5-9 总部对子公司的持股比例及子公司数量

	2008		2009		2010	
	持股比例	子公司数量	持股比例	子公司数量	持股比例	子公司数量
维科精华	0.72	12	0.78	12	0.78	12
深圳纺织	0.62	4	0.63	4	0.64	4
南纺股份	0.85	16	0.89	16	0.83	16

从表中显示的情况来看,南纺股份对子公司的控股比例最高,均超过了

80%,并且子公司数量达到了 16 家。维科精华对子公司的控股比例维持在 70% 左右,深圳纺织对子公司的平均持股比例最低,仅维持在 60% 左右。若仅从控股比例来看,南纺股份对子公司的控制能力是最强的,但由于子公司都是自己的"心头肉",因而难免出现平均分配资源的现象。相比而言,深圳纺织对子公司的控制力相对较弱。考虑到深圳纺织对子公司的控制力量相对太弱,对子公司的经营决策较大程度上受制于其他股东方,因此在股东层级存在较多的利益冲突。因此,无论是在股权结构还是在子公司数量层面,相对较优的可能是维科精华。维科精华对子公司的控制能力维持在一个适当的股权比例上,同时子公司数量也相对合理,因而便于形成科学和高效的经营决策。

5.6 本章小结

本章以企业集团的内部资金往来活动作为研究对象,以案例的方式考察了企业集团内部资金的配置机制。基于案例企业在内部资金往来的数据和子公司层面的财务数据,本章的案例证据分析表明,不同产权性质的企业在资金配置方式上存在着较大差异。具体地,民营企业由于融资约束的影响,在内部资金配置上更可能采用市场化的方式来遴选"候选人";国有企业则显示出较强的"内部社会主义"倾向。更进一步地,案例分析表明内部治理机制对资金配置具有显著的影响,尤其是经理人薪酬机制的合理设计。

内部资本市场作为外部资本市场的有效替代,这两者之间并不是完全隔离的。我们的案例分析表明,企业总部若处于较好的外部金融市场环境中,则企业集团总部在内部资金配置方式上更接近市场化规则。因此,改革外部金融市场环境,能够对企业集团的资金配置起到促进作用,提高资金配置的效率。在当前中国经济处于转型时期,从宏观层面政府要进一步推进金融市场化进程,微观层次上则要鼓励企业强化自身"造血"功能。在内外机制同步发展的进程中,方能实现中国宏观经济升级和企业跨域发展的"二重唱"。

本章从子公司层面的财务数据切入,对现有的内部资本市场研究提供了新的研究思路。我们的研究结论,对现实的企业集团运营的指导意义在于:在信贷相对稀缺的现实背景下,企业集团应当利用市场化的方式配置内部资金,能够有效调节成员企业的资金余缺,从而有利于缓解融资约束,优化资金配置提高资金配置效率。同时,企业集团应当建立起良好的经理人员激励机制,以发挥经理人员在资金配置活动中的积极性和创造性。由于受限于子公司层面财务数据的不完整性,今后丰富这方面的数据将是需要重点努力突破的环节,以期能够更好地为企业内部资金配置进行大样本实证提供基础条件。后续的研究,我们将更多地从子公司层面经理人员激励机制、融资约束、投资效率等方面对内部资本市场进行考察。

第6章 内部资本市场运行的经济后果

本章基于内部资金往来的数据,在分析内部资本市场构建的动机以及资金配置机制的基础上,进一步考察了内部资本市场运行的经济后果。对内部资本市场运行经济后果的考察,系统地从融资效果、投资效率以及企业价值三个维度展开。实证结果显示,内部资本市场的使用,能够有效降低融资成本,并且这种效果在民营企业中更加明显。在对投资效率层面的考察发现,利用集团内部的资金往来活动,能够降低企业集团整体的过度投资行为,同时能够有效缓解企业集团在研发投资方面的不足。进一步区分产权性质发现,民营企业的内部资本市场运作,显著降低了过度投资并促进了研发投入,然而国有企业的内部资本市场运作则加剧了过度投资并降低了研发投资。此外,内部资本市场能够显著增加企业价值,但这种效果仅在民营企业中存在。

6.1 引　　言

对于企业集团中内部资本市场构建的利弊,已经引起学术界较为广泛的讨论。既有文献的分析表明,内部资本市场对企业运营存在两面性,既有其积极的"阳光面",也有消极的"阴暗面"。Perotti and Gelfer(1998)、Knanna and Rivkin(2001)的研究发现集团化的运作能够显著改善企业集团的整体业绩从而增加企业价值[175-176]。借助于集团内部构建的资本市场,集团总部以成员企业的资产作为抵押,因而能够获得更多的外部信贷资源,缓解成员企业的融资约束(Lewellen,1971;Chandeler,1997;Stein,1997,2003;Kim,2004;Gopalan et al.,2007;He et al.,2013)。然而,在集团内部资本市场的掩盖下,控股股东及其他利益相关者攫取上市公司的优质资产变得较为便利。内部资本市场的不同运行效率,对企业的价值产生了截然不同的影响。如果内部资本市场确实是为成员企业提供资金支持,以降低成员企业陷入财务危机的概率,那么内部资本市场基于支持的导向则能够增加企业的价值。但倘若内部资本市场异化为大股东掏空的"利益输送隧道"时,则显然更可能降低企业集团整体的价值。

然而,现有研究对内部资本市场的功效讨论并不系统,同时结论也不一致。内部资本市场作为企业资本运营战略,应当区分其在融资、投资中的具体作用机制,并在此基础上讨论内部资本市场对企业价值的影响。既有研究对内部资本市场对投资效率以及企业价值的考察,基本关注在负面影响上。有关投资效率的讨论,普遍认为多元化的运作,导致企业更多地从事了低效率的投资,从而降低了企业集团的价值。在业绩预期、管理层自利行为的驱使下,企业投资更多的是一种非理性行为,高管人员普遍具有"缔造商业帝国"的倾向(Rajan et al.,2000)。因此,在集团企业的投资活动中存在着非常普遍的过度投资行为(Walker,2006)[167]。较少有研究从正面的角度研究内部资本市场对投资效率的考察,比较典型的是 Hovakimian(2009)和陈胜蓝等(2014)的两篇文章,研究发现内部资本市场能够抑制过度投资。然而,这篇文章是从所有关联方角度来度量集团,从严格意义上而言这并非集团的真实概念。遗憾的是,较少有涉及融资效果的考察,鲜有的几篇文献也只是从多元化角度进行讨论(姜付秀、陆正飞,2006;Hann et al.,2013)。多元化经营与内部资本市场具有关联,但两者之间还存在较大的差异,这一点详见第 2 章的理论分析部分。

本章我们利用内部资金往来数据,从融资效果、投资效率以及企业价值三个层面系统考察了内部资本市场的经济后果。研究发现,内部资本市场运作能够显著降低融资成本,抑制过度投资行为,促进研发投资,并能够最终提高公司价值。进一步地区分所有权性质,这种结果在民营企业中表现得更为明显。

相比于已有研究,本章的贡献主要体现在以下几点:

首先,我们对内部资本市场的经济后果的考察,分别从融资效果、投资效率、经济后果三个层面系统性地考察。以往对内部资本市场的研究,缺乏系统性考察的框架,仅对投资效率或公司价值进行单方面的考察。更进一步地,既有研究对内部资本市场的考察,对内部资本市场在融资后果方面的考察相对欠缺。

其次,我们利用上市公司母子公司内部资金往来的数据来考察上市公司主导的内部资本市场对企业集团整体价值的影响。既有文献的研究,主要考察控股股东主导的内部资本市场运作对集团价值的影响。这类研究未能区分控股股东的"掏空"和"支持"两类不同的效应,但我们的研究在控制大股东的上述两类效应基础上考察以上市公司主导的内部资本市场运作对上市公司组成的集团价值的影响。同时,2006年后大股东的掏空问题基本得到有效治理,因此在这样的背景下,我们考察以上市公司主导的内部资本市场运作,可以较好地避免大股东的"隧道挖掘"影响①。

最后,本章重点关注于内部资本市场的财务协同效用。内部资本市场从组织结构上包括两层:由大股东主导的第一层级的内部资本市场以及由上市公司主导的第二层级的内部资本市场。既有文献的讨论主要围绕第一层级的内部资本市场来展开,考察了利益输送、代理冲突以及投资效率问题(Stulz,1990;Stein,1997;李增泉等,2004)[29,15,11]。自2003年以来在证监会的大力整治下,大股东利用第一层级的内部资本市场进行利益输送的行为已基本成为历史。本书主要关注在第二层级的内部资本市场,并发现内部资本市场是企业缓解融资约束的重要途径。基于我们的实证结果,我们认为我国企业应当尝试充分利用内源性融资,以保证企业良性地运营和发展。此外,以往的内部资本市场研究,受制于数据的问题,采用案例的方式对内部资本市场的运作效果进行评价,基本不涉及不同所有制企业内部资本市场运行效率的评价。少数的实证研究,也未能直接区分不同所有制的内部资本市场运行差异,因而得出的结论更可能是一个混合的结果。因此,本章的研究对更好地理解中国企业集团的内部资本市场对企业价值的影响,提供了一个更为清晰、更为客观的研究框架。

本章后续的结构安排如下:第二部分,考察内部资本市场对企业融资成本的影响;第三部分,考察内部资本市场对企业投资效率的影响;第四部分,考察内部资本市场对企业价值的影响;第五部分,本章结论。

6.2 融资效率层面的内部资本市场运行经济后果研究

内部资本市场的产生,根源于外部市场的不完全,尤其是金融市场的不完

---

① 证监会从2003年至2011年陆续发布了《关于规范上市公司与关联方资金往来及上市公司对外担保若干问题的通知》(证监发[56]号)、《国务院批转证监会关于提高上市公司质量意见的通知》(国发[2005]34号)、《关于核对上市公司非经营性资金占用和清欠情况的通知》(证监公司字[2006]92号)、《进一步做好清理大股东占用上市公司资金工作的通知》(证监发[2006]128号)、《关于开展加强上市公司治理专项活动有关事项的通知》(证监公司字[2007]28号)、《深入推进上市公司治理专项活动有关事项公告》(证监会公告[2008]27号)、《中国证券监督管理委员会公告(关于2011年年报披露)》(证监会公告[2011]41号)。

美。因此,从这个角度而言,内部资本市场的产生是为了抵消外部市场运行不完美所产生的负面影响。然而,原因并不能作为结果。因此,我们需要考察内部资本市场运行对企业融资方面的影响。既有研究的结论发现,内部资本市场在新兴市场国家以及金融市场发展不充分的国家,能够起到部分替代外部资本市场的作用,放大企业融资能力的功效,因而也能够缓解面临融资困境企业的融资约束负担。不过,既有研究对内部资本市场对融资后果的研究仍然相对非常有限,因此需要更为系统地对这一问题进行讨论。

6.2.1 理论分析与假说发展

既有研究对内部资本市场的融资功能的文献,相对较少,且主要是从集团化运营对融资的影响进行讨论。比较典型的几篇文献,例如 Khanna and Palepu(1997,2000)、Gopalan et al.(2007)证实集团化运作具有放大集团整体的融资能力,缓解企业集团的融资约束程度[37,5,77,19,78,6]。面临融资约束的企业可能更多地利用内源性融资方式来解决资金问题。Shin and Park(1999)的研究发现,企业利用外部资本市场融资的难度越大,则其利用内部资本市场的动机也就越强。不过,内部资本市场能够起到缓解融资约束的作用,还取决于其相比于外部资本市场的比较优势(Fauver et al.,1998;Guillen,2000;Khanna and Yafeh,2007)[80-81,38]。因而,集团构建的内部资本市场实际上起到了金融缓冲器的作用(Csstaneda,2002)[74]。

相比于发达经济体,新兴市场在制度、市场化发育程度、政府质量均显著要落后很多。制度环境发展的滞后,使得新兴市场经济体中的企业面临的外部融资约束更为强烈,因而这些国家的企业更倾向于利用集团运作的方式来缓解融资压力。针对印度企业集团的研究,Gopalan et al.(2007)利用集团内部贷款数据考察了印度企业集团的内部资本市场运作,发现集团企业将内部资金配置给那些陷入财务困境的企业,从而降低了成员企业陷入财务困境的概率,并使得集团企业的融资约束程度降低[6]。针对中国企业的研究,同样证实集团运作能够放大企业的融资能力,具有融资的乘数效应。集团化能够提高公司获取银行贷款的概率,可以使上市公司获得更多的银行贷款和更长的贷款期限[43]。利用集团整体的资产对外获取信贷资源,能够提高与金融机构的议价能力,从而能够获得更多以及更为优惠的贷款,从而能够降低集团整体的融资成本。

进一步地,内部资本市场的运作与外部资本市场之间具有一定的替代作用。内部资本市场运作得越充分,则对外部资本市场的依赖性也就越低。体现在资金来源上,企业的资金主要依靠集团内部资本市场来加以筹集和配置。外部借款比重的降低,则显然降低了融资费用规模。此外,外部融资成本高的原因在于,债权人仅享有固定收益,但资产所有权却归属债务人,债权人没有剩余收益索取权。在委托-代理成本存在的情形下,存在着较为严重的逆向选择道德风险。债权人为了避免这种风险的发生,在融资费率上则需要加入这部分风险补偿金,从而提高了债务人举债的成本。相比于外部融资,内部资本市场融资则由于集团总部既是资产所有者又是资产使用的监督者,具有对资产收益的剩余索取权。同时,总部对成员单位的经营状况能够及时了解,与成员单位之间的信息不对称程度相对较低,成员单位发生逆向选择的概率较低。因此,利用内部资本市场进行资金筹集,所发生的资金成本相对更低。有鉴于此,我们提出如下假说:

H1:其他条件不变,内部资本市场的使用能够有效降低融资成本。

考虑到民营企业与国有企业在融资约束程度上的差异,以及国有企业存在较高的委托代理成本(陆正飞、叶康涛,2004;邹薇、钱雪松,2005)。国有企业在信贷市场上获取信贷资源的能力更强,资金成本也相对较低,国有企业的融资成本整体上相对更低。因此,国有企业的资金渠道相对更为顺畅,所面临的融资约束较小。同时,由于所有者缺位导致的公司治理结构缺陷,从而导致其内部资本市场配置缺乏科学的运行机制。在资金配置活动中,需要权衡不同利益相关者的利益。此外,管理层还需要在个人政治生涯和经营业绩之间寻求平衡。因此,总部管理层在分部经理的游说干扰下,同时在"帝国建造"的动机驱使下,很可能实施扭曲内部资本市场资金配置功能的经营行为。在这种资金配置机制的影响下,通过内部资本市场降低融资成本的功效可能并不明显。进一步地,国有企业由于外部融资渠道通畅,资金相对宽裕,降低融资费用的动机也相对较弱。在这些因素的影响下,国有企业内部资本市场在融资成本降低方面的作用相对有限。

不同于国有企业,民营企业由于政治背景、产业经营特征、抵御风险能力等方面均显著弱于国有企业,因此其在信贷市场上存在较为严重的融资障碍。对于面临融资约束的民营企业而言,对资金的需求更为强烈,对极为稀缺的内部资金的利用也更可能会有效按照资源配置原则进行合理而充分的使用。更为重要的,民营企业区别于国有企业的一个重要特征就是公司治理结构的差异。民营企业因存在明确的产权归属主体,在明确的产权指引下,更可能关注资产的运作效率。经验表明,民营企业的治理结构更加符合现代企业监管要求,也更可能按照市场化的要求在企业内部之间合理有效配置资源。此外,民营企业在集团组建方式上也有别于国有企业,民营企业集团组建是基于产业互补的原则,而国有企业更多的是行政命令"撮合",因此民营企业更可能在集团内部获得协同与支持,为集团内部有效调配资金提供必要的前提条件。由此,我们认为在融资约束和内部治理机制的作用下,民营企业更可能采取"精挑细选"的方式配置稀缺的内部资金资源。市场化的配置机制,能够降低子公司经理层"游说成本",并缓解"过度投资"和"投资不足"的扭曲程度。资金配置上采取"优胜劣汰"机制,能够调节资金冗余和抑制"过度融资",最终体现为融资成本的降低。有鉴于此,我们进一步提出如下假说:

H2:民营企业更可能利用市场化方式配置资金,因而更能够降低融资成本。

为了能够更为清晰地理解内部资本市场运行与融资效果之间的内在逻辑关系,我们以理论框架结构图的形式展现上述的理论分析推导过程。图6-1给出了内部资本市场影响融资成本的逻辑脉络。

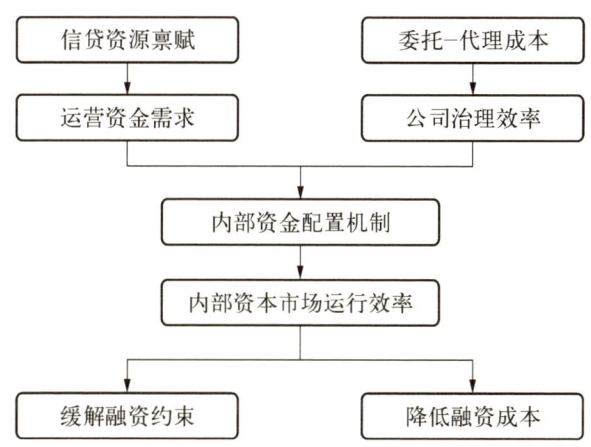

图6-1 内部资本市场运行影响融资效果的逻辑链

6.2.2 数据与实证模型

1. 数据来源

本章的数据来自手工收集的2007—2011年上市公司披露的《控股股东及其他关联方占用上市公司资金的专项审核报告》(以下简称"专项审核报告"),其他财务数据来源及数据筛选规则与前文类似,最终有7 836个有效研究样本。样本年度分布与行业分布与前文一致,故不再赘述。

2. 模型构建

我们考察利用内部资本市场是否能有效降低融资费用,我们构建以下回归模型1:

$$Fc = a_1 Private + a_2 ICM\_size + a_3 Seo + a_4 Lev + a_5 Nros + \phi_j Control_j \cdots$$

·· 模型 1

模型中,融资费用(Fc)为当期财务费用除以当期总负债。根据假设 1 的预期,内部资本市场越活跃则越能够降低企业融资成本。在度量融资成本的模型中,我们参考了 Lins 和 Servaes(2002)、Rousseau 和 Kim(2008)的做法,考察所有制性质($Private$)、银行信贷能力(Lev)、股权再融资机会(Seo)、现金流创造能力($Nros$)、内部治理结构(Id)、金融市场发育程度(Fd)对融资成本的影响。ICM_size 包括资金借出($Acof$)、偿还($Acrf$)和结余($Acnf$)。根据假说 2 的预期,民营企业在内部资金配置上更可能采取市场化的运作方式,内部资本市场能够降低融资成本。由此,我们预期所有制与内部资本市场的交互项($Private * ICM\_size$)的系数显著为负。

6.2.3 实证结果与分析

1. 描述性统计

表 6-1 给出了主要变量的基本统计描述。为了剔除极端值的影响,我们对所有连续变量进行了上下 1% 的缩尾处理。

表 6-1　主要变量描述性统计

变量	N	MEAN	STD.	MIN	Q1	MED	Q3	MAX
Panel A:全样本								
Fc	7 836	0.001	0.021	−0.105	−0.008	0.001	0.010	0.036
Acof	7 836	0.012	0.139	−0.332	−0.005	0.000	0.016	0.415
Acrf	7 836	0.012	0.124	−0.320	−0.003	0.000	0.014	0.402
Acnf	7 836	0.004	0.071	−0.186	−0.003	0.000	0.010	0.206
Panel B:活跃样本								
Fc	7 836	−0.003	0.022	−0.105	−0.009	0.001	0.012	0.039
Acof	7 836	0.029	0.173	−0.332	−0.035	0.004	0.089	0.415
Acrf	7 836	0.028	0.154	−0.320	−0.025	0.004	0.074	0.402
Acnf	7 836	0.006	0.090	−0.186	−0.029	0.001	0.037	0.206

表 6-1 的结果显示,融资成本的变化量(Fc)在全样本中上升了 1‰,表明在样本期间企业的融资问题仍然没有得到明显改善,并且有所上升。不过区分分为段则发现企业间的融资成本存在较大差异,最小的下降了 10.5%,最高的上升了 3.6%,这进一步揭示出不同企业在借贷市场中处于不同的议价地位。度量内部资金往来规模的变量($Acof$、$Acrf$ 和 $Acnf$),均值分别为 1.2%、1.2% 和 0.4%,总体上借出规模与收回规模相当。

进一步观察活跃样本中的内部资金往来规模和融资成本,表 6-1 显示活跃样本中融资成本显著更低,均值为 -3‰,这进一步表明内部资金往来的有效运作可能降低企业融资成本,由此支持了假说 1 的观点。在内部资金往来规模上,活跃样本的规模更大,其均值为 2.9%、2.8%、0.6%,与全样本存在显著差异。对比活跃样本,我们推测内部资本市场运作越活跃,则越可能降低融资成本。

为了验证上述揣测,我们进一步利用组间均值检验的方式来进行验证。表 6-2 汇集了内部资金往来运作规模差异对企业融资成本影响的组间比较结果。结果显示,内部资本市场运作活跃组与非活跃组之间存在显著差异。具体地,在民营样本组中,活跃组的融资成本更低,表现为 FI 的均值和中位数均显著低于非活跃组(0.8% < 1.4%,1.6% < 1.9%),FC 则显著高于非活跃组(1.87% > 0.3%,14% > 0.1%),并且均在 1% 水平上通过显著性检验。然而,在国有样本中内部资本市场运作活跃程度对内部资金往来规模的影响在两组样本中并不存

表 6-2 内部资本市场对不同所有制企业融资成本影响的差异性检验

	活跃组 (1组)		非活跃组 (0组)		均值检验 (T 检验)	中位数检验 (Wilcoxon 检验)
	均值	中位数	均值	中位数	(1-0)	(1-0)
Panel A:国有样本						
FI	0.019	0.020	0.019	0.021	-1.48	-0.96
Fc	0.001	0.002	0.113	0.195	-1.23	-1.07
Panel B:民营样本						
FI	0.008	0.016	0.014	0.019	-4.40***	-2.75***
Fc	-0.187	-0.140	-0.003	0.001	-3.57***	-4.66***

注:FI=当期融资费用/期末负债;***、** 分别表示在 1%、5% 显著性水平上显著,均为双尾检验。

在显著差异。这一结论进一步验证前述的揣测,表明内部资本市场运作确实能够影响企业的融资成本,并且在不同所有制企业中的影响效果并不相同,揭示产出治理效率可能影响内部资本市场的运行。

基本统计描述和样本组间均值检验的结果表明,内部资本的有效运行可能确实能够影响企业的融资成本,并且这一效果在民营企业中显示出更为明显的优势。在外部信贷资源获取困难的背景下,内部资本市场通过集团内部的资金调配,能够有效降低对外部资金的依赖程度,同时缓解成员企业的资金短缺问题。降低外部融资比重,则相应亦能够有效降低融资成本。不过,不同所有制的企业所面临的资金约束和融资能力并不相同,同时受制于产权治理结构的约束,不同企业的内部资本市场运行机制也存在较大差异。民营企业面临的融资约束更强,公司治理结构相对更为合理,内部资金配置方式上更加接近市场化规则,因而内部资本市场的运行效率相对更高。因此,在外部融资约束的背景下,民营企业充分利用内部资本市场可能确实能够实施融资成本的降低。融资约束和内部治理效率的差异,可能是内部资本影响融资成本存在差异的主要原因,我们将在后续部分对这一揣测进行考察。

2. 相关性分析

在描述性统计的基础上,我们进一步考察内部资本市场运行与融资成本以及其他变量的相关关系。表6-3给出了主要变量之间的相关性。

表6-3 主要变量相关性分析

	Fc	Acof	Acrf	Acnf	Private	Fd
Fc	1.00	−0.06***	−0.04***	−0.05***	0.02	−0.06***
Acof	−0.06***	1.00	0.92***	0.46***	0.10***	0.07***
Acrf	−0.04***	0.92***	1.00	0.19***	0.11***	0.07***
Acnf	−0.05***	0.46***	0.19***	1.00	0.04***	0.04***
Private	0.02	0.10***	0.11***	0.04***	1.00	−0.02*
Fd	−0.06***	0.07***	0.07***	0.04***	−0.02*	1.00

注:变量定义见表4-2;该表的左下方为Pearson相关系数检验结果,右上方为Spearman相关系数检验结果;***、**、*分别表示在1%、5%、10%水平下显著。

表6-3的相关性分析结果表明,度量内部资本市场运行规模的变量(ICM_Size)与融资成本(FC)显著负相关,相关系数为−6%、−4%和−5%,且均在

1%水平上通过显著性检验。由此表明,内部资本的运行与融资成本之间存在显著关联,内部资本市场运行越活跃,则企业的融资成本下降越多,即内部资本市场的运行具有降低融资成本的功效,进一步验证了前述的研究假说。其他变量方面,我们发现内部资本市场的运行与产权性质($Private$)和区域金融深化程度(Fd)也密切相关,揭示民营企业和位于金融发育程度高地区的企业更可能使用内部资本市场。不过,这些变量之间的共线性并不严重,膨胀因子(VIF)并未超过10,不存在严重的共线线性问题。

主要变量之间的相关性分析表明,内部资本市场运行的确与融资成本之间存在显著的关联。内部资本市场的运作,降低了外部资本依赖,节约了外部融资费用。同时,相关性分析也表明良好的外部金融市场发育环境以及良好的产权结构也有利于内部资本市场的构建和使用,这与前文所述的有关影响内部资本市场构建的分析完全一致。有鉴于此,联系前述的基本统计描述、样本组间差异检验以及相关性分析结果,我们发现内部资本市场运行与企业融资成本之间确实存在显著的关联性,有效的内部资本市场运作可能确实会影响融资成本下降。内部资本市场的有效运作,降低了外部资本的依赖,从而降低融资利息及手续费支出,从而能够缓解融资约束和融资成本高企的问题。内部资本市场的运作,为融资约束的企业提供了一条行之有效的可能路径。

3. 多元回归分析

在前述基本统计以及相关性分析已经初步判别内部资本市场可能影响融资成本的基础上,我们进一步利用回归分析的方式来验证前文的研究假说。表6-4给出了内部资本市场运行对融资成本影响的回归结果。

表6-4的回归结果显示,所有制与内部资本市场的交互项($Private*ICM\_Size$)的系数显著为负,在1%水平上(收回模型在5%水平)通过显著性检验,表明民营企业利用内部资本市场能够显著降低融资成本。然而,进一步考察度量内部资本市场规模的变量(ICM_Size)的回归系数显著为正,且在1%水平(收回模型在5%水平)上通过显著性检验,揭示国有企业利用内部资本市场非但不能降低融资成本,反而会提高融资成本。民营企业与国有企业利用内部资本市场在融资效果上的差异,揭示这两类所有制企业在内部资本市场运作机制上可能存在明显不同。结合前述内部资金配置机制的分析,我们发现民营企业采用市场化的运作方式,内部资金配置上更加注重子公司层面的风险水平,采取差异化的配置价格和规模,因而资金配置更有效率。更为重要的是,民营企业面临的融资约束更强,利用内部资本市场解决资金短缺,降低外部资金依赖,从而降低外

部融资费用。值得注意的是,民营企业与资金偿还的交互项($Private*Acrf$)显著性要弱于资金借出与所有制的交互项($Private*Acof$),这仍然说明内部资本市场的资金流向主要是从上市公司总部到成员企业,揭示民营企业的内部资本市场运作更主要是基于资金融通的需求。

表6-4 内部资本市场对融资成本影响的OLS回归结果

因变量=Fc	模型(1)	模型(2)	模型(3)
Acof	0.06**[2.37]		
Private*Acof	−0.11***[−2.62]		
Acrf		0.04*[1.79]	
Private*Acrf		−0.09**[−2.44]	
Acnf			0.02[0.98]
Private*Acnf			−0.02[−0.52]
Private	−0.01[−0.06]	−0.01[−0.01]	−0.01[−0.18]
Lagfc	−0.30***[−22.13]	−0.30***[−22.13]	−0.30***[−22.12]
Lev	0.06***[14.51]	0.06***[14.52]	0.06***[14.49]
Levrq	−0.07***[−10.01]	−0.07***[−10.02]	−0.07***[−9.98]
Seo	0.00*[1.64]	0.00*[1.67]	0.00*[1.68]
Ros	−0.01***[−4.28]	−0.01***[−4.27]	−0.01***[−4.26]
Fd	−0.02***[−2.72]	−0.02***[−2.75]	−0.02***[−2.75]
Id	0.01[−0.08]	0.01[−0.08]	0.01[−0.09]
Csnf	0.01[1.48]	0.01[1.51]	0.01[1.44]
Size	0.01[−0.56]	0.01[−0.54]	0.01[−0.55]
Fa	0.01***[9.58]	0.01***[9.59]	0.01***[9.60]
Growth	0.01***[12.54]	0.01***[12.43]	0.01***[12.49]
Ind	控制	控制	控制
Year	控制	控制	控制
Adj_R^2	0.19	0.19	0.19
N	7 836	7 836	7 836

注:括号内的数值为t值;***、**、*分别代表在1%、5%、10%水平上显著,均为双尾检验。

对比民营企业和国有企业内部资本市场运作对融资成本的影响,我们发现这两类企业之间存在显著差异。这两类企业内部资本市场运行效率的差异,主要在于国有企业与民营企业在内部资金配置机制上存在明显差别。民营企业由于面临较强的融资约束,产权治理结构更为明晰,具有更为有效的管理层激励机制,因此内部资本配置更加合理和有效,通过内部资金配置更能缓解外部市场不完美导致的负面影响。然而,国有企业呈现出与民营企业截然相反的趋势,揭示国有企业内部资本配置的低效率与其内部治理机制存在较大关联。对于国有企业而言,需要优化公司内部治理结构,设计有效的管理层激励机制,降低管理层的"游说",有效降低"交叉补贴"行为,从而实现资金配置效率帕累托最优。同时,在信贷资源配置上,也需要进一步向民营企业倾斜,增加对其的资金投入,缓解信贷资源配置不均衡导致的负面效应。

4. 进一步分析

由于上述回归分析样本中,存在较多的非活跃样本,因此需要进一步将研究对象限定在活跃样本中,以进一步检验内部资本市场活跃程度对融资成本的影响。表6-5汇集了内部资本市场活跃程度对融资成本影响的回归结果。

表6-5 内部资本市场活跃程度对融资成本影响的回归结果

因变量=Fc	模型(1)	模型(2)	模型(3)
Acof	0.08**[2.35]		
Private * Acof	−0.17***[−2.70]		
Acrf		0.06*[1.72]	
Private * Acrf		−0.13***[−2.66]	
Acnf			0.02[1.30]
Private * Acnf			−0.04[−0.74]
Private	0.01[0.39]	0.01[0.48]	0.01[0.13]
Lagfc	−0.29***[−16.55]	−0.29***[−16.55]	−0.29***[−16.53]
Lev	0.07***[12.07]	0.07***[12.06]	0.07***[12.03]
Levrq	−0.08***[−8.51]	−0.08***[−8.51]	−0.08***[−8.45]
Seo	0.01[1.02]	0.01[1.06]	0.01[1.06]
Ros	−0.01***[−2.90]	−0.01***[−2.90]	−0.01***[−2.88]

续 表

因变量=Fc	模型(1)	模型(2)	模型(3)
Fd	−0.01[−1.02]	−0.01[−1.09]	−0.01[−1.08]
Id	0.01[0.15]	0.01[0.13]	0.01[0.13]
Csnf	0.01[1.17]	0.01[1.22]	0.01[1.11]
Size	−0.01[−1.21]	−0.01[−1.19]	−0.01[−1.20]
Fa	0.01***[7.57]	0.01***[7.59]	0.01***[7.61]
Growth	0.01***[8.94]	0.01***[8.74]	0.01***[8.88]
Ind	控制	控制	控制
Year	控制	控制	控制
Adj_R^2	0.19	0.19	0.19
N	4 509	4 509	4 509

注：括号内为回归系数对应的 t 值；***、**、*分别表示1%、5%和10%的显著性水平，均为双尾检验。

表6-5的回归结果显示，相比于前述全样本的回归结果，所有制与内部资本市场运行规模的交互项（$Private * ICM\_Size$）的回归系数更为显著，均在1%水平上通过显著性检验，表明在民营企业中内部资本市场运行规模越大，则降低融资成本的效果越明显。然而，与全样本类似，内部资本市场运行规模的回归系数显著为正，在5%水平上（收回模型为10%水平）通过显著性检验。这一结论表明，相比于民营企业，国有企业的内部资本市场运行越活跃，其对融资成本的影响不同于民营企业，不但不能降低融资成本，反而会推高融资成本。此外，民营企业的内部资本市场运行无论是在借出层面还是收回层面，内部资本市场运行均显著降低融资成本，均在1%水平上显著。由此表明，在活跃样本中，民营企业的内部资本市场更可能是双向的资金流动。具体而言，一方面，为了缓解成员企业的融资约束，母公司通过内部资金往来在集团内部调配资金，以帮助陷入财务困境的成员企业渡过资金难关。另一方面，为了加速集团内部资金的有效配置，母公司也会要求成员企业及时将所借资金在约定时间内归还，以供其他需要资金的成员企业使用。

活跃样本的分析结果表明，内部资本市场运行越活跃，揭示集团通过资金往来活动调配资金的动机也相应越强烈，同时也越有可能通过内部资本市场缓解成员企业的融资困境。从这个角度而言，内部资本运作规模越大，运作频率越活跃,则表明这类内部资本市场的存在主要是基于资金的需求,利用内部资金配置方式来调节集团内部的资金余缺,从而有利于资金的有效配置,降低资金沉淀。相比而言,国有企业的运作规模并不能降低融资成本,很可能是由于其内部没有按照市场化的方式来配置资金需求,导致真正需要资金的企业得不到有效的资金需求,进而使得集团需要以额外融资的方式来增加资金供给,最终体现为融资成本的增加。有鉴于此,揭示国有企业的内部资金配置需要建立有效的资金配置机制,依照市场化的方式配置资金,提高资金配置效率,控制外部"非效率融资"规模和成本,充分挖掘内源融资潜力,以充分使用内部资本市场在融资方面的优势效应。

5. 内生性问题考虑

考虑到内部资本市场运用与融资成本的关联性,亦可能是由于外部融资成本的变化导致企业引入内部资本市场战略。有鉴于此,我们利用 Heckman(1979)的二阶段回归方法检验了前述研究结论的内生性问题。主要处理方式为,首先估计内部资本市场构建的概率,得到一个逆米尔斯比率($Invmr$),然后将这个比率放入前述融资成本回归模型中。判别内部资本市场与融资成本是否存在严重的内生性问题,主要是观察 $Invmr$ 是否与因变量(Fc)显著相关,若相关则表明存在内生性问题。表 6-6 和表 6-7 给出了内生性检验的回归结果。

表 6-6　Heckman 第一阶段回归:内部资本构建的 Probit 回归

	借出维度(Acof)		借出维度(Acrf)		借出维度(Acnf)	
	系数	P 值	系数	P 值	系数	P 值
Intercept	0.674	0.503	0.872	0.386	0.668	0.509
Private	−0.431***	0.001	−0.292**	0.020	−0.358***	0.005
Lev	−0.196***	0.002	−0.198***	0.000	−0.192***	0.002
Id	0.156	0.360	0.181	0.444	0.191	0.494
Ros	−0.085	0.703	−0.084	0.706	0.057	0.801
Fd	−0.198***	<.000 1	−0.186***	<.000 1	−0.184***	<.000 1
Size	−0.048	0.640	−0.058	0.574	−0.056	0.586
Cashr	0.131	0.795	−0.021	0.967	0.182	0.719

注:***、**、*分别表示在1%、5%和10%的显著性水平通过检验,均为双尾检验。

表 6-7 Heckman 第二阶段回归：内部资本运作对企业融资成本的影响

因变量=Fc	模型(1)	模型(2)	模型(3)
Acof	0.06**[2.36]		
Private * Acof	−0.10***[−2.58]		
Acrf		0.04*[1.78]	
Private * Acrf		−0.09**[−2.43]	
Acnf			0.02[0.96]
Private * Acnf			−0.02[−0.50]
Invmr	−0.04[−0.52]	−0.03[−0.41]	−0.03[−0.50]
Private	−0.01[−0.06]	−0.01[−0.02]	−0.01[−0.16]
Lagfc	−0.29***[−22.11]	−0.29***[−22.12]	−0.29***[−22.11]
Lev	0.06***[14.38]	0.06***[14.42]	0.06***[14.44]
Levrq	−0.07***[−10.00]	−0.07***[−10.01]	−0.07***[−9.99]
Seo	0.01*[1.64]	0.01*[1.69]	0.01*[1.67]
Ros	−0.01***[−4.26]	−0.01***[−4.26]	−0.01***[−4.26]
Fd	−0.02***[−2.72]	−0.02***[−2.74]	−0.02***[−2.74]
Id	0.01[−0.08]	0.01[−0.09]	0.01[−0.09]
Csnf	0.01[1.47]	0.01[1.50]	0.01[1.44]
Size	0.01[−0.56]	0.01[−0.55]	0.01[−0.55]
Fa	0.01***[9.57]	0.01***[9.57]	0.01***[9.59]
Growth	0.01***[12.52]	0.01***[12.44]	0.01***[12.43]
Ind/Year	控制	控制	控制
Adj_R^2	0.19	0.19	0.19
N	7 836	7 836	7 836

注：括号内为回归系数对应的 t 值；***、**、*分别表示1%、5%和10%的显著性水平，均为双尾检验。

表 6-6 的回归结果显示，内部资本市场的构建主要与所有制性质、银行信贷能力、区域金融深化程度密切相关，这与前述影响内部资本市场构建的分析结论一致。进一步区分内部资金往来结构，回归结果显示，所有制性质影响内部资

本市场构建主要是体现在借出层面,借出模型中在1%水平上通过显著性检验,表明民营企业更可能利用内部资本市场为成员企业缓解融资困境。

表6-7的回归结果显示,由 Heckman(1979)第一阶段模型估计的逆米尔斯比例($Invmr$)在第二阶段模型中回归系数均未通过显著性检验。有鉴于此,我们认为有关内部资本市场能够降低融资成本的结论并不存在严重的内生性问题。此外,本书的回归模型中主要解释变量均为滞后一期的数值,因此这也进一步减轻了内生性问题。综上考虑,内部资本市场能够降低融资成本,这一结论具有较好的稳健性。

6. 稳健性检验

为了减少本书研究过程中变量不恰当度量所导致的结果偏差,我们在上述研究中已经通过三种不同的模型来加以检验,结论并没有实质性差异。但基于结论的稳健性,力求能够较为客观地刻画内部资本市场运作对企业融资成本的影响,我们对上述模型进行了如下的稳健性检验:

(1) 剔除极端值的影响

为了避免极端值对回归结果的影响,我们对所有连续变量进行上下5%分位的缩尾处理。

(2) 改变变量的定义

由于模型中对财务杠杆是以当期银行新增贷款来度量的,但银行新增贷款可能并不能反映企业实际的获取银行贷款的能力(Fazzari et al.,1988;连玉君等,2007;潘红波等,2010),因此参照同类研究的做法,直接利用总负债除以总资产来度量财务杠杆比例。同时,用总资产的自然对数作为度量企业规模的变量,以销售净利率(净利润/销售额)来度量企业的盈利能力。

(3) 任意改变样本期间,以排除样本年度选择偏误导致的影响。发现结论并未发生实质性变化(限于篇幅,未汇报)。

经过上述处理后,表6-8汇集了内部资本市场运作对投资效率影响的稳健性检验结果。表中回归结果显示,结论未发生实质性变化。因此本书的研究结论客观反映了内部资本市场影响融资成本的这一事实,研究结论具有较好的稳健性。

结合前述的内生性检验,我们发现内部资本市场确实能够影响融资成本,并且对不同所有制企业产生的效果存在差异。这一研究结论并不因为变量的定义和样本的差异而发生实质性变化,因而研究结论具有较好的一致性和稳健性。

表6-8 内部资本市场对融资成本影响的稳健性检验

因变量=Fc	模型(1)	模型(2)	模型(3)
Acof	0.06**[2.25]		
Private*Acof	−0.11**[−2.03]		
Acrf		0.04*[1.69]	
Private*Acrf		−0.09**[−2.13]	
Acnf			0.02[0.91]
Private*Acnf			−0.02[−0.42]
Private	0.01[1.61]	0.01*[1.65]	0.01[1.49]
Lagfc	−0.26***[−20.22]	−0.26***[−20.22]	−0.26***[−20.20]
Lev	0.10***[18.93]	0.10***[18.91]	0.10***[18.91]
Levrq	−0.09***[−17.27]	−0.09***[−17.26]	−0.09***[−17.25]
Seo	0.01*[1.68]	0.01*[1.71]	0.01*[1.73]
Ros	−0.01**[−2.47]	−0.01**[−2.47]	−0.01**[−2.46]
Fd	−0.01*[−1.92]	−0.01**[−1.96]	−0.01*[−1.95]
Id	0.01[0.20]	0.01[0.20]	0.01[0.19]
Csnf	0.01[1.16]	0.01[1.19]	0.01[1.12]
Size	0.01[−1.33]	0.01[−1.30]	0.01[−1.32]
Fa	0.01***[8.68]	0.01***[8.69]	0.01***[8.71]
Growth	0.01***[12.72]	0.01***[12.60]	0.01***[12.64]
Ind	控制	控制	控制
Year	控制	控制	控制
Adj_R^2	0.19	0.19	0.19
N	7 836	7 836	7 836

注：括号内的数值为 t 值，***、**、*分别代表在1%、5%、10%水平上显著，均为双尾检验。

6.3 投资效率层面的内部资本市场运行经济后果研究

内部资本市场的重要功能之一在于在集团进行资本配置,因而分析内部资本市场对投资效率的影响具有重要的意义。既有研究针对内部资本的研究发现,集团内部的投资存在较为严重的投资扭曲行为(Lang and Stulz,1994;Datta et al.,2009)。然而,内部资本市场具有较好的总部监督职能,因而能够对成员企业的投资扭曲行为进行纠偏。针对这方面的研究,相对被现有研究所忽略。

6.3.1 理论分析与假说发展

基于 Jensen and Meckling(1976)的委托代理框架,Jensen(1986)认为经理层获得私有收益最直接的方式,就是扩大企业的规模。在企业拥有较多的现金流的情况下,经理层会利用自由现金流对项目投资提供资助,甚至对 NPV(净现值)为负的项目提供资金,由此导致过度投资,从而降低投资效率。由此,委托代理成本越高,过度投资问题则越严重。过度投资问题并非是个别企业行为,Richardson(2006)研究发现美国企业普遍存在过度投资行为,在 1998—2002 年期间企业拥有的自由现金流量中平均约有 20% 被用于过度投资[168]。类似地,在缺乏有效的公司治理机制背景下,中国企业的过度投资行为也较为严重。张功富等(2009)的研究发现中国的上市公司中有 39.26% 存在投资过度,其实际投资平均水平超出其最优投资规模的 100.66%[169]。魏明海、柳建华(2007)的研究发现中国企业利用内部现金流进行了大规模的投资,以 2005 年为例,国有企业的投资额占当年 GDP 的比重高达 31%[170]。由于利用内部资金进行投资,不需要受制于外部严格的监督,因此导致过度投资和投资效率低下。

然而,并非所有的集团内部资本市场都存在投资过度问题。Denis and Sibilkov(2007)的研究发现,融资约束可以降低委托代理成本,改善资金的边际价值,资本市场的融资约束会抑制管理层过度投资行为[171]。对于融资约束较轻的企业,其较易获得外部资金支持,且当企业内部存在较多现金资产时,管理层具有更强的过度投资倾向。Hovakimian(2009)的研究发现,受融资约束的企业集团按照投资项目的收益排序来决定资金的配置[96]。进一步地,Agarwal et al.(2011)发现集团总部在一些长期重大项目的资金配置上遵循"挑选竞争优胜者"原则,对公司价值具有显著的提升作用[97]。与本书研究最为接近的是陈胜蓝等

（2014）的研究。他们的研究发现，利用集团内部资金往来能够降低上市公司的过度投资。进一步地研究发现，上市公司的控股股东与上市公司利益协同的背景下，降低过度投资的效果更明显[102]。对于国有控股公司、融资约束程度高的公司以及产品市场竞争较低的公司，具有较高利益协同度的控股股东倾向于利用集团内部资金往来降低过度投资。不过这篇文章中将所有关联方定义为集团的概念，这样的定义是不太准确的。

  国有企业和民营企业所面临的融资约束存在显著的差异。在面临不同的融资约束的情况下，民营企业更可能按照"挑选竞争优胜者"的原则来分配资金，从而降低过度投资。刘星等（2010）对企业集团内部资本市场配置效率的考察，发现国有企业通过大股东的资金支持以缓解上市公司的资金压力，减轻投资不足程度，并极易发生过度投资。进一步考察民营企业集团的资金运作，发现由于其面临更强的融资约束，大股东的资金支持难以缓解上市公司的投资不足，同时也难以加剧过度投资程度[8]。纳鹏杰、纳超洪（2012）对中国上市公司的财务管控能力的考察，发现民营企业集团的财务管控能力更强[172]。基于不同的所有制的融资约束差异，民营企业对资金的需求更为强烈，在投资项目的选择上也更为谨慎，因此过度投资发生的概率相对要更低。相比之下，国有企业由于存在较为明显的预算"软约束"，在政府产业政策的支持下，更可能"响应"政府的号召，实施大规模的资本投资。2008年的中央政府大规模经济政策，在国有企业层面得到了有力的"支持"，也成为当下产能过剩的主要原因。与此同时，国有企业的管理层同样具有"商业帝国建造"的倾向，其更可能使用国有资本进行免费的"商业试验"，利用集团总部的资金聚集优势，进行大规模的投资，因而更有可能产生过度投资行为。有鉴于此，我们提出如下假说：

  H3a：其他条件不变，相比于国有企业，民营企业的内部资本市场构建能够更好地抑制过度投资。

  H3b：其他条件不变，相比于国有企业，民营企业的内部资本市场越活跃越能够显著地抑制过度投资。

  集团企业在经营方面的另一个优势，在于能够协调成员企业的资源。不过，集团化经营在研发投资方面的研究相当匮乏。就我们所了解的有限资料，这方面的研究被学术界所忽略。黄俊、陈信元（2011）利益中国工业企业统计数据考察了集团化经营对企业研发投资的影响，发现集团化经营促进了企业研发，具体表现为集团企业的研发投资显著高于非集团企业。更进一步地，在产权保护程度越低的地区，集团化经营对企业研发促进的作用更强[173]。集团化的经营，使得集团内部成员企业在研发活动上,可以形成有效的知识共享,因而形成技术投资的外溢效应。Arrow(1962)发现,不同行为主体间因交流与互动而发生的知识、技术转移形成知识溢出。因此,集团企业的研发投资与其他成员企业的现金流相关联,不仅仅取决于自身的现金流。黄俊、陈信元(2011)的研究也同样证实了这一点。企业研发投资金额较大、周期较长,同时不确定性风险也较大,因此通过集团企业内部的联合研发可以最大化地降低和分担研发失败的风险。Guedj and Scharfstein(2004)比较了小型生物医药公司与集团化经营的生物公司的研发绩效,发现独立经营的小型企业更可能将研发推进到后续阶段但研发绩效较差,而集团企业更可能将资源安排到具有更好前景的研发项目中去。王勇等(2015)对中国上市公司多元化经营的研究发现,多元化经营的模式使得企业持有现金的"竞争优势"更加明显[174]。持有充足的现金资源能够为企业实施更为长远的战略性投资提供财务支持,比如实施更有利的产品市场竞争战略,对现金的或潜在的行业竞争对手产生足够的威慑力,从而使得本企业在充分现金支持的条件下掠夺那些现金资源匮乏的竞争对手的市场份额,从而巩固和加强自身的市场份额。既有研究表明,现金持有的这种竞争效应,在融资约束和对冲需求高的企业内更为显著(Schroth and Szalay,2010;刘端等,2011;孙进军、顾乃康,2012)。

研发支出的成本较大,独立经营的企业完成巨额研发投资困难较大。资金的短缺和研发团队的限制,很可能使得企业研发投资受到抑制。从规模经济的角度,在总部的协调下,成员企业以较低成本使用集团所拥有的研发资源和研发成果,因此研发支出更可能科学、有效。借助集团构建的内部资本市场,能够为成员企业的研发项目提供资金支持,并能够获得集团内部的组织、人力和技术支持,因而更可能获得研发成功。不过,考虑产权性质的异质性,国有企业与民营企业在研发投资上的动机和方式均存在较大差异。国有企业所处的行业特性、政府背景以及政策优惠等,使得国有企业所面临的市场竞争压力较小,因而没有较强的动力去推动研发活动的实施。然而,民营企业享受的优惠政策较少,面临较大的竞争压力,更可能推动研发投资。有鉴于此,我们提出如下假说:

H4a:其他条件不变,相比于国有企业,民营企业的内部资本市场构建能够更显著地缓解R&D投资不足程度。

H4b:其他条件不变,相比于国有企业,民营企业的内部资本市场运行越活跃,则缓解R&D投资不足的效果越明显。

为了能够更为清晰地理解内部资本市场运行与投资效率之间的内在逻辑关系,我们以框架结构图的形式展现上述理论推导过程。图6-2给出了内部资本

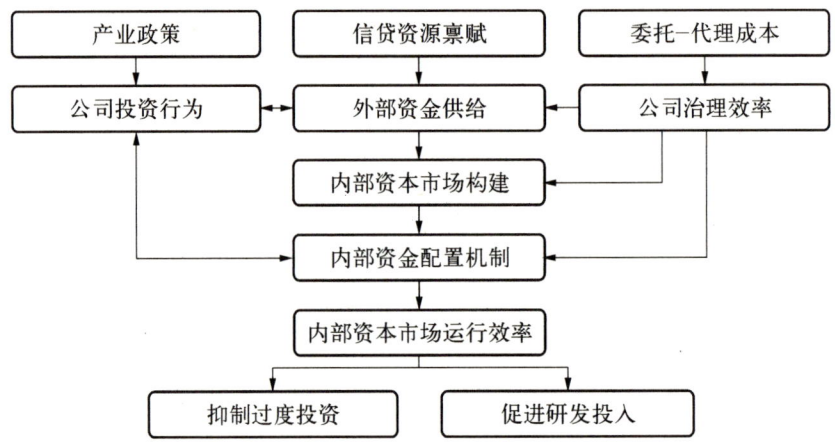

图 6-2 内部资本市场运行影响投资效率的逻辑框架

市场影响投资效率的逻辑脉络。

6.3.2 数据与实证模型

1. 数据来源

本章的数据来自手工收集的 2007—2011 年上市公司披露的《控股股东及其他关联方占用上市公司资金的专项审核报告》(以下简称"专项审核报告"),其他财务数据来源及数据筛选规则与前文类似,最终获得 7 836 个有效研究样本。样本年度分布与行业分布与前文一致,故不再赘述。

2. 模型构建

在前述理论分析的基础上,我们构建如下模型来检验本节的四个假设:

$$IV_{i,t} = a_0 + a_1 ICM_{i,t} + a_2 Private_{i,t} + a_3 private_{i,t} * ICM_{i,t} + \varphi_j Control_{i,t} + \varepsilon_{i,t} \quad \cdots\cdots 模型 2$$

模型 2 中 $IV_{i,t}$ 表示公司 i 在第 t 年的偏离正常投资水平,具体包括过度投资($Overinv$)和研发投资不足($RDUnderinv$)两个维度。我们参照 Richardson (2006)、辛清泉等(2007)及张会丽、陆正飞(2012)等文献的经验做法,构建模型 3 估计正常投资水平:

$$Inv_{i,t} = \gamma_0 + \gamma_1 Ta_{i,t-1} + \gamma_2 Lev_{i,t-1} + \gamma_3 Growth_{i,t-1} + \gamma_4 Ret_{i,t} + \gamma_5 Age_{i,t} + \gamma_6 Cash_{i,t-1} + \gamma_7 Inv_{i,t-1} + \varepsilon_{i,t} \quad \cdots\cdots 模型 3$$

模型 3 中,因变量 $Inv_{i,t}$ 表示公司 i 第 t 年实际新增投资支出,过度投资模型

中以 Inv 表示,用新增的固定资产投资、在建工程、工程物资的增加量除以总资产;在研发投资不足模型中以 RDV 表示,用无形资产投资、研发支出增加量除以总资产。自变量为代表公司规模的代理变量(Ta)、财务杠杆(Lev)、成长性($Growth$)、股票市场收益(Ret)、公司年龄(Age)、现金持有水平($Cash$)以及滞后一期的投资水平(Inv)。上述自变量中,除公司年龄以外,其他均采用滞后一期的数值。模型2回归估计得到的企业投资水平的估计值,即为企业投资的正常水平,由此得到的残差大小即为过度投资水平。过度投资定义与辛清泉等(2007)、钟海燕等(2010)一致,即残差大于0时我们将其定义为过度投资,残差小于0时定义为投资不足。

模型2中的自变量中,$ICM_{i,t}$ 代表集团内部资金往来规模。具体包括资金借出($Acof$)、资金收回($Acrf$)以及结余($Acnf$)三个维度。$Private$ 代表所有权性质,民营企业取1,国有取0。$Control_{i,t}$ 为一组控制变量,包括企业年龄(Age)、财务杠杆(Lev)、股权再融资(Seo)、资产收益率(ROA)、现金持有比率($Cash$)、公司规模($Size$)、独立董事比例(Id)、大股东资金占用($Csnf$)、区域金融深化程度(Fd)、成长性($Growth$)以及滞后一期的投资水平(Inv 和 $R\&D$)。我们还控制了行业(Ind)和年度($Year$)。模型中变量定义见表6-9。

表6-9 变量定义

变量	变 量 定 义
Inv	(新增固定资产投资+在建工程+工程物资金额)/当期总资产
RDV	(新增无形资产投资+研发支出)/当期总资产
$Acof$	子公司及附属企业资金借出的变化量/上期营业收入
$Acrf$	子公司及附属企业资金收回的变化量/上期营业收入
$Acnf$	子公司及附属企业资金占用净增加额的变化量/上期营业收入
$Private$	若实际控制人为民营,$Private$ 取1,否则取0
Lev	上期借款取得的现金/上期总资产
Seo	如果上年存在增发或配股,Seo 取1,否则取0
Roa	上期净利润/上期总资产
Ret	上年股票市场不考虑现金分红的回报率
$Csnf$	大股东及附属企业仅借出资金的变化量/上期营业收入

续 表

变　量	变 量 定 义
Fd	公司总部所在省份当年金融业产值占 GDP 比重
Id	董事会中独立董事占比
Size	上期销售收入的自然对数
Fa	上期固定资产/上期总资产
R&D	(上期研发支出＋上期无形资产)/上期营业收入
Growth	(本期销售收入－上期销售收入)/上期销售收入
Age	报告年度与 IPO 年度的差额
Cashr	上期(现金＋短期投资＋交易性金融资金)/上期总资产

6.3.3　实证结果与分析

1. 描述性统计分析

表 6-10 给出了模型中主要变量的描述性统计结果。为了剔除极端值的影响，我们对所有连续变量进行了上下 1% 的缩尾处理。

表 6-10　变量描述性统计

	N	MEAN	STD	MIN	Q1	MED	Q3	MAX
Panel A：全样本								
Overinv	7 836	0.058	0.159	0.000	0.000	0.000	0.041	1.094
RDUnderinv	7 836	1.629	3.126	0.000	0.000	0.568	1.949	21.856
Acof	7 836	0.164	0.416	−0.003	0.000	0.002	0.131	2.998
Acrf	7 836	0.145	0.358	0.000	0.000	0.002	0.113	2.289
Acnf	7 836	0.012	0.101	−0.358	0.000	0.000	0.007	0.569
Panel B：活跃样本								
Overinv	4 509	0.056	0.156	0.000	0.000	0.000	0.040	1.094
RDUnderinv	4 509	1.564	2.919	0.000	0.000	0.550	1.942	21.856
Acof	4 509	0.276	0.510	−0.003	0.013	0.088	0.294	2.998
Acrf	4 509	0.245	0.438	0.000	0.010	0.067	0.275	2.289
Acnf	4 509	0.020	0.130	−0.358	−0.009	0.002	0.032	0.569

在描述性统计分析部分,我们将样本区分为全样本和活跃样本。活跃样本的定义与前文描述一致,即资金借出或收回金额不为 0。全样本中变量描述性统计结果如下:过度投资($Overinv$)的均值为 0.058,中位数为 0,表明样本中过度投资存在较大差异。进一步观察过度投资在各分位数上的分布,发现 75% 分位以下,均为 0,而在 75% 分位则为 0.041,最大值与最小值的差异为 1.094,表明过度投资水平在样本公司之间存在较大差异。表征内部资本市场规模的变量($Acof$、$Acrf$、$Acnf$)的均值分别为 16%、14% 和 1%,中位数为 2%、2% 和 1%,最大值与最小值的差异为 3.001、2.289 和 0.927,由此表明在样本公司中内部资本市场的活跃存在较大差异。

活跃样本中变量描述性统计结果如下:过度投资($Overinv$)的均值为 0.056,中位数仍为 0,均值与中位数的差异要小于全样本中的 0.058。内部资本市场运作的规模($Acof$、$Acrf$、$Acnf$)均值为 0.276、0.245 和 0.02,中位数为 0.088、0.067 和 0.002,相比于全样本该变量的数值,发现活跃样本的内部资本市场运作更为活跃,显示出更大的运作规模。R&D 投资不足($RDUnderinv$)全样本中均值为 1.629,标准差大于 1,表明不同企业的研发投资差异较大。进一步比较活跃组中 $RDUnderinv$ 的均值为 1.564,表明内部资本市场运作可能会缓解研发投入不足的问题,从而提高企业的研发投资水平。

在前述分样本进行描述统计的基础上,我们进一步利用组间样本检验的方式考察了活跃样本组与非活跃样本之间的投资效率差异,并区分国有样本组和民营样本组。表 6-11 给出了投资效率组间差异的比较结果。

表 6-11 投资效率的组间比较

	活跃组 (1 组)		非活跃组 (0 组)		均值检验 (T 检验)	中位数检验 (Wilcoxon 检验)
	均值	中位数	均值	中位数	(1-0)	(1-0)
Panel A:国有组						
Overinv	0.079	0.001	0.093	0.002	−2.13**	0.00
RDUnderinv	1.462	0.656	1.679	0.680	−2.21**	−2.19**
Panel B:民营组						
Overinv	0.036	0.001	0.066	0.002	−2.67**	0.00
RDUnderinv	1.256	0.481	1.482	0.537	−3.11***	−3.26***

注:***、** 分别表示在 1%、5% 显著性水平上显著,均为双尾检验。

表 6-11 汇集的结果显示,在国有样本中,活跃样本组的过度投资水平($Overinv$)和研发投入不足水平($RDUnderinv$)均显著低于非活跃样本组($0.079<0.093,0.001<0.002;1.462<1.679,0.656<0.680$),且在5%水平上通过 T 检验。与此类似,国有样本组中,活跃样本组的过度投资水平($Overinv$)和研发投入不足水平($RDUnderinv$)亦显著低于非活跃样本组($0.036<0.066,0.001<0.002;1.256<1.482,0.481<0.537$),且在1%水平(过度投资在5%水平)上通过 T 检验。

进一步对比国有样本组和民营样本组之间,我们发现整体上民营企业的过度投资和研发投入不足的程度均显著要低于民营企业。在活跃样本层面的考察,则进一步证实了这种差异的存在。具体地,民营企业的过度投资($Overinv$)均值显著低于国有企业($0.036<0.079$),近视来看在内部资本市场活跃样本中,民营企业的内部资本市场运作对过度投资的抑制要显著明显高于国有企业约50%。在缓解研发投资不足方面($RDUnderinv$),民营企业也显著优于国有企业。对比国有企业与民营的内部资本市场活跃程度对投资效率的差异,我们发现民营企业的内部资本市场有效运作对投资效率的促进具有更为明显的调节作用。

对比全样本组与活跃样本组的投资效率,可以看出样本组间存在显著差异,因此可以推测内部资本市场运作的活跃程度与企业集团投资效率之间存在一定的关联。内部资本市场通过集团的统一资金调配,降低了成员企业利用自由现金流进行过度投资的冲动,将投资决策权收回在集团总部层面。同时,由于资金由总部按照项目进度,根据项目实施状况进行动态调整,从而有效降低了投资扭曲的程度。内部资本市场对投资效率的影响,在研发投资层面更为明显,在活跃样本组中不同企业之间的投资不足的变异程度明显减少,表明内部资本市场的运作亦可能降低成员企业的研发投入不足的问题。这内在的逻辑可能是由于内部资本市场的资金聚集作用,集团总部利用这种聚集优势,在集团层面进行统一的集中研发,从而降低了成员企业单方面研发投入相对单薄或研发失败的风险。

2. 相关性分析

在汇报主要变量描述性统计的基础上,我们进一步考察了主要变量之间的相关性。表 6-12 给出了主要变量之间的相关性系数。

表 6-12 显示,过度投资($Overinv$)与内部资本市场运作规模($Acof$、$Acrf$、$Acnf$)之间的相关系数为 -0.003、0.005 和 -0.022,除 $Acnf$ 未能够通过任何显著性水平外,其他两个变量均在5%水平下通过显著性检验。

表 6-12 主要变量相关性分析

	Overinv	RDUnderinv	Acof	Acrf	Acnf	Private	ROA	Growth
Overinv	1.000		−0.003**	0.005**	−0.022	−0.033**	−0.016***	0.175*
RDUnderinv		1.000	0.051*	0.033	0.051**	0.027	−0.066**	0.284***
Acof	−0.003**	0.051*	1.000	0.899***	0.372***	0.152***	−0.058**	−0.027
Acrf	0.005**	0.033	0.899***	1.000	0.035	0.167***	−0.036	−0.035
Acnf	−0.022	0.051**	0.372***	0.035	1.000	0.022	−0.052*	0.041
Private	−0.033**	0.027	0.152***	0.167***	0.022	1.000	−0.028	−0.053
ROA	−0.016***	−0.066**	−0.058**	−0.036	−0.052*	−0.028	1.000	−0.023
Growth	0.175*	0.284***	−0.027	−0.035	0.041	−0.053	−0.023	1.000

注：变量定义见表 6-9；该表的左下方为 Pearson 相关系数检验结果，右上方为 Spearman 相关系数检验结果；***、**、* 分别表示在 1%、5%、10% 水平以下显著。

进一步从相关系数符号来看,资金借出($Acof$)与过度投资呈负相关,表明内部资本市场运作越活跃则越能够降低过度投资水平。然而,资金收回($Acrf$)的符号为正,与预期相反,这可能是因为资金聚集到总部后,总部层面进行了过度投资。其他变量方面,所有制($Private$)、盈利能力(ROA)及投资机会($Growth$)均显著与过度投资水平相关,与既有研究结论一致(Richardson,2006;姜付秀等,2009;张会丽、陆正飞,2012)。类似地,内部资本运作与研发不足($RDUnderinv$)也具有显著的相关,资金借出($Acof$)在10%的水平上通过了显著性检验。

结合前述分析的结论,相关性分析的结果进一步表明内部资本市场的运作确实能够影响投资效率。内部资本通过资金的调配,尤其是通过总部对成员企业的资金借出,从资金流出层面控制成员企业的资金流,以达到对其投资规模的控制和调整,从而能够有效抑制过度投资的偏离程度。进一步地,利用总部资金对成员企业的支持,能够缓解成员企业由于资金短缺而引致的研发投入不足问题。不过,值得注意的是,企业整体研发投入的增强,也可能是由于总部将成员企业资金聚集,在集团层面进行了统一的研发。综上所述,相关性分析的结果表明,内部资本市场运作确实能够影响投资效率,并且在资金借出层面表现得更为明显。

3. 多元回归分析

以上通过描述性统计和相关性检验,已经可以看出内部资本市场运作与企业投资效率密切相关,但这些分析中并没有考虑其他的因素,比如公司层面特征、外部市场环境等因素。因此,需要借助多元回归分析来进一步考察内部资本市场运作对投资效率的影响。表6-13给出了内部资本市场运作对过度投资和R&D投资不足影响的回归结果。

表6-13 内部资本市场对投资效率的影响

因变量	Overinv			RDUnderinv		
	(1)	(2)	(3)	(4)	(5)	(6)
Acof	0.05** [2.46]			0.64* [1.75]		
Private * Acof	−0.04* [−1.75]			−0.21** [−2.46]		
Acrf		0.05** [2.28]			0.75* [1.71]	

第6章 内部资本市场运行的经济后果

续 表

因变量	Overinv			RDUnderinv		
	(1)	(2)	(3)	(4)	(5)	(6)
Private∗Acrf		−0.06** [−2.02]			−0.38** [−2.13]	
Acnf			0.11 [1.58]			0.05 [0.03]
Private∗Acnf			−0.05 [−0.58]			1.26 [0.69]
Inv	−0.02 [−0.65]	−0.02 [−0.59]	−0.02 [−0.66]			
R&D				0.03*** [9.04]	0.03*** [9.03]	0.03*** [9.03]
Private	0.01 [0.12]	0.01 [0.32]	−0.01 [−0.21]	0.45** [2.28]	0.48** [2.41]	0.48*** [2.56]
Seo	0.19*** [10.67]	0.19*** [10.63]	0.19*** [10.66]	−1.20*** [−3.35]	−1.21*** [−3.38]	−1.21*** [−3.38]
Age	0.01 [0.97]	0.01 [1.02]	0.01 [1.00]	−1.82*** [−3.84]	−1.85*** [−3.89]	−1.77*** [−3.72]
Lev	−0.03 [−1.46]	−0.03 [−1.48]	−0.03 [−1.43]	0.03* [1.66]	0.03* [1.65]	0.03* [1.69]
Fd	−0.06 [−0.41]	−0.05 [−0.38]	−0.05 [−0.32]	1.02 [0.36]	0.98 [0.35]	1.41 [0.50]
Roa	−0.09* [−1.69]	−0.09* [−1.70]	−0.09* [−1.64]	−0.19 [−0.18]	−0.21 [−0.21]	−0.19 [−0.19]
Cashr	−0.05 [−0.99]	−0.05 [−1.00]	−0.05 [−1.04]	−0.46 [−0.57]	−0.50 [−0.63]	−0.54 [−0.68]
Id	−0.14* [−1.76]	−0.13* [−1.71]	−0.14* [−1.84]	−1.33 [−0.83]	−1.28 [−0.80]	−1.24 [−0.78]
Csnf	−0.04 [−0.52]	−0.04 [−0.53]	−0.03 [−0.39]	−1.50 [−1.03]	−1.51 [−1.04]	−1.38 [−0.95]
Size	0.01*** [2.84]	0.02*** [2.77]	0.02*** [2.97]	0.19*** [2.67]	0.19*** [2.67]	0.19*** [2.70]

续 表

因变量	Overinv			RDUnderinv		
	(1)	(2)	(3)	(4)	(5)	(6)
Growth	0.05*** [6.36]	0.05*** [6.40]	0.05*** [6.20]	1.70*** [10.53]	1.70*** [10.54]	1.70*** [10.45]
行业/年度	控制	控制	控制	控制	控制	控制
Adj_R^2	0.25	0.25	0.24	0.36	0.36	0.36
N	7 836	7 836	7 836	7 836	7 836	7 836

注：括号内为回归系数对应的 t 值；***、**、*分别表示1%、5%和10%的显著性水平。

表6-13中显示，内部资本市场的运作能够降低企业的过度投资水平。但内部资本市场的运作对不同所有制企业的影响存在显著差异。具体地，在回归结果中显示所有制与内部资本市场运作的交互项（$Private*Acof$ 和 $Private*Acrf$）显著为负，表明对于民营企业内部资本市场的运作能够降低过度投资水平。然而，相比于民营企业，国有企业的内部资本市场运作不仅不能够降低过度投资水平，反而加剧了企业的过度投资，在回归模型中表现为借出（$Acof$）和收回（$Acrf$）系数显著为正且在5%显著性水平上通过检验。由于借出和收回的抵消，资金结余（$Acnf$）的回归系数不显著未能通过任何水平的检验。其他控制变量方面，股权再融资和投资机会均显著加剧了企业的过度投资水平，且均在1%水平上通过了显著性检验。此外，公司独立董事占比越高则越能够抑制过度投资行为（祝继高等，2012），但作用较弱（仅在10%水平上通过显著性检验）。上述变量的回归结果，均与既有文献的研究结论一致（Richardson，2006；辛清泉等，2007；Biddle et al.，2009）。

进一步考察内部资本市场运作对R&D投资不足的影响，表6-13显示在不同的所有制企业内部资本市场运作对R&D投资产生不同的影响。具体地，对国有企业而言，内部资本市场的运作显著抑制了R&D投资，在10%的水平上通过了显著性检验；而民营企业利用内部资本市场则能够缓解投资不足，在5%的水平上通过了显著性检验。上述分析结论，无论是在资金借出（$Acof$）模型中，还是资金收回（$Acrf$）模型中均成立。其他控制变量方面，所有制（$Private$）、上市时间（Age）、投资机会（$Growth$）均显著与R&D投资不足程度（$RDUnderinv$）呈正相关，表明民营企业在研发投资方面因资金问题可能存在明显不足；上市时间越长、存在较好投资机会的企业越缺乏增加研发的动力。此外，股权再融资（Seo）、银行信贷（Lev）均能够缓解R&D投资不足问题。

由此，我们利用多元回归分析的结果，并结合前述的描述性统计以及相关性分析结论，我们认为内部资本市场对投资效率的影响，在不同的产权性质企业中存在较大的差异。这表明不同产权性质的企业在治理结构上的差异，影响治理效率，进而直接影响到内部资本市场实施的效果。更为重要的，由于不同产权性质企业所面临的融资约束程度以及代理成本存在较大差异，因而在内部资金配置机制上也显示出不同的方式。实证结果表明，在民营企业中实施内部资本市场能够降低过度投资的程度以及缓解研发投入不足，这可能是由于民营企业因融资约束而利用内部资本市场融资将其资金用于关系企业长远发展的研发活动中，并对低效率的过度投资行为进行了纠偏。相比于民营企业，国有企业则显示出截然相反的趋势，这进一步表明国有企业的内部资本市场并不能降低过度投资以及促进研发投入，这可能与国有企业所服务的业绩目标和管理层激励机制相关，其更加关注短期绩效以及响应"政策需求"，谋取更多的"政治利益"。该结论进一步揭示，产权治理结构差异影响内部资本运作效率，倘若需要提供内部资本市场运行效率，则首先应当完善公司治理结构。

4. 进一步分析

由于上述回归分析样本中，存在较多的非活跃样本，因此进一步将样本限定在活跃样本中，以进一步检验内部资本市场活跃程度对投资效率的影响。表6-14汇集了内部资本市场活跃程度对投资效率影响的回归结果。

表6-14 内部资本市场活跃程度对投资效率的影响

因变量	Overinv			RDUnderinv		
	(1)	(2)	(3)	(4)	(5)	(6)
Acof	0.05** [2.39]			0.84** [2.36]		
Private * Acof	−0.03* [−1.68]			−0.31*** [−2.69]		
Acrf		0.05** [2.24]			0.99** [2.28]	
Private * Acrf		−0.04* [−1.66]			−0.54*** [−2.61]	
Acnf			0.10 [1.45]			0.38 [0.27]

续 表

因变量	Overinv			RDUnderinv		
	(1)	(2)	(3)	(4)	(5)	(6)
Private * Acnf			−0.02 [−0.18]			0.96 [0.56]
Inv	−0.01 [−0.23]	−0.01 [−0.07]	−0.01 [−0.17]			
R&D				0.03*** [8.72]	0.03*** [8.70]	0.03*** [8.65]
Private	−0.01 [−0.54]	−0.01 [−0.21]	−0.01 [−0.77]	0.57** [2.27]	0.62** [2.44]	0.59*** [2.65]
Seo	0.16*** [6.53]	0.16*** [6.47]	0.16*** [6.54]	−0.82* [−1.74]	−0.84* [−1.77]	−0.83* [−1.75]
Age	0.01 [0.49]	0.01 [0.60]	0.01 [0.59]	−1.59*** [−2.83]	−1.65*** [−2.94]	−1.53*** [−2.71]
Lev	−0.04* [−1.68]	−0.04* [−1.68]	−0.04 [−1.65]	0.02 [1.59]	0.02 [1.58]	0.03 [1.64]
Fd	−0.11 [−0.64]	−0.11 [−0.64]	−0.10 [−0.56]	1.67 [0.49]	1.47 [0.43]	1.95 [0.57]
Roa	−0.07 [−1.01]	−0.07 [−1.00]	−0.07 [−0.97]	0.77 [0.63]	0.74 [0.60]	0.77 [0.62]
Cashr	−0.07 [−1.12]	−0.07 [−1.10]	−0.07 [−1.17]	0.62 [0.62]	0.52 [0.52]	0.42 [0.42]
Csnf	−0.04 [−0.29]	−0.04 [−0.34]	−0.02 [−0.14]	−1.90 [−0.92]	−1.71 [−0.82]	−1.59 [−0.76]
Id	−0.22** [−2.09]	−0.21** [−1.96]	−0.22** [−2.13]	−3.14 [−1.29]	−3.27 [−1.35]	−2.97 [−1.22]
Size	0.02*** [2.84]	0.02*** [2.67]	0.02*** [2.95]	0.15* [1.69]	0.15* [1.66]	0.16* [1.76]
Growth	0.07*** [6.68]	0.07*** [6.69]	0.07*** [6.43]	1.49*** [7.49]	1.50*** [7.50]	1.47*** [7.30]
行业/年度	控制	控制	控制	控制	控制	控制
Adj_R^2	0.26	0.26	0.26	0.39	0.39	0.38
N	4 509	4 509	4 509	4 509	4 509	4 509

注：括号内为回归系数对应的 t 值；***、**、* 分别表示1％、5％和10％的显著性水平。

表 6-14 显示,内部资本市场越活跃,则对企业过度投资的影响越大。具体地,对于民营企业而言,内部资本市场越活跃越能够降低过度投资水平,在模型中表现为所有制与内部资本市场的交互项($Private * Acof$ 和 $Private * Acrf$)的回归系数显著为负,并分别在10%和5%的水平上通过了显著性检验。进一步观察上述交互项的系数还发现资金收回模型($Acrf$)的系数绝对值要高于资金借出模型($Acof$)的系数,表明总部要求成员企业偿还得越多,则越能降低子公司持有的现金,从而降低其利用自由现金流进行过度投资的冲动。我们的这个结论与既有文献的研究结论一致(如 Jensen,1986;张会丽、陆正飞,2012)。然而,对于国有企业而言,则发现内部资本市场运作不但没有降低过度投资,反而进一步加剧了过度投资水平,在模型中表现为无论是在资金借出模型($Acof$)还是资金收回模型($Acrf$)中回归系数均显著为正,且在5%的水平上通过显著性检验。由此表明,国有企业的内部资本市场运作与民营企业的内部资本市场运作存在显著的差异,结合资金配置机制章节的讨论,民营企业的资金配置更加符合市场化原则,因而体现内部资本市场服务企业经营;而国有企业内部资本市场则因为缺乏良好的治理机制,内部资本配置缺乏效率,从而更可能成为管理层进行"帝国建造"的有利平台,从而加剧企业的过度投资水平。

进一步考察内部资本市场运行的活跃程度对R&D投资不足($RDUnderinv$)的影响,表 6-14 的回归结果显示,民营企业的内部资本市场越活跃则越能够有效缓解R&D投资不足,在模型中表现为所有制与内部资本市场的交互项($Private * Acof$ 和 $Private * Acrf$)的回归系数显著为负,并在1%的水平上通过显著性检验。分模型来看,资金借出模型($Acof$)要显著高于资金收回模型($Acrf$),表明总部将资金归集越多,则越能够在集团内进行资金重新配置,支持成员企业进行研发,从而增强企业集团整体的研发水平。然而,与民营企业相比,国有企业内部资本市场并不能有效促进R&D投资,反而加剧了R&D投资的不足程度,在模型中表现为回归系数显著为正,在5%水平上通过显著性检验。这个结论表明国有企业与民营企业利用内部资本市场进行研发投资的强度存在显著差异,可能与这两类不同所有制企业所在的行业相关。民营企业所在的行业竞争更加激烈,更需要依靠研发投入维持市场份额,而国有企业依靠行政力量市场压力较轻。

在内部资本市场运行规模层面的考察,则使得内部资本市场影响企业投资效率的路径变得更为清晰。实证结果表明,不同产权性质企业的内部资本市场运行规模显著影响投资效率。就民营企业而言,其内部资本市场运行规模更大,通过内部资金的有效调配,能够有效支持企业内部投资效率的改进。内部资本市场运行越活跃,总部对成员企业的投资行为干预则越强,更能有效了解成员企业的运营状况,因而也能够对成员企业的资本配置行为进行有效监控与调整。总部的有效监督,能够及时发现成员企业运行中存在的诸如投资过度问题,总部通过调整对项目资金的投入幅度达到纠偏投资规模,有效抑制投资过度。国有企业的内部资本配置更可能采取"内部社会主义方式",通过跨部门的交叉补贴,不但不能够起到监督投资效率的效果,反而加重投资扭曲的程度,造成部门之间投资效率存在较大差异,更可能产生某些部门投资过度,某些部门(诸如研发)的投资因资金短缺而投入不足。

5. 内生性问题考虑

根据公司金融领域的实证分析经验,通常公司投资效率与其他经济行为之间存在较大的关联。就本书研究的内部资本市场运作与投资效率而言,亦可能存在一定程度的内生性问题。为了判别上述有关内部资本市场影响投资效率的结论是否存在内生性问题,我们需要对此进行相应的检验。在这一部分,我们利用 Heckman(1979) 的两阶段回归方法进行内生性检验。内生性检验的处理步骤与前述相关章节(6.2.3.4)一致,第一阶段的回归结果见表 6-6 和表 6-15 汇集了 Heckman(1979) 第二阶段的回归结果。

表 6-15　Heckman 第二阶段回归:内部资本运作对企业投资效率的影响

因变量	Overinv			RDUnderinv		
	(1)	(2)	(3)	(4)	(5)	(6)
Acof	0.04** [2.46]			0.58* [1.75]		
Private * Acof	−0.06* [−1.73]			−0.27** [−2.43]		
Acrf		0.03** [2.26]			0.75* [1.73]	
Private * Acrf		−0.04** [−1.98]			−0.38** [−2.12]	
Acnf			0.10 [1.58]			0.05 [0.02]
Private * Acnf			−0.06 [−0.57]			1.26 [0.66]

续　表

因变量	Overinv			RDUnderinv		
	(1)	(2)	(3)	(4)	(5)	(6)
Invmr	−0.06 [−0.62]	−0.05 [−0.61]	−0.06 [−0.60]	−0.05 [−0.43]	−0.04 [−0.41]	−0.04 [−0.44]
Inv	−0.03 [−0.62]	−0.03 [−0.61]	−0.03 [−0.61]			
R&D				0.03*** [9.02]	0.03*** [9.02]	0.03*** [9.02]
Private	0.01 [0.12]	0.01 [0.23]	−0.01 [−0.24]	0.45** [2.26]	0.46** [2.38]	0.46** [2.36]
Seo	0.19*** [10.63]	0.19*** [10.61]	0.19*** [10.60]	−1.20*** [−3.25]	−1.21*** [−3.25]	−1.21*** [−3.23]
Age	0.01 [0.92]	0.01 [1.01]	0.01 [1.02]	−1.82*** [−3.82]	−1.85*** [−3.85]	−1.77*** [−3.75]
Lev	−0.03 [−1.34]	−0.03 [−1.38]	−0.03 [−1.33]	0.03* [1.68]	0.03* [1.64]	0.03* [1.68]
Fd	−0.06 [−0.42]	−0.05 [−0.36]	−0.05 [−0.30]	1.03 [0.34]	0.96 [0.34]	1.40 [0.39]
Roa	−0.09* [−1.66]	−0.09* [−1.71]	−0.09* [−1.62]	−0.19* [−1.78]	−0.21* [−1.91]	−0.19* [−1.69]
Cashr	−0.05 [−0.98]	−0.05 [−1.02]	−0.05 [−1.02]	−0.42 [−0.67]	−0.53 [−0.63]	−0.49 [−0.68]
Id	−0.13* [−1.74]	−0.12* [−1.72]	−0.12* [−1.80]	−1.33 [−0.85]	−1.28 [−0.81]	−1.24 [−0.74]
Csnf	−0.03 [−0.52]	−0.03 [−0.53]	−0.02 [−0.39]	−1.52 [−1.13]	−1.51 [−1.01]	−1.38 [−0.97]
Size	0.01*** [2.82]	0.02*** [2.76]	0.02*** [2.85]	0.19*** [2.66]	0.19*** [2.66]	0.19*** [2.68]
Growth	0.05*** [6.34]	0.05*** [6.42]	0.05*** [6.22]	1.60*** [10.50]	1.55*** [10.53]	1.50*** [10.46]
行业/年度	控制	控制	控制	控制	控制	控制
Adj_R^2	0.24	0.24	0.24	0.33	0.33	0.33
N	7 836	7 836	7 836	7 836	7 836	7 836

注：括号内为回归系数对应的 t 值；***、**、*分别表示1%、5%和10%的显著性水平。

表 6-15 的回归结果显示,Heckman(1979)回归第一阶段估计的逆米尔斯比率(Invmr)无论是与过度投资(Overinv)还是投资不足(Underinv)均没有显著关联性,未在任何显著性水平上通过检验。有鉴于此,我们认为内部资本市场与投资效率之间并不存在着严重的内生性问题。此外,由于回归模型中主要解释变量均为滞后一期数据,因此也相应降低了内生性问题干扰。综上,我们认为内部资本市场影响投资效率的结论是相对稳健的。

6. 稳健性检验

为减少本书研究过程中变量选取导致的结果偏差,我们对上述分析结果进行如下的稳健性检验:

(1) 剔除极端值的影响

我们对所有连续变量进行上下5%分位的缩尾处理。

(2) 改变变量的定义

由于模型中对财务杠杆是以当期银行新增贷款来度量的,但银行新增贷款可能并不能反映企业实际的获取银行贷款的能力(Fazzari et al.,1988;连玉君等,2007;潘红波等,2010),因此参照同类研究的做法,直接利用总负债除以总资产来度量财务杠杆比例。同时,用总资产的自然对数作为度量企业规模的变量,以销售净利率(净利润/销售额)来度量企业的盈利能力。

(3) 任意改变样本期间,以排除样本年度选择偏误导致的影响。发现结论并未发生实质性变化(限于篇幅,未汇报)。

表 6-16 汇集了稳健性检验结果。回归结果显示,结论未发生实质性变化,因此前述研究结论具有较好的稳健性。

表 6-16 内部资本市场对投资效率影响的稳健性检验

因变量	Overinv			RDUnderinv		
	(1)	(2)	(3)	(4)	(5)	(6)
Acof	0.05** [2.54]			0.56* [1.64]		
Private * Acof	−0.04* [−1.72]			−0.24*** [−2.57]		
Acrf		0.05** [2.32]			0.57 [1.58]	
Private * Acrf		−0.05** [−2.02]			−0.33** [−2.24]	

续　表

因变量	Overinv			RDUnderinv		
	(1)	(2)	(3)	(4)	(5)	(6)
Acnf			0.12 [1.62]			0.62 [0.46]
Private * Acnf			−0.05 [−0.60]			0.31 [0.18]
Inv	−0.01 [−0.40]	−0.01 [−0.33]	−0.01 [−0.39]			
R&D				0.02*** [8.66]	0.02*** [8.65]	0.02*** [8.61]
Private	0.00 [0.17]	0.00 [0.39]	0.00 [−0.12]	0.47** [2.53]	0.49** [2.61]	0.49*** [2.81]
Seo	0.18*** [10.52]	0.18*** [10.47]	0.18*** [10.51]	−1.25*** [−3.75]	−1.26*** [−3.77]	−1.26*** [−3.78]
Age	0.00 [−0.41]	0.00 [−0.36]	0.00 [−0.35]	0.03* [1.64]	0.03* [1.65]	0.03* [1.68]
Lev	−0.01 [−0.50]	−0.01 [−0.51]	−0.01 [−0.35]	−0.81** [−2.43]	−0.81** [−2.43]	−0.81** [−2.44]
Fd	−0.02 [−0.12]	−0.01 [−0.09]	0.00 [−0.03]	−0.04 [−0.01]	−0.06 [−0.02]	0.22 [0.08]
Ros	−0.03* [−1.90]	−0.03* [−1.90]	−0.03* [−1.81]	−1.19 [−1.12]	−1.20 [−1.14]	−1.22 [−1.15]
Cashr	−0.04 [−0.82]	−0.04 [−0.83]	−0.04 [−0.84]	−0.64 [−0.83]	−0.68 [−0.88]	−0.72 [−0.94]
Id	−0.08 [−0.98]	−0.07 [−0.92]	−0.08 [−1.03]	−1.90 [−1.24]	−1.88 [−1.23]	−1.96 [−1.28]
Csnf	−0.05 [−0.76]	−0.05 [−0.77]	−0.04 [−0.64]	−1.34 [−0.99]	−1.34 [−0.99]	−1.24 [−0.92]
Size	0.01** [2.04]	0.01** [1.96]	0.01** [2.12]	0.18** [2.55]	0.18** [2.56]	0.19*** [2.67]
Growth	0.05*** [6.04]	0.05*** [6.07]	0.05*** [5.87]	1.61*** [10.73]	1.61*** [10.73]	1.59*** [10.61]
行业/年度	控制	控制	控制	控制	控制	控制
Adj_R^2	0.24	0.24	0.24	0.36	0.36	0.36
N	7 836	7 836	7 836	7 836	7 836	7 836

注：括号内为回归系数对应的 t 值；***、**、*分别表示1%、5%和10%的显著性水平。

6.4 企业价值层面的内部资本市场运行经济后果研究

对于企业集团中内部资本市场构建的利弊,已经引起学术界较为广泛的讨论。既有文献的分析表明,内部资本市场对企业运营存在两面性,既有其积极的"阳光面",也有消极的"阴暗面"。以 Lang and Stulz(1994)、Almeida and Wolfenzon(2006)为代表的研究认为内部资金往来行为降低了企业价值;以 Kim(2004)、Gopalan 等(2007)为代表的研究则认为内部资金往来能够提升资源配置效率进而提升企业价值。因此,基于研究对于内部资本市场对企业价值的影响结论尚未形成定论,并且对内部资本市场在价值创造方面的考察缺乏系统性。

6.4.1 理论分析与假说发展

对内部资本市场在价值创造方面的研究,主要以 Khanna and Palepu(2000)、Kim(2004)的研究较为典型。内部资本市场的价值创造功能在金融市场发育程度较低的国家作用较为明显,内部资本市场的构建有效缓解了企业所面临的融资约束。Khanna and Palepu(2000)对印度集团企业的考察发现,集团企业利用内部资金往来,解决成员企业的资金短缺,支持了成员企业的正常运营。进一步地研究发现,集团企业相比于非集团企业具有更高的财务绩效和市场价值[5]。类似地,Goplan et al.(2007)利用印度企业集团内部贷款数据考察企业集团内部资本市场的运作,发现集团总部利用集团内部贷款的方式支持陷入财务困境的成员企业,降低了成员企业破产的概率,因而增加了集团整体的价值[6]。既有文献对内部资本市场缓解企业融资约束的研究结论较为一致。Campello(2002)考察了小型银行面对外部信贷收缩的冲击,研究发现小型银行联合体所形成的内部资本市场能够降低联邦储备委员会政策调整所带来的信贷波动。Kim(2004)研究了附属于韩国大集团(财阀)的企业,研究发现集团企业面临的融资约束要明显低于非集团企业。进一步的研究表明,在亚洲金融危机期间,附属于大集团的企业破产的概率更低,这表明集团企业能够利用内部资本市场获得资金支持,从而有效缓解了融资约束。Khanna and Yafeh(2007)、Rousseau and Kim(2008)的研究表明,集团企业的投资显著受到成员企业的现金流影响,并且集团化运营的公司能够借助内部资金来缓解融资约束,从而有助于提升集团的投资效率和价值[38,20]。Billett and Mauer(2003)的研究发现,企业所面临的外部融资约束程度越严重,内部资本市场的运作越能够增加企业价值[177]。

内部资本市场运行是否有效,增加企业价值抑或降低企业价值,关键在于内部资本市场的内在运行效率,即内部资本配置是否遵循"挑选竞争优胜者"原则。内部资本市场的运行效率的关键在于公司治理机制以及管理层的激励,这两方面是影响内部资本市场价值创造的重要因素。根据既有文献的讨论,由于不同产权性质企业的代理成本存在较大差异,政府对企业的干预程度也不一样,同时国有企业往往承担了更多的社会性负担(Shleifer and Vishny,1994;陈钊、陆铭,2003;刘芍佳等,2003;曾庆生、陈信元,2006)。因此,在组织运营效率上,国有企业的运行效率要显著低于民营企业(Xu and Wang,1999;Sun and Tong,2004;杨华军、胡奕明,2007)。国有企业委托代理更为严重,并且对经理人缺乏有效的激励约束机制,在职消费和非效率投资行为较为普遍(陈冬华等,2005)[178],而这些因素将会影响内部资本市场的运行效率。

进一步地,国有企业在获取外部信贷资源方面具有更多的便利,产业政策上更容易受到"恩惠",因而其资金相对较为宽裕。根据自由现金流假说,在资金充足的情形下,管理层更可能将这部分资金用于资本扩张,极易形成过度投资行为,进而损伤公司价值。更为重要的是,国有企业由于管理层缺位,对资本投资缺乏有效的监督与约束机制,管理层出于业绩考核和政治升迁的考量,也极易利用内部资金进行"非效率"投资。此外,国有企业的资本投资还更有迎合地方政府的"政治需求",从而造成投资行为扭曲,不利于公司的平稳与健康发展。有鉴于此,我们提出如下假说:

H5a:其他条件不变,国有企业构建内部资本市场更可能降低公司价值。

H5b:其他条件不变,国有企业内部资本市场运作越活跃则越可能降低公司价值。

相比于国有企业,民营企业的股权制衡程度更高,尤其是经过股权分置改革后,公司治理状况得到了明显改善,因而基于控股权的掏空动机相对较弱(王鹏、周黎安,2006;Cheung et al.,2010)[179-180]。从民营企业所面临的市场竞争状态来看,其行业结构基本为竞争性行业,因而其面临的市场销售和经营的压力更大,更需要提高资金周转效率,改善经营绩效。徐丽萍等(2005)、李广子、刘力(2010)的研究也证实国有企业民营化之后具有更好的资产运行效率[181-182]。进一步地从企业所处的外部环境来看,民营企业由于其面临更强的融资约束(Brandt and Li,2003;Allen et al.,2005),其构建内部资本市场的动机更为强烈,并且在资金配置上也更倾向于使用市场化的机制来分配资金。结合前述章节有关不同所有制企业内部资金配置效率的差异,我们发现民营企业内部资本市场运作效率更高,利用内部资本市场能够显著改善投资效率。内部资本市场行为损伤公司价值的根源在于公司内部的资金配置能否遵循"挑选竞争优胜者"原则,而要执行这一原则需要良好的经理人激励机制,降低成员企业经理人员的"游说"行为(Rajan et al.,2000;Datta et al.,2009)。相比于国有企业,民营企业的经理人更多的是从外部职业经理人市场聘任,因此具有较强的业绩考核约束(张俊喜、张华,2004;陈冬华等,2005;方军雄,2011)。

因此,在业绩考核激励机制下,民营企业的管理层更可能按市场化的机制配置有限的内部资本,提高资本配置的效率。此外,相比于国有企业,民营企业运营的行业趋向于纵向一体化,因而更有利于内部资本市场发挥成员企业的现金流分布的时空差异。在不同产业间进行资金调配,缓解外部冲击对部分行业的负面影响,从而缓解受冲击产业所面临的资金约束,因而更有利于成员企业持续经营,创造更为稳健的运营绩效。基于上述的分析,我们提出如下假说:

H6a:其他条件不变,民营企业构建内部资本市场能够增加公司价值。

H6b:其他条件不变,民营企业内部资本市场运作越活跃则越可能增加公司价值。

图6-3给出了内部资本市场运行影响企业价值的逻辑脉络框架。

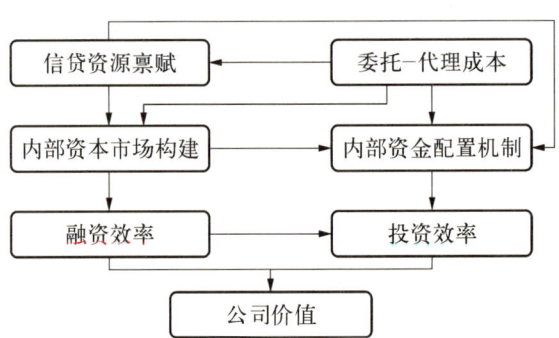

图6-3 内部资本市场运行与公司价值的逻辑框架

6.4.2 数据与实证模型

1. 数据来源

本章的数据来自手工收集的2007—2011年上市公司披露的《控股股东及其他关联方占用上市公司资金的专项审核报告》(以下简称"专项审核报告"),其他财务数据来源及数据筛选规则与前文类似,最终获得 7 836 个有效研究样本。样本年度分布与行业分布与前文一致,故不再赘述。

2. 模型构建

在前述理论分析的基础上,我们构建如下模型来检验本节假设:

$$Tobinq_{i,t} = \alpha_0 + a_1 ICM_{i,t} + a_2 Private_{i,t} + a_3 private_{i,t} * ICM_{i,t} + \psi_j Control_{i,t} + \varepsilon_{i,t} \quad \text{模型 4}$$

模型中因变量为企业价值的度量变量($Tobinq_{i,t}$),代表公司 i 在第 t 年的市场价值变化量,$ICM_{i,t}$ 代表公司 i 在第 t 年的内部资本市场运作规模,具体从资金借出($Acof$)、资金收回($Acrf$)以及资金结余($Acnf$)三个角度度量。参照 Lang and Stulz(1994)、夏立军、方轶强(2005)的做法,我们采用当期股权市值与当期净债务市值之和并以当期总资产标准化,其中非流通股股权市值用流通股股价代替计算。$Control_{i,t}$ 为一组控制变量结合,包括银行信贷(Lev)、股权再融资机会(Seo)、内部现金流创造能力(ROS)、区域金融市场化程度(Fd)、公司治理水平(Id)。同时,在模型中我们还控制了行业(Ind)和年度($Year$)的影响。模型中除企业价值($Tobinq$)其他变量定义与前文一致。

6.4.3 实证结果与分析

1. 描述性统计分析

表 6-17 汇集了主要变量的描述性统计结果。为了剔除极端值的影响,我们对所有连续变量进行了上下 1% 的缩尾处理。为了比较内部资本市场活跃程度对相关变量的影响,我们区分活跃样本与总样本来进行描述性统计分析。活跃样本的定义,与前文一致,即总部对子公司资金借出金额或收回金额不为 0 定义为活跃样本,否则为非活跃样本。

表 6-17 中显示,在全样本中度量企业价值的变量($TobinQ$)的均值为 2.959,中位数为 2.362,标准差大于 1,表明样本企业的市场价值存在较大差异。$TobinQ$ 的最大值为 12.994,最小值为 1.005,进一步表明在中国上市公司中企业的市场估值存在较大的差异。当然,这主要与不同板块上市公司的成长性和盈利能力相关,在主板市场中,由于这些公司均为早期上市的传统工业企业,因而市场给予的估值相对较低,而新兴行业具有较好的增长机会因而市场给予高估值。同时,中国股市存在概念炒作倾向,因而公司所在行业存在较好的炒作题材时,则可能具有较好的市场估值。

表 6-17　主要变量描述性统计

变量	N	MEAN	STD.	MIN	Q1	MED	Q3	MAX
Panel A：全样本								
TobinQ	7 836	2.959	1.965	1.005	1.757	2.362	3.439	12.994
Csnf	7 836	−0.005	0.061	−0.411	−0.001	0.000	0.000	0.186
Acof	7 836	0.164	0.416	−0.003	0.000	0.002	0.131	2.998
Acrf	7 836	0.145	0.358	0.000	0.000	0.002	0.113	2.289
Acnf	7 836	0.012	0.101	−0.358	0.000	0.000	0.007	0.569
Panel B：活跃样本								
TobinQ	4 509	2.916	1.945	1.005	1.749	2.349	3.391	12.994
Csnf	4 509	−0.001	0.043	−0.411	0.000	0.000	0.001	0.186
Acof	4 509	0.276	0.510	−0.003	0.013	0.088	0.294	2.998
Acrf	4 509	0.245	0.438	0.000	0.010	0.067	0.275	2.289
Acnf	4 509	0.020	0.130	−0.358	−0.009	0.002	0.032	0.569

此外，中国上市公司估值与国家的宏观经济政策也密切相关，受惠于政策面的公司也往往表现出较好的市场估值。我们进一步比较活跃样本中的公司价值（$TobinQ$）均值为 2.916，标准差为 1.945，与总样本基本相当，但标准差小于全样本，表明内部资本市场的有效运作可能影响企业的市场估值。

活跃样本组的企业价值要略低于全样本，并不能表明内部资本市场降低了企业价值。一个可能的解释是，投资者认为内部资本市场是"掏空"的平台，因而可能会给其负面的评价。类似的研究，也证实了这一结论。陆正飞、张会丽（2010）研究发现，子公司层面的持现比率越高，则外部股东给予的折价越大。然而，本书所定义的内部资本市场与既有文献所讨论的内部资本市场范畴具有本质差异，因而不能用既有文献结论来进行简单套用。当然，活跃样本与全样本的 $TobinQ$ 值的差异，可能还与企业的股价有关，因此在后续的研究中我们替换了计算方法。其他控制变量方面，活跃样本的内部资金往来规模（$Acof$、$Acrf$、$Acnf$）均值为 0.276、0.245、0.02，显著高于全样本组均值 0.164、0.145、0.012。活跃组的债务规模（Lev）要低于全样本（0.525＜0.531），表明由于使用了内部资本市场进行资金筹集，从而可能降低外部债务融资规模，即内部资本市场与外部资本市场的替代效应（Rajan and Zingales，1998；Lee et al.，2009）。企业成长性

($Growth$)在不同样本组中也存在差异,全样本中均值为 0.135,活跃样本中为 0.143,表明内部资本市场可以促进企业的成长,抑或可以表明未来存在更多的投资机会,进而增加企业价值。

前述分样本进行描述统计的基础上,我们进一步利用组间样本检验的方式考察了活跃样本组与非活跃样本之间的公司价值差异,并区分国有样本组和民营样本组。表 6-18 汇集了内部资本市场运作对公司价值组间差异的比较结果。

表 6-18 内部资本市场对公司价值影响的组间比较

因变量= Tobinq	高组 (1组)		低组 (0组)		均值检验 (T 检验)	中位数检验 (Wilcoxon 检验)
	均值	中位数	均值	中位数	(1-0)	(1-0)
Panel A:全样本						
借出(Acof)	0.48	0.19	0.36	0.17	2.61***	3.21***
偿还(Acrf)	0.39	0.19	0.27	0.17	1.98**	2.78***
结余(Acnf)	0.19	0.18	0.16	0.17	2.12**	2.45**
Panel B:民营样本						
借出(Acof)	0.72	0.51	0.45	0.36	3.74***	3.99***
偿还(Acrf)	0.64	0.43	0.51	0.30	2.60***	2.97***
结余(Acnf)	0.21	0.21	0.18	0.16	2.94***	2.68***

注:***、**分别表示在 1%、5%显著性水平上显著,均为双尾检验。

表 6-18 的结果显示,就借出维度而言($Acof$),无论是在全样本还是在民营样本中,我们发现内部资本市场规模高组的企业价值均显著高于低组。具体地,全样本中借出维度高组的公司价值均值为 0.48,低组为 0.36,且两组的差值在 1%水平上通过显著性检验。这表明,内部资本市场的规模差异显著影响公司价值。与此类似,在收回维度($Acrf$)和结余维度($Acnf$)均发现内部资本市场运行规模高组的公司价值均要显著高于地组,且在 5%水平上通过显著性检验。由此,进一步证实,内部资本市场运行的活跃程度的确能够影响公司价值,并且是有利于公司价值增长的财务运行行为。

进一步地,将样本区分所有制性质着重考察民营样本中内部资本市场运行规模对公司价值的影响。相比于全样本,民营样本中内部资本市场规模差异对公司价值影响更为明显。具体地,在借出维度($Acof$)高组均值为 0.72,低组均值为 0.45,两组差异在 1% 水平上通过显著性检验。在收回维度($Acrf$)和结余维度($Acnf$),亦能够发现高组的公司价值显著高于低组,但显著性水平稍弱于借出维度。此外,在借出、收回及结余维度的中位数检验上,三个维度均揭示高组与低组之间公司价值存在显著差异,显著性水平亦显著强于全样本。上述结论表明,对内部资本价值影响分析方面,需要区分产权性质以及活跃程度进行考察。值得注意的是,借出维度对公司价值的影响显著高于收回和结余维度,进一步表明内部资本市场的价值影响主要是通过母公司对成员企业的资金配置,更可能是通过内部资金调配缓解成员企业的融资约束,降低非效率投资,从而增加公司价值。

对比全样本组与活跃样本组在企业价值层面的差异,实证结果显示内部资本市场与企业价值之间具有一定的关联。样本企业在公司价值层面的差异在活跃样本组中显得更小,表明内部资本市场确实影响公司价值,尤其是反映在 75% 分位上活跃样本组与全样本组之间的差异进一步增大。结合前述部分对内部资本市场在融资效率、投资效率考察的基础上,已经证实内部资本市场能够显著影响企业集团的投融资效率,由此我们进一步推测内部资本市场最终将能够影响公司价值。内部资本市场对企业价值的影响,是其对企业集团经营状况影响尤其是投融资影响的最终结果。不过,内部资本市场是否显著影响公司价值,在这部分还不能加以定论。因此,对于内部资本市场与公司价值之间的内在逻辑关系,还需要借助于后续的实证分析方法加以进一步证明。更为重要的,既有文献对内部资本市场在价值影响结论上尚未有明确结论,并且主要以负面结论为主。以 Lang and Stulz(1994) 和 Rajan et al.(2000) 为主的研究均认为内部资本市场损伤了公司价值。因此,本书的研究结论有别于既有研究的结论。基于研究结论的可靠性,需要谨慎评判,以更系统的方式考察其内在机理。

2. 相关性分析

在对变量进行基本描述统计分析之后,我们进一步考察主要变量之间的相关性。表 6-19 给出了模型中主要变量之间的相关性分析结果。

表 6-19 中显示,内部资本市场运作与企业价值之间具有显著的相关性。具体地,资金借出($Acof$)与企业价值($Tobinq$)的相关系数为 0.07,且在 1% 水平上通过显著性检验;同时,资金收回($Acrf$)与 $Tobinq$ 的相关系数为 0.069,且在 5% 的水平上通过显著性检验。比较资金借出($Acof$)与资金收回($Acrf$)的相关系数和显著性水平,表明内部资本市场运作中总部更加注重对成员企业的资金支持,从而保证成员企业正常的生产经营,进而提升企业整体价值。

表 6-19　主要变量相关性分析

	TobinQ	Acof	Acrf	Acnf
TobinQ	1.000	0.077***	0.069**	0.039
Acof	0.077***	1.000	0.899***	0.372***
Acrf	0.069**	0.899***	1.000	0.035
Acnf	0.039	0.372***	0.035	1.000

注：该表的左下方为 Pearson 相关系数检验结果，右上方为 Spearman 相关系数检验结果；***、**、* 分别表示在 1%、5% 和 10% 水平下显著。

相关性分析结论与前述描述性统计结果基本一致，内部资本市场运作显著影响公司价值，并且在资金借出层面表现得更为明显。集团总部通过内部资金的集中调配，对企业集团的融资和投资两个方面产生了直接的影响。集团通过资金集中调配，一方面缓解了成员企业的融资约束，使其在生产经营上获得了稳定的资金支持，因而企业集团整体的业绩也得到了相应的促进；另一方面，集团总部通过资金集中调配，将沉淀在成员企业中的资金进行有效利用，对有关集团价值增长的项目予以支持，加强研发投入，从而使得集团获得新的业绩增长空间。更为重要的，依靠总部对成员企业的监督优势，对成员企业的项目资金投入持续监控，并及时调整资金配置规模，使得成员企业的投资行为保持在正常轨道下，抑制集团内部投资效率扭曲的程度，降低过度投资对企业价值的损伤。结合实证结果可以发现，资金借出对企业价值的影响更为显著，主要可能就是在于总部对成员资金借出的影响，即总部控制对成员企业的资金支持规模，这也保证了集团资金配置的方向，有利于成员企业的经营行为符合集团战略目标。不过，内部资本市场对企业价值的影响机制，仅靠描述性统计分析和相关性分析还不够，还需要考虑其他因素的影响，以更为严谨的思路来证实以上推测。

3. 多元回归分析

在描述统计和相关性分析的基础上，我们进一步考察内部资本市场运作对企业价值的影响。表 6-20 给出了内部资本市场对企业价值影响的 OLS 回归结果。

回归模型中，分别以资金借出（$Acof$）、资金收回（$Acrf$）、资金结余（$Acnf$）来度量内部资本市场运作的规模，并与所有制进行交互，考察不同所有制利用内部资本市场的价值创造效应。

表 6-20 内部资本市场对企业价值的影响

因变量=TobinQ	全样本		交互所有制	
	(1)	(2)	(3)	(4)
Acof	0.51*** [4.01]		−0.05 [−0.28]	
Private * Acof			0.52** [2.30]	
Acrf		0.52*** [3.54]		−0.15 [−0.70]
Private * Acrf				0.60** [2.25]
Private	0.12 [1.35]	0.07 [1.14]	0.26** [2.45]	0.26** [2.51]
Seo	−0.37* [−1.76]	−0.37* [−1.78]	−0.22 [−1.26]	−0.22 [−1.30]
Lev	1.38*** [6.45]	1.39*** [6.46]	1.10*** [6.12]	1.10*** [6.12]
Fd	1.76 [1.01]	1.63 [0.94]	2.51* [1.74]	2.47* [1.70]
Ros	0.07 [0.10]	0.06 [0.08]	1.36** [2.34]	1.32** [2.27]
Lagcash	3.73*** [7.46]	3.69*** [7.37]	1.99*** [4.71]	1.95*** [4.62]
Id	8.48*** [8.64]	8.49*** [8.63]	1.38 [1.59]	1.37 [1.58]
Csnf	−4.61*** [−5.31]	−4.61*** [−5.30]	−3.79*** [−5.23]	−3.79*** [−5.22]
Size	−0.21*** [−4.52]	−0.21*** [−4.46]	−2.01*** [−20.9]	−2.01*** [−20.84]
Fa	0.60* [1.71]	0.57* [1.64]	0.25 [0.86]	0.23 [0.78]
Ind	控制	控制	控制	控制
Year	控制	控制	控制	控制
Adj_R2	0.32	0.32	0.40	0.40
N	7 836	7 836	7 836	7 836

注：括号内为回归系数对应的 t 值；***、**、* 分别表示 1%、5%和 10%的显著性水平。

表 6-20 结果显示,内部资本市场显著影响企业价值。具体地,在民营企业中,利用内部资本市场能够显著增加公司价值,在回归模型中表现为所有制与内部资本市场的交互项($Private*Acof$、$Private*Acrf$)回归系数显著为正,且在5%水平上通过显著性检验。

结合前述讨论,民营企业面临较强的融资约束,其具有更强的动机建立内部资本市场从而缓解融资约束,在内部资本配置中采取市场化的资金配置机制,给予经营效率高的子公司更多的资金支持,从而促进企业集团整体经营效率的提升,进而表现为投资者给予更高的市场估值。然而,在国有企业中,内部资本市场创造价值的这一特征并不明显,这很可能是由于国有企业内部存在较高的委托代理成本(张维迎,2003;白重恩等,2005;王福胜、宋海旭,2012),在内部资本市场运作中并未按照市场化机制来配置资金,从而形成更多的投资扭曲,因而降低了企业的价值。我们的研究结论,与既有研究结论较为吻合(陆正飞、张会丽,2010;王福胜、宋海旭,2012)。

其他控制变量方面,所有制性质也显著影响企业价值。具体地,$Private$ 与企业价值显著正相关,且在5%水平上通过显著性检验,表明民营企业具有更高的市场估值。银行信贷(Lev)与企业价值显著正相关,表明企业利用债务融资能够增加企业价值,这与既有研究的发现一致(黄志忠、白云霞,2002;姜付秀、黄继承,2011)[183-184]。区域金融深化程度(Fd)与企业价值显著正相关,且在10%水平上显著正相关,表明良好的外部资本市场发展环境有利于提升企业价值(Rajan and Zingales,1998;Beck et al.,2005;陆正飞、韩飞池,2013)。企业盈利能力(Ros)、现金持有比率($Cashr$)均与企业价值显著正相关,且均在5%以上水平通过显著性检验。此外,企业规模($Size$)和大股东资金占用($Csnf$)显著降低了企业价值,且均在1%水平上通过了显著性检验,与既有文献研究的结论一致(杨棉之,2006;李增泉等,2004;邵军、刘志远,2008)[25,11,7]。

回归结果表明,不同产权性质企业的内部资本市场运作对公司价值存在较为明显的差异,揭示不同产权性质企业在内部资本市场运行方式以及运行效率上均存在较大不同。民营企业的内部资本市场运作上采取市场化的方式,利用内部资金往来方式对成员企业进行资金援助以缓解其融资约束,并对成员企业的研发投资等有利于集团价值增长的项目进行资金支持,因而内部资本市场对企业集团的价值增长起到促进作用。从这个角度而言,民营企业的内部资本市场真正发挥了克服外部资本市场不完美的有益租用。然而,国有企业利用内部资本市场的效果则不如国有企业明显,并且有降低公司价值的可能。之所以两类产权性质的企业在内部资本市场运行效果上存在较大差异,其根源仍然是由于治理效率差异导致内部资本市场运行上存在"平均主义"倾向,从而导致投资行为扭曲,最终影响公司价值。治理结构亦对企业价值具有一定的影响,这一点在实证结果中也得以证实,即民营企业相比于国有企业具有更高的市场价值。因此,内部资本市场在价值创造层面的机理,与治理结构和内部资本市场运行方式密切的关联。

4. 进一步分析

多元回归分析已经考察了内部资本市场对企业价值的影响,研究发现内部资本市场显著影响企业价值。在此基础上,我们进一步考察内部资本市场的活跃程度是否亦能够提升企业价值,即内部资本市场越活跃,则越能够增加企业价值。表6-21给出了内部资本市场活跃程度对企业价值影响的回归结果。表中的样本仅限于已经构建内部资本市场的企业,即前文定义的活跃样本组。

表6-21 内部资本市场活跃程度对企业价值的影响

因变量=TobinQ	模型(1)	模型(2)	模型(3)
Acof	−0.03[−0.14]		
Private * Acof	0.59**[2.47]		
Acrf		−0.14[−0.59]	
Private * Acrf		0.69**[2.45]	
Acnf			0.87[1.19]
Private * Acnf			0.17[0.19]
Private	0.15[1.05]	0.15[1.07]	0.36***[2.83]
Seo	−0.39*[−1.65]	−0.39*[−1.69]	−0.45*[−1.94]
Lev	1.17***[4.79]	1.18***[4.82]	1.15***[4.67]
Fd	2.53[1.37]	2.31[1.25]	2.79[1.51]
Ros	1.29*[1.64]	1.23[1.55]	1.09[1.37]
Cashr	1.75***[3.14]	1.68***[3.02]	1.61***[2.89]
Id	0.77[0.66]	0.78[0.67]	0.81[0.69]
Csnf	−2.50*[−1.92]	−2.60**[−2.01]	−2.77**[−2.13]
Size	−2.03***[−15.67]	−2.03***[−15.58]	−2.05***[−15.68]
Fa	0.04[0.09]	0.01[0.02]	0.06[0.16]

续 表

因变量=TobinQ	模型(1)	模型(2)	模型(3)
行业	控制	控制	控制
年度	控制	控制	控制
Adj_R^2	0.40	0.40	0.39
N	4 509	4 509	4 509

注：括号内为回归系数对应的 t 值；***、**、* 分别表示1%、5%和10%的显著性水平。

表 6-21 的结果显示,内部资本市场的活跃程度显著影响企业价值。具体地,在民营企业中,内部资本市场活跃程度与所有制的交互项($Private*Acof$、$Private*Acrf$)的回归系数显著为正,且在5%水平上通过显著性检验。由此表明,民营企业利用内部资本市场的规模越大,则越能够提高企业价值。其内在的机理可能是,企业集团总部对成员企业的资金需求情况进行统筹,对那些面临融资约束的成员企业提供资金支持,缓解其面临的资金短缺问题,从而促进企业集团整体的健康运营,因而整体盈利能力、资产运转能都显著增强,从而获得外部股东的积极评价。该研究结论与既有研究的结论基本一致(Gonenc et al.,2007;Hovakimian,2008;邵毅平、虞凤凤,2010)。然而,在国有企业中,这一特征并不明显。基于国有企业内部资本市场越活跃却不能增加企业价值的事实,结合国有企业内部资本配置存在"跨部门交叉补贴",表明国有企业内部存在严重的资金配置效率损失。因而内部资本市场越活跃,则越加剧内部资本配置无效导致的效率损失。

其他控制变量方面,银行信贷(Lev)、内部现金流创造能力(Ros)、现金持有比率($Cashr$)显著与企业价值正相关,且至少在5%水平上通过显著性检验,表明这些因素能够提高公司整体的经营绩效,从而获得外部股东的积极评价。定向增发(Seo)、大股东资金占用($Csnf$)、公司规模($Size$)显著与企业价值负相关,且至少在5%水平上通过显著性检验。定向增发与企业价值负相关,主要在于募集资金的使用效率,而既有研究证实定向增发中存在着更多的利益输送行为,募集资金用途更多地被转移到其他项目中,进而影响了资金使用效率(章卫东,2007;白云霞等,2014)[185-186]。定向增发所募集的资金在内部资本市场的有效"掩护"下实施隧道输送,从而影响募投项目的收益,最终损伤公司价值。

针对内部资本市场运行规模对企业价值的影响分析,实证结果显示内部资本市场运行活跃程度显著影响企业价值。不过,这种关系在民营企业中体现得更为明显,国有企业甚至可能存在损伤公司价值的趋势。民营企业的内部资本市场运作更可能是应对外部融资约束所导致的负面影响,因而在内部资本配置上更可能采取市场化的运作方法,将稀缺的资金配置在能够增加公司价值的项目中,因而促进了企业经营业绩的增长,显著增加了公司价值。与此同时,民营企业在产业结构上也更具有广泛的资金互补性,能够通过资金往来支持集团新兴产业的增长。相比民营企业,国有企业的内部资本市场所服务的经济目标与民营企业可能并不一致。国有企业所面临的融资约束较少,资金相对充裕,因而在内部资金配置上可能并不按照市场化方式进行。进一步地,由于历史因素,国有企业对成员企业的协调能力相对较弱,并且成员企业分部的产业相对单一,为集团内部进行资金的调配带来较大的难度,集团内部现金流的协同性较差,因而内部资本配置上更可能是"平均"的结果。结合前述的分析,由于治理效率的差异,国有企业对成员企业的监督控制的动机也相对较弱,总部对成员企业资金配置缺乏有效监督,成员企业的自由现金流被用于过度投资,且对研发活动缺乏动力,因而造成集团整体的投资扭曲程度较大,因而不利于企业价值增长。这一结论揭示,为了提高内部资本市场运行效率,需要对公司治理结构进行优化,改进公司内部治理机制,有效提高治理效率,从而提高企业集团整体价值。

5. 内生性问题考虑

根据既有文献的研究结论,公司价值与企业资本运营之间可能存在一定的内生性问题。就本书所观察到的内部资本市场运作影响公司价值,可能并不是唯一的相互关系,亦可能是由于公司价值高的企业选择了应用内部资本市场战略,从而表现出内部资本市场运作与公司价值之间的正相关。高估值的公司为了获得维持其后续的分析师对其进行的高评级,可能会选择引入内部资本市场战略以吸引分析师和外部投资者的眼球。引入内部资本战略,并不意味着一定能够显著增加公司价值,这种行为具有证券市场中常见的"名片效应"。

为了判别上述有关内部资本市场影响公司价值的结论是否存在内生性问题,我们需要对此进行相应的检验。在这一部分,我们利用 Heckman(1979)的两阶段回归方法进行内生性检验。内生性检验的处理步骤与前述相关章节(6.2.3.4)一致,第一阶段的回归结果见表 6-6,表 6-22 给出了 Heckman(1979)第二阶段的回归结果。

表 6-22 的回归结果显示,Heckman(1979)回归第一阶段估计的逆米尔斯比率($Invmr$)无论是在全样本中还是在交互所有制样本中,均未在任何显著性

水平上通过检验。有鉴于此,我们认为内部资本市场与公司价值之间并不存在着严重的内生性问题。此外,由于回归模型中主要解释变量均为滞后一期数据,因此也相应降低了内生性问题干扰。综上,我们认为内部资本市场影响公司价值的结论是相对稳健的。

表 6-22 Heckman 第二阶段回归:内部资本市场运作对公司价值的影响

因变量=TobinQ	全样本		交互所有制	
	(1)	(2)	(3)	(4)
Acof	0.48*** [3.98]		−0.05 [−0.29]	
Private * Acof			0.50** [2.33]	
Acrf		0.50*** [3.36]		−0.16 [−0.72]
Private * Acrf				0.61** [2.24]
Private	0.10 [1.33]	0.06 [1.05]	0.25** [2.47]	0.25** [2.50]
Invmr	0.03 [0.45]	0.02 [0.26]	0.03 [0.39]	0.02 [0.24]
Seo	−0.36* [−1.74]	−0.36* [−1.70]	−0.22 [−1.25]	−0.22 [−1.32]
Lev	1.39*** [6.42]	1.38*** [6.42]	1.10*** [6.10]	1.10*** [6.10]
Fd	1.74 [1.00]	1.62 [0.89]	2.52* [1.73]	2.46* [1.70]
Ros	0.07 [0.09]	0.06 [0.08]	1.36** [2.33]	1.30** [2.29]
Lagcash	3.71*** [7.40]	3.63*** [7.32]	1.99*** [4.74]	1.97*** [4.61]
Id	8.43*** [8.62]	8.44*** [8.61]	1.37 [1.57]	1.37 [1.56]
Csnf	−4.60*** [−5.30]	−4.60*** [−5.26]	−3.78*** [−5.22]	−3.78*** [−5.21]

续　表

因变量=TobinQ	全样本		交互所有制	
	(1)	(2)	(3)	(4)
Size	−0.20*** [−4.42]	−0.20*** [−4.47]	−2.00*** [−20.81]	−2.00*** [−20.76]
Fa	0.60* [1.69]	0.55* [1.65]	0.24 [0.83]	0.23 [0.75]
Ind	控制	控制	控制	控制
Year	控制	控制	控制	控制
Adj_R2	0.30	0.29	0.36	0.32
N	7 836	7 836	7 836	7 836

注：括号内为回归系数对应的 t 值；***、**、*分别表示1%、5%和10%的显著性水平。

6. 稳健性检验

在前述实证分析部分，我们发现活跃组的企业价值略低于全样本组，可能是由于企业价值度量变量 $TobinQ$ 的计算方式存在缺陷。基于上述因素的考虑，同时考虑到本研究的结论与既有研究存在较大差异（如 Lang and Stulz,1994；Shin and Park,1999；李增泉等,2004；邵军、刘志远,2008），为此我们进行一系列稳健性测试，以证实结论的客观性和稳定性。我们对上述实证模型回归结果进行了如下的稳健性测试：

(1) 重新定义企业价值

具体地，我们采用两种方式来度量：首先用净资产账面价值来计算非流通股权的价值；其次，我们利用账面市值比方法，即将因变量替换为 BMV。计算方式为：期末总资产/(股权市值+净债务市值)，其中非流通股权的市值用净资产代替计算，结论与前述结论亦基本一致。

(2) 为了剔除极端值对研究结论的影响，我们对所有连续变量进行上下5%缩尾处理，发现结论未发生实质性改变。

(3) 改变模型中变量的定义。具体地，我们替换了财务杠杆（Lev）的计算方式，以上期总负债/上期总资产来度量；盈利能力以 ROA（当期净利润/当期总资产）来度量；企业规模以总资产的自然对数来度量。经过上述调整后，结论未发生实质性变化。

(4) 任意改变样本期间，以排除样本时间选择偏误导致的影响。发现结论

第 6 章 内部资本市场运行的经济后果

并未发生实质性变化(限于篇幅,未汇报)。

表 6-23 给出了经过上述调整的回归结果。将稳健性回归结果与前述实证分析结果对比,我们发现研究结论基本一致,由此表明前述分析结论是相对较为稳健的。回归分析结果并未因变量的极值、主要变量的定义方法或度量方法发生变化而导致研究结论发生实质性变化。

表 6-23　内部资本市场运作对企业价值影响的稳健性检验

因变量	Tobin's Q			BMV		
	(1)	(2)	(3)	(4)	(5)	(6)
Acof	−0.09 [−0.64]			0.03* [1.74]		
Private_Acof	0.35** [2.14]			−0.05** [−2.06]		
Acrf		−0.10 [−0.62]			0.02 [1.03]	
Private_Acrf		0.42** [2.19]			−0.04 [−1.55]	
Acnf			0.26 [0.49]			0.05 [0.69]
Private_Acnf			−0.14 [−0.2]			−0.08 [−0.78]
Private	0.06 [0.77]	0.05 [0.68]	0.14* [1.91]	0.00 [−0.32]	0.00 [−0.41]	−0.01 [−1.00]
Seo	−0.53*** [−4.25]	−0.53*** [−4.25]	−0.55*** [−4.38]	0.11*** [5.81]	0.11*** [5.81]	0.11*** [5.84]
Lev	0.27** [2.09]	0.28** [2.12]	0.26** [2.01]	0.03* [1.78]	0.03 [1.77]	0.04* [1.81]
Fd	0.56 [0.53]	0.48 [0.46]	0.67 [0.64]	−0.06 [−0.40]	−0.06 [−0.37]	−0.07 [−0.42]
Roa	0.42 [0.98]	0.41 [0.97]	0.32 [0.76]	−0.10 [−1.57]	−0.10 [−1.54]	−0.09 [−1.48]
Cashr	0.27 [0.87]	0.26 [0.86]	0.23 [0.76]	−0.02 [−0.47]	−0.02 [−0.51]	−0.02 [−0.49]
Id	0.69 [1.09]	0.68 [1.08]	0.71 [1.11]	−0.08 [−0.90]	−0.09 [−0.90]	−0.09 [−0.95]

续　表

因变量	Tobin's Q			BMV		
	(1)	(2)	(3)	(4)	(5)	(6)
Csnf	−2.09*** [−3.95]	−2.09*** [−3.96]	−2.14*** [−4.03]	0.11 [1.37]	0.11 [1.42]	0.12 [1.47]
Size	−1.23*** [−17.46]	−1.23*** [−17.45]	−1.23*** [−17.38]	0.23*** [22.34]	0.23*** [22.31]	0.23*** [22.32]
Fa	0.01 [0.03]	0.00 [−0.02]	0.01 [0.04]	0.02 [0.50]	0.02 [0.49]	0.01 [0.44]
行业	控制	控制	控制	控制	控制	控制
年度	控制	控制	控制	控制	控制	控制
Adj_R^2	0.31	0.31	0.30	0.42	0.42	0.42
N	7 836	7 836	7 836	7 836	7 836	7 836

注：括号内为回归系数对应的 t 值；***、**、*分别表示1%、5%和10%的显著性水平。

同时，结合前述有关内部资本市场与企业价值的内生性检验结果，进一步表明内部资本市场确实能够显著影响公司价值。这一结论的成立，揭示内部资本市场在企业价值创造方面确实能够发挥重要作用。内部资本市场作为一项财务战略，对企业价值增长具有重要的推动作用，其主要体现在内部资本合理的配置上，提高资本配置效率。

6.5　本章小结

本章从融资、投资以及公司价值三个层面，系统考察了内部资本市场运行的经济后果。研究发现，内部资本市场的有效使用对企业集团整体的融资成本有显著的影响，不过这种效果在民营企业中表现得更为明显。不同治理结构下的内部资本市场运行差异，揭示内部资本市场的有效运行需要良好的治理结构支撑。在投资效率层面的考察发现，内部资本市场对抑制过度投资和促进企业的R&D投资具有显著的影响，但这种影响机制仅在民营企业中存在。进一步的研究还发现，内部资本市场的活跃程度与企业的投资效率也密切相关。具体地，在民营企业中，内部资本市场越活跃，则越能够抑制过度投资行为，并缓解R&D投资不足的问题，因而提高了企业的投资效率，符合内部资本市场的效率促进原则(Stein，

1997;Maksomvoic and Philips)。而在国有企业中,内部资本市场则显著加剧了过度投资和R&D投资不足的程度,因而降低了企业的投资效率,因此更加符合"价值折损"的观点(Lang and Stulz,1994;邵军、刘志远,2008;刘星等,2010)。

进一步地,本章考察了内部资本市场运作对企业价值的影响,研究发现内部资本市场能够显著影响企业价值。具体地,在民营企业中内部资本市场的运作能够显著增加企业价值。进一步地,内部资本市场运作越活跃,则越能够增加企业价值。不过,在国有企业中我们并未发现内部资本市场提升企业价值的证据。

针对内部资本市场运行的经济后果考察发现,内部资本市场的构建动机、内部资本配置方式、管理层激励机制会显著影响内部资本配置的效率,最终反映在外部股东对企业价值的评价上。本章的研究结论表明,民营企业基于融资约束构建的内部资本市场,运用市场化的资本配置机制,优化了资源配置,提高了资本配置效率,进而提高了其市场价值。

本章的研究结论具有如下的政策含义:首先,内部资本市场具有缓解融资约束和降低融资成本的功能,因而对于民营企业而言提供了一条解决融资困境的有效路径。鉴于国有企业的内部资本市场运行并不能起到融资效率改进的事实,揭示需要在信贷资源配置结构中,需要增加对民营企业和具有发展潜力的行业进行信贷支持。其次,依托内部资本市场能够有效提升企业层面的投资效率,尤其是研发投入方面。针对目前企业中存在的"非效率投资"现象,可以充分利用内部资本市场的监督和资金调配职能,加强对企业层面的投资行为引导和纠偏,从而改进投资效率,并增强对新兴产业和发展潜力大的项目投资支持力度,促进企业价值增值。通过企业层面的投资行为引导,最终在宏观层面上降低过度投资程度,维持宏观经济的平稳运行。最后,内部资本市场能够显著影响公司价值,为企业价值增值提供了有效的路径。针对不同产权性质企业内部资本市场对价值影响机理的分析,揭示内部资本市场的价值创造的关键在于公司内部治理效率。近期推行的国企改革,更应当在优化治理结构的前提下,在内部资本配置上引入市场化机制,利用内部资本市场战略提升公司价值,实现国有资本的保值增值。

在新兴市场经济体中,金融领域改革是一个极其漫长的过程,在外部资本市场发展尚不完善的背景下,内部资本市场为企业的资金运营效率提升提供了一个有效的资源整合平台。在当前全球经济面临下行压力的背景下,利用内部资本市场挖掘企业集团内部资本潜力,有利于增加企业绩效。因此,企业应当充分重视内部资本市场战略的运作,为企业持续发展提供有效的资金支持。

第7章 结论与展望

本章基于前述的实证分析结果,对全文的研究结论作系统性总结。首先,归纳实证分析的主要结论;其次,基于主要研究结论并参照既有研究成果提出本研究的理论价值和启示意义;最后,指出本书的研究局限性,并对未来可能的研究方向进行展望。

7.1 主要研究结论

在新兴市场中,企业集团作为主流的组织结构形式。尤其是在中国的制度背景下,企业集团的组建具有更多的政策优势。集团化的经营模式,为构建内部资本市场提供了便利的基础性组织条件。论文考察了在中国这类新兴市场国家,企业集团构建内部资本市场的动因、运行机制及其经济后果,得到如下研究结论:

(1) 内部资本市场构建具有显著的逆经济周期特征,具有"金融缓冲器"的功能。具体地,当宏观经济形势趋紧时,企业会利用集团内部资本市场进行资金调配,以缓解成员企业受到外部宏观经济政策负面冲击影响。进一步地研究发现,民营企业在宏观经济形势趋紧的背景下,具有更强的动机建立内部资本市场,显示出更大的内部资金往来规模。在金融市场发育程度越高的地区,企业在面临外部宏观经济负面冲击时,更有可能使用内部资本市场来加以应对,并且所在地区金融深化程度越高,其内部资本市场运行规模越大。

(2) 产权性质显著影响内部资本市场的运行,民营企业具有更强的动机使用集团内部资本市场来缓解融资约束,表现出规模更大的内部资金往来。进一步研究发现,内部资本市场能够降低融资成本,且这种效果在民营企业中更为明显。

（3）基于内部资本市场的运行数据，考察了管理层特质对内部资金往来构建的影响。研究发现，管理层特征对内部资本市场的发育具有显著影响。具体地，国有企业CFO薪酬与内部资本市场建立具有显著的正相关关系，而民营企业中呈现负相关的关系；民营企业CFO担任董事或具有金融背景也更有可能使用内部资金往来，并表现出更大的内部资金往来规模。

（4）基于案例企业内部资金往来的数据和子公司层面财务数据的考察发现，不同产权性质的企业在资金配置方式上存在着较大差异。具体地，民营企业由于融资约束的影响，在内部资金配置上更可能采用市场化的机制来遴选"候选人"；国有企业则显示出较强的"内部社会主义"倾向，不符合市场原则。更进一步地，案例分析表明内部治理机制对资金配置具有显著的影响，尤其是经理人薪酬机制的合理设计。有效的薪酬激励机制能够降低委托代理成本，从而协调经理人利益与股东利益的一致性。

（5）考察内部资本市场对企业投资效率的影响发现，利用集团内部的资金往来活动，能够显著降低企业集团整体的过度投资行为，并且能够有效缓解企业集团在研发投资方面的不足。进一步区分产权性质发现，国有企业和民营企业中内部资本市场对投资效率的影响机制存在显著差异。具体地，民营企业的内部资本市场运作，显著降低了过度投资并且促进了研发投入，然而国有企业的内部资本市场运作则加剧了过度投资并降低了研发投资。

（6）在考察内部资本市场对企业融资、投资效率的基础上，进一步考察了内部资本市场对企业价值的影响。研究发现，不同于以往的研究结论，本书的分析发现内部资本市场运作对不同的所有制企业产生不同的价值影响。具体地，相比于国有企业，民营企业利用集团内部资本市场能够更好地提升资本配置效率，提高公司价值；然而，国有企业外部融资渠道较为通畅且其内部存在较高的委托代理成本，资金配置不符合市场化原则，资本配置过程中存在着"内部社会主义"倾向，因而内部资本市场并不能够提高其市场价值。

7.2 研究启示

内部资本市场运作是企业集团一项重要的财务战略，在企业的资金运营中具有重要的现实价值。尤其是在中国等新兴市场国家中，外部资本市场的发育尚不完善,因此构建内部资本市场战略可以有效应对外部冲击。因此,本书的研究对中国企业的经营和金融业市场化改革具有如下的政策性含义:

(1) 内部资本市场能够有效缓解融资约束,因而新兴市场国家中的企业应当充分利用集团内部资本市场,通过集团内部的资金调配,为陷入财务困境的成员企业提供资金支持,从而降低企业集团整体的经营波动风险。因此,为面临融资约束的企业提供了一条解决资金短缺的有效路径。利用内部资本市场进行融资,以集团担保和整体资产抵押的方式,能够发挥集团整体融资的优势。在与商业银行的谈判过程中具有更多的主动权,不但能够解决资金的可得性问题,同时还能够降低企业集团整体融资成本。

(2) 构建良好的公司内部治理机制,提高内部资本配置效率,从而有利于提升企业价值。内部资本市场的有效运行,需要建立在有效的公司内部治理机制基础之上。因此,企业集团尤其是国有企业,需要强化公司内部治理结构设计,强化内部监管机构按照既定的原则执行其监管职责,确保内部资本配置符合效率原则。良好的治理机制,既包括股东与管理层之间形成有效契约,也包含集团总部与成员企业之间的利益协调,最终实现各利益相关者的利益平衡。

(3) 优化企业集团的资金管理体系,包括人员配置、组织机构设置、信息化管理平台建设等。集团内部资本市场运作,首先需要有一支专业化的运营团队。从人才队伍建设来看,需要优化资金管理人员的配置结构,及时更新从业人员的知识储备,提高资金管控的水平。同时,需要建立专业化的资金管理载体,例如资金结算中心,有条件的还可以成立集团财务公司,以专业化的运营平台来实施内部资本市场战略。此外,内部资本市场运作还需要建立优良的信息化平台,为企业集团构建基于实时的资金管理平台提供技术支撑,以实现动态化地资金调配和全程的资金管理控制,从而提高资本配置效率。

(4) 内部资本市场的有效运作,需要依托良好的外部金融市场环境。企业集团的内部资金调配,需要业务合作银行的有效配合。因此,为了构建高效的内部资本市场运作体系,需要金融机构提供更多的企业理财服务,成为企业理财增值的"好管家"和"蓄水池"。金融市场化进程的加快,可以有效促进集团内部资本配置效率的提升,同时亦能够有效缓解外部融资约束。

7.3 研究局限性与未来研究方向

尽管在本书的研究过程中,无论是在数据的选取还是在模型设计上都已经力求严谨,然而仍然存在着一些研究局限:

(1) 对内部资本配置机制的研究中,由于数据的限制目前仅能采用案例的方式来进行,尽管我们已经采用多案例的方式,然而仍然不能排除研究结论的片面性。并且由于子公司层面的财务数据的难以获得,在论文中我们并没有获得所有案例企业子公司的相关财务指标,这也可能会影响文章的研究结论。此外,工业企业统计数据库的数据并未经过审计,因此利用此数据得出的研究结论可能也存在偏差。

(2) 受手工收集数据花费的时间和精力所限,因此本书仅收集了2007—2011年度的数据。样本选择可能存在偏误(Selection Bias),得出的结论可能并不具有普适性。因此,需要将内部资本市场这一事件放入更长的时间序列中加以考察,以平均的趋势来考察内部资本市场发展。

(3) 现实中有关内部资本市场运行,需要较多的基础性条件,而由于数据的限制,我们并未都能有所涉及。

针对本书在研究过程中存在的上述局限,在后续的研究中可以进一步从政府干预、企业的战略设计、资金管控等方面展开,具体如下:

(1) 在内部资本市场的外部影响机制中,可以加入政府干预的影响,考察不同政府干预程度下,企业内部资本市场的运作是否具有显著的差异。这类研究的意义在于,政府的外部行为,可能会对企业外部运营环境造成不确定性行为,企业实施内部资本市场战略可能是对政府干预的一种应对策略。由此,这有助于理解政府行为与企业行为之间的内在逻辑。

(2) 可以对企业内部控制的质量进行度量,以考察内部控制与内部资本市场效率之间的逻辑关系。内部控制质量的高低,有助于企业提高内部资金的有效使用,降低资本配置的扭曲行为,从而提高资本配置效率。此类研究的意义在于,内部控制的有效运行是否能够提升企业资本控制的能力,从而能够有效地进行集团内部资金运营。

(3) 为了克服案例研究的局限,可以全面收集上市公司子公司的信息,利用子公司的特征考察内部资本的具体配置机制。此类研究的意义在于,能够以子公司层面的资金运营来度量内部资金配置效率,符合 Alchian(1969)所描述的内部资金配置行为的讨论。

(4) 可以利用实地调研的方式,考察企业集团内部资本市场运作的实际情况,以更深入的方式来了解企业构建内部资本市场的动因、方式及经济后果,从而为实证研究提供现实基础。

参考文献

[1] 喻坤,李治国,张晓蓉等.企业投资效率之谜:融资约束假说与货币政策冲击[J].经济研究,2014(5):106-120.

[2] 中国人民银行.2009年中国区域金融运行报告[J].货币政策执行报告增刊,2010(4):1-37.

[3] 中华人民共和国家审计署.全国地方政府性债务审计结果[J].审计结果公告,2011(35):1-11.

[4] 国务院发展研究中心.企业经营者对宏观经济形势及改革热点的判断、评价和建议——2009年中国企业经营者问卷跟踪调查报告[J].管理世界,2009(12):79-91.

[5] Khanna T, Palepu K. Is Group Affiliation Profitable in Emerging Markets? An Analysis of Diversified Indian Business Groups[J]. The Journal of Finance, 2000, 55(2):867-891.

[6] Gopalan R, Nanda V, Seru A. Affiliated Firms and Financial Support: Evidence from Indian Business Groups[J]. Journal of Financial Economics, 2007, 86(3):759-795.

[7] 邵军,刘志远.企业集团内部资本配置的经济后果——来自中国企业集团的证据[J].会计研究,2008(4):47-53.

[8] 刘星,代彬,郝颖.掏空、支持与资本投资——来自集团内部资本市场的经验证据[J].中国会计评论,2010(2):201-222.

[9] 魏明海,万良勇.我国企业内部资本市场的边界确定[J].中山大学学报(社会科学版),2006(1):92-97.

[10] 张会丽,吴有红.企业集团财务资源配置、集中程度与经营绩效——基于现金在上市公司及其整体子公司间分布的研究[J].管理世界,2011(2):100-108.

[11] 李增泉,孙铮,王志伟."掏空"与所有权安排——来自我国上市公司大股东资金占用的经验证据[J].会计研究,2004(12):3-13.

[12] 姜国华,岳衡.大股东占用上市公司资金与上市公司股票回报率关系的研究[J].管理世界,2005(9):119-126.

[13] 谢军,黄志忠.区域金融发展、内部资本市场与企业融资约束[J].会计研究,2014(7): 75-81.

[14] Williamson, O. Markets and Hierarchies: Analysis and Antitrust Implications[M]. New York: Collier Macmillan Publishers, Inc.

[15] Stein J C. Internal Capital Markets and the Competition for Corporate Resources[J]. The Journal of Finance, 1997, 52(1): 111-133.

[16] Rajan R, Servaes H, Zingales L. The Cost of Diversity: The Diversification Discount and Inefficient Investment[J]. The Journal of Finance, 2000, 55(1): 35-80.

[17] 王峰娟,邹存良.多元化程度与内部资本市场效率——基于分部数据的多案例研究[J].管理世界,2009(4): 153-161.

[18] 王化成,曾雪云.专业化企业集团的内部资本市场与价值创造效应——基于中国三峡集团的案例研究[J].管理世界,2012(12): 155-168.

[19] Shin H, Park Y S. Financing Constraints and Internal Capital Markets: Evidence From Korean "Chaebols"[J]. The Journal of Corporate Finance, 1999, 5(2): 169-191.

[20] Rousseau P L, Kim J H. A Flight to Q? Firm Investment and Financing in Korea before and after the 1997 Financial Crisis[J]. Journal of Banking and Finance, 2008, 32(7): 1416-1429.

[21] Kim C, Mauer D C, Sherman A E. The Determinants of Corporate Liquidity: Theory and Evidence[J]. The Journal of Financial and Quantitative Analysis, 1998, 33(3): 335-359.

[22] 邹薇,钱雪松.融资成本、寻租行为和企业内部资本配置[J].经济研究,2005(5): 64-74.

[23] Yao J. The Arm's Length Principle, Transfer Pricing, and Location Choices[J]. Journal of Economics and Business, 2013, 65: 1-13.

[24] Shin H, Stulz R. Are Internal Capital Markets Efficient? [J]. The Quarterly Journal of Economics, 1998, 113(2): 531-555.

[25] 杨棉之.内部资本市场公司绩效与控制权私有收益——以华通天香集团为例分析[J].会计研究,2006(12): 61-67.

[26] 陈艳利,乔菲,孙鹤元.资源配置效率视角下企业集团内部交易的经济后果——来自中国资本市场的经验证据[J].会计研究,2014(10): 28-35.

[27] Wulf J. Internal Capital Markets and Firm-Level Compensation Incentives for Division Managers[J]. Journal of Labor Economics, 2002, Vol. 20(S2): 219-262.

[28] Datta S, D'mello R, Iskandar-Datta M. Executive Compensation and Internal Capital Market Efficiency[J]. Journal of Financial Intermediation, 2009, 18(2): 242-258.

[29] Stulz R M. Managerial Discretion and Optimal Financing Policies[J]. Journal of

Financial Economics, 1990, 26(1): 3-27.

[30] Coase R H. The Nature of the Firm[J]. Economics, 1937, 4(16): 386-405.

[31] Chen J. Determinants of Capital Structure of Chinese — Listed Companies[J]. Journal of Business Research, 2004, 57(12): 1341-1351.

[32] Chen J, Strange R. The Determinants of Capital Structure: Evidence from Chinese Listed Companies[J]. Economic Change and Restructuring, 2005, 38(1): 11-35.

[33] Huang G, Song F M. The Determinants of Capital Structure: Evidence from China [J]. China Economic Review, 2006, 17(1): 14-36.

[34] Claessens S, Fan J P H, Lang L H P. The Benefits and Costs of Group Affiliation: Evidence from East Asia[J]. Emerging Markets Review, 2006, 7(1): 1-26.

[35] Fan J P H, Wei K C J, Xu X. Corporate Finance and Governance in Emerging Markets: A Selective Review and an Agenda for Future Research[J]. The Journal of Corporate Finance, 2011, 17(2): 207-214.

[36] Akerlof G A. The Market for "Lemons": Quality Uncertainty and the Market Mechanism[J]. The Quarterly Journal of Economics, 1970, 84(3): 488-500.

[37] Khanna T, Palepu K. Why Focused Strategies May Be Wrong for Emerging Markets [J]. Harvard Review, 1997, 75: 41-54.

[38] Khanna T, Yafeh Y. Business Groups in Emerging Markets: Paragons or Parasites [J]. Journal of Economic Literature, 2007, 45(2): 331-372.

[39] Leff N H. Industrial Organization and Entrepreneurship in the Developing Countries: The Economic Groups[J]. Economic Development and Cultural Change, 1978, 26(4): 661-675.

[40] Berger P G, Ofeck E. Diversification's Effect on Firm Value[J]. Journal of Financial Economics, 1995, 37(1): 39-65.

[41] Ahn S, Denis D, Denis D. Leverage and Investment in Diversified Firms[J]. Journal of Financial Economics, 2006, 79(2): 317-337.

[42] 辛清泉,郑国坚,杨德明. 企业集团、政府控制与投资效率[J]. 经济研究,2007(10): 123-142.

[43] 潘红波,余明桂. 集团化、银行贷款与资金配置效率[J]. 经济研究,2010(10): 83-102.

[44] 银温泉. 我国企业集团发展中的政府角色定位[J]. 中国工业经济,1999(06): 34-38.

[45] 陈信元,黄俊. 政府管制与企业垂直整合——刘永行"炼铝"案例分析[J]. 管理世界, 2006(02): 134-138.

[46] 中华人民共和国国家统计局. 中国大企业集团年鉴(2001—2009)[M]. 北京:中国统计出版社,2009.

[47] He J, Mao X, Rui M, et al. Business Groups in China[J]. Journal of Corporate

Finance. 2013, 22: 166 - 192.

[48] 李焰, 陈才东, 黄磊. 集团化运作、融资约束与财务风险——基于上海复星集团案例研究[J]. 管理世界, 2007(12): 117 - 135.

[49] 王化成, 蒋艳霞, 王珊珊等. 基于中国背景的内部资本市场研究: 理论框架与研究建议[J]. 会计研究, 2011(7): 28 - 37.

[50] 李维安, 张国萍. 经理层治理评价指数与相关绩效的实证研究——基于中国上市公司治理评价的研究[J]. 经济研究, 2005(11): 87 - 98.

[51] Lewellen W G. A Pure Financial Rational for the Conglomerate Merger[J]. The Journal of Finance, 1971, 26(2): 521 - 537.

[52] Gertner R H. Internal Versus External Capital Markets[J]. The Quarterly Journal of Economics, 1994, 109(4): 1211 - 1230.

[53] Matsusaka J G. Corporate Diversification, Value Maximization, and Organizational Capabilities[J]. The Journal of Business, 2001, 74(3): 409 - 431.

[54] Matsusaka J G, Nanda V. Internal Capital Markets and Corporate Refocusing[J]. Journal of Financial Intermediation, 2002, 11(2): 176 - 211.

[55] Choe C, Yin X. Diversification Discount, Information Rents, and Internal Capital Markets[J]. The Quarterly Review of Economics and Finance, 2009, 49(2): 178 - 196.

[56] Comment R. Corporate Focus and Stock Returns[J]. Journal of Financial Economics, 1995, 37(1): 67 - 87.

[57] Khanna N, Tice S. The Bright Side of Internal Capital Markets[J]. The Journal of Finance, 2001, 56(4): 1489 - 1528.

[58] Maksimovic V, Phillips G. The Market for Corporate Assets: Who Engages in Mergers and Asset Sales and Are there Efficiency Gains?[J]. The Journal of Finance, 2001, 56(6): 2019 - 2065.

[59] Feito-Ruiz I, Menéndez-Requejo S. Diversification in M&As: Decision and Shareholders' Valuation[J]. The Spanish Review of Financial Economics, 2012, 10(1): 30 - 40.

[60] Aharony J, Lee C J, Wong T J. Financial Packaging of Ipo Firms in China[J]. Journal of Accounting Research, 2000, 38(1): 103 - 126.

[61] Brandt L, Li H. Bank Discrimination in Transition Economies: Ideology, Information, or Incentives?[J]. Journal of Comparative Economics, 2003, 31(3): 387 - 413.

[62] Wang Q, Wong T J, Xia L. State Ownership, the Institutional Environment, and Auditor Choice: Evidence from China[J]. Journal of Accounting and Economics, 2008, 46(1): 112 - 134.

[63] Sun Q, Tong W H S. China Share Issue Privatization: the Extent of Its Success[J]. Journal of Financial Economics, 2003, 70(2): 183-222.

[64] Hovakimian G. Financial Constraints and Investment Efficiency: Internal Capital Allocation across the Business Cycle[J]. Journal of Financial Intermediation, 2011, 20(2): 264-283.

[65] Hölmstrom B. Moral Hazard and Observability[J]. The Bell Journal of Economics, 1979, 10(1): 74-91.

[66] Jensen M C, Meckling W H. Theory of the Firm: Managerial Behavior, Agency Costs and Ownership Structure[J]. Journal of Financial Economics, 1976, 3(4): 305-360.

[67] Jensen M C. Performance Pay and Top-management Incentives[J]. Journal of Political Economy, 1990, 98(2): 225-264.

[68] Datta Sudip, Iskandar-Datta Mai, Raman Kartik. Executive Compensation and Corporate Acquisition Decisions[J]. The Journal of Finance, 2001, 56(6): 2299-2336.

[69] Leone Andrew J, Wu Joanna Shuang, Zimmerman Jerold L. Asymmetric Sensitivity of CEO Cash Compensation to Stock Returns[J]. Journal of Accounting and Economics, 2006, 42(1-2): 167-192.

[70] Jackson S B, Lopez T J, Reitenga A L. Accounting Fundamentals and CEO Bonus Compensation[J]. Journal of Accounting and Public Policy, 2008, 27(5): 374-393.

[71] Wang K, Xiao X. Controlling Shareholders' Tunneling and Executive Compensation: Evidence from China[J]. Journal of Accounting and Public Policy, 2011, 30(1): 89-100.

[72] 邵军,刘志远.管理层薪酬、多元化战略与公司价值[J].管理科学,2006(2):33-42.

[73] Rajan Raghuram G, Zingales Luigi. Financial Dependence and Growth[J]. The American Economic Review, 1998, 88(3): 559-586.

[74] Castañeda G. Internal Capital Markets and Financing Choices of Mexican Firms before and during the Financial Paralysis of 1995-2000[C]. Working Paper, Universidad De Las Américas-Puebla, 2002.

[75] Lee S, Park K, Shin H. Disappearing Internal Capital Markets: Evidence from Diversified Business Groups in Korea[J]. Journal of Banking and Finance, 2009, 33(2): 326-334.

[76] 马永强,陈欢.金融危机冲击对企业集团内部资本市场运行的影响——来自我国民营系族企业的经验证据[J].会计研究,2013(4):38-45.

[77] Hoshi T, Kashyap A, Scharfstein D. Corporate Structure, Liquidity, and Investment: Evidence from Japanese Industrial Groups[J]. The Quarterly Journal of Economics,

1991, 106(1): 33-60.

[78] Almeida H V, Wolfenzon D. A theory of Pyramidal Ownership and Family Business Groups[J]. The Journal of Finance, 2006, 61(6): 2637-2680.

[79] Joh S W. Corporate Governance and Firm Profitability: Evidence from Korea before the Economic Crisis[J]. Journal of Financial Economics, 2003, 68(2): 287-322.

[80] Fauver L, Houston J, Naranjo A. Capital Market Development, International Integration, Legal Systems, and the Value of Corporate Diversification: A Cross-country Analysis[J]. Journal of Financial and Quantitative Analysis, 2003, 38(1): 135-158.

[81] Guillén M F. Business Groups in Emerging Economies: A Resource-based View[J]. The Academy of Management Journal, 2000, 43(3): 362-380.

[82] Gangopadhyay S, Lensink R. Corporate Ownership as a Means to Solve Adverse Selection Problems in a Model of Asymmetric Information and Credit Rationing[C]. Working Paper, Indian Statistical Institute. 2001.

[83] Peyer Urs C, Shivdasani. Leverage and Internal Capital Markets: Evidence from Leveraged Recapitalizations[J]. Journal of Financial Economics, 2001, 59(3): 477-515.

[84] 王坤,陈晓. 控股股东所有权结构与关联方担保[J]. 中国会计评论,2007,5(1): 43-54.

[85] 李增泉,辛显刚,于旭辉. 金融发展、债务融资约束与金字塔结构——来自民营企业集团的证据[J]. 管理世界,2008(1): 123-135.

[86] 黎来芳,黄磊,李焰. 企业集团化运作与融资约束——基于静态和动态视角的分析[J]. 中国软科学,2009(4): 98-106.

[87] Jian M, Wong T J. Earnings Management and Tunneling through Related Party Transactions: Evidence from Chinese Corporate Groups[C]. Working Paper, Nanyang Technological University, 2003.

[88] Desai Mihir A, Foley C. Fritz, Hines James R. A multinational Perspective on Capital Structure Choice and Internal Capital Markets[J]. The Journal of Finance, 2004, 59(6): 2451-2487.

[89] Dewaelheyns N, Locorotondo R, Van Hulle C. Cash Holdings within Subsidiaries: Impact of Group Health[C]. Word Finance Conference Paper. 2011.

[90] 姜付秀,陆正飞. 多元化与资本成本的关系——来自中国股票市场的证据[J]. 会计研究,2006(6): 48-55.

[91] Hann R N, Ogneva M, Ozbas O. Corporate Diversification and the Cost of Capital[J]. The Journal of Finance, 2013, 68(5): 1961-1999.

[92] 廖义刚. 环境不确定性、多元化经营与权益资本成本[J]. 财经理论与实践, 2015(1): 78-83.

[93] Weston J F. The Nature and Significance of Conglomerate Firms[J]. St. John's Law Review. 1970, 44(5): 66-80.

[94] Fluck Z, Lynch A W. Why Do Firms Merge and then Divest? A theory of Financial Synergy[J]. The Journal of Business, 1999, 72(3): 319-346.

[95] Hyland D C, Diltz J D. Why Firms Diversify: An Empirical Examination[J]. Financial Management, 2002, 31(1): 51-81.

[96] Hovakimian G. Determinants of Investment Cash Flow Sensitivity[J]. Financial Management, 2009, 38(1): 161-183.

[97] Agarwal S, Chiu I, Souphom V, et al. The Efficiency of Internal Capital Markets: Evidence from the Annual Capital Expenditure Survey[J]. The Quarterly Review of Economics and Finance, 2011, 51(2): 162-172.

[98] Boutin X, Cestone G, Fumagalli C, et al. The Deep-pocket Effect of Internal Capital Markets[J]. Journal of Financial Economics, 2013, 109(1): 122-145.

[99] Myers Stewart C, Rajan. The Paradox of Liquidity[J]. The Quarterly Journal of Economics, 1998, 113(3): 733-771.

[100] Dittmar A, Mahrt-Smith J, Servaes H. International Corporate Governance and Corporate Cash Holdings[J]. The Journal of Financial and Quantitative Analysis, 2003, 38(1): 111-133.

[101] Fresard L. Financial Strength and Product Market Behavior: The Real Effects of Corporate Cash Holdings[J]. The Journal of Finance, 2010, 65(3): 1097-1122.

[102] 陈胜蓝, 王琨, 马慧. 集团内部资金配置能够减少公司过度投资吗?[J]. 会计研究, 2014(3): 49-55.

[103] 张会丽, 陆正飞. 现金分布、公司治理与过度投资——基于我国上市公司及其子公司的现金持有状况的考察[J]. 管理世界, 2012(3): 141-150.

[104] Friedman E, Johnson S, Mitton T. Propping and Tunneling[J]. Journal of Comparative Economics, 2003, 31(4): 732-750.

[105] Aggarwal R K, Samwick. Why Do Managers Diversify Their Firms-agency Reconsidered[J]. The Journal of Finance, 2003, 58(1): 71-118.

[106] Hanazaki M, Liu Q. Corporate Governance and Investment in East Asian Firms — Empirical Analysis of Family-controlled Firms[J]. Journal of Asian Economics, 2007, 18(1): 76-97.

[107] Doukas J A, Lang L. Foreign Direct Investment, Diversification and Firm Performance[J]. Journal of International Business Studies, 2003, 34(2): 153-172.

[108] Bernardo A E, Luo J, Wang J J D. A Theory of Socialistic Internal Capital Markets [J]. Journal of Financial Economics, 2006, 80(3): 485-509.

[109] Bertrand M, Mehta P, and Mullainathan S. Ferreting out Tunneling: An Application to Indian Business Groups[J]. The Quarterly Journal of Economics, 2002, 117(1): 121-148.

[110] 崔文娟,梁秀芬,李晓楠. 民营上市公司股权结构与大股东掏空行为研究[J]. 中国管理信息化,2012(12): 19-22.

[111] Yan A, Yang Z, Jiao J. Conglomerate Investment under Various Capital Market Conditions[J]. Journal of Banking and Finance. 2010, 34(1): 103-115.

[112] Bernanke Ben Shalom. The Financial Accelerator and the Flight to Quality[J]. The Review of Economics and Statistics, 1996, 78(1): 1-15.

[113] Bloom Nicholas. The Impact of Uncertainty Shocks[J]. Econometrica, 2009, 77(3): 623-685.

[114] 靳庆鲁,孔祥,侯青川. 货币政策、民营企业投资效率与公司期权价值[J]. 经济研究, 2012(5): 96-106.

[115] 饶品贵,姜国华. 货币政策、信贷资源配置与企业业绩[J]. 管理世界,2013(3): 12-22.

[116] Shi Shouyong. Liquidity, Assets and Business Cycles[J]. Journal of Monetary Economics, 2015, 70: 116-132.

[117] Claessens Stijn, Laevenn Luc. Financial Development, Property Rights, and Growth [J]. The Journal of Finance, 2003, 58(6): 2401-2436.

[118] 姜国华,饶品贵. 宏观经济政策与微观企业行为——拓展会计与财务研究新领域[J]. 会计研究,2011(3): 9-18.

[119] Bernanke Ben S, Blinder Alan S. The Federal Funds Rate and the Channels of Monetary Transmission[J]. The American Economic Review, 1992, 82(4): 901-921.

[120] Gertler Mark, Gilchrist Simon. Monetary Policy, Business Cycles, and the Behavior of Small Manufacturing Firms[J]. The Quarterly Journal of Economics, 1994, 109(2): 309.

[121] Hu Charles X. Leverage, Monetary Policy, and Firm Investment[J]. FRBSF Economic Review, 1999, (2): 32-39.

[122] Nilsen Jeffrey H. Trade Credit and the Bank Lending Channel[J]. Journal of Money, Credit and Banking, 2002, 34(1): 226-253.

[123] 陈志斌,刘静. 金融危机背景下企业现金流运行中的政策影响研究[J]. 会计研究, 2010(4): 42-49.

[124] Chen Huafeng Jason, Chen Shaojun Jenny. Investment-cash Flow Sensitivity Cannot Be a Good Measure of Financial Constraints: Evidence from the Time Series[J]. Journal of Financial Economics, 2012, 103(2): 393-410.

[125] Kashyap Anil K, Stein Jeremy C, Wilcox David W. Monetary Policy and Credit Conditions: Evidence from the Composition of External Finance[J]. The American Economic Review, 1993, 83(1): 78-98.

[126] Bernanke Ben S, Gertler. Inside the Black Box: The Credit Channel of Monetary Policy Transmission[J]. The Journal of Economic Perspectives, 1995, 9(4): 27-48.

[127] 周英章,蒋振声. 货币渠道、信用渠道与货币政策有效性——中国1993—2001年的实证分析和政策含义[J]. 金融研究,2002(9): 34-43.

[128] 盛朝晖. 中国货币政策传导渠道效应分析:1994—2004[J]. 金融研究,2006(7): 22-29.

[129] 索彦峰,范从来. 货币政策立场指示器的实证研究——来自我国货币政策操作实践的证据[J]. 南开经济研究,2007(2): 107-119.

[130] Stiglitz Joseph E, Weiss Andrew. Credit Rationing in Markets with Imperfect Information[J]. The American Economic Review, 1981, 71(3): 393-410.

[131] 饶品贵,姜国华. 货币政策对银行信贷与商业信用互动关系影响研究[J]. 经济研究, 2013(1): 68-82.

[132] Custodio Claudia, Ferreira Miguel A, Raposo Clara. Cash Holdings and Business Conditions[C]. Working Paper, 2005.

[133] 祝继高,陆正飞. 货币政策、企业成长与现金持有水平变化[J]. 管理世界,2009(3): 152-158.

[134] 江龙,刘笑松. 经济周期波动与上市公司现金持有行为研究[J]. 会计研究,2011(9): 40-46.

[135] 王义中,宋敏. 宏观经济不确定性、资金需求与公司投资[J]. 经济研究,2014(2): 4-17.

[136] Allen F, Qian J, Qian M. Law, Finance, and Economic Growth in China[J]. Journal of Financial Economics, 2005, 77(1): 57-116.

[137] Cull et al.,2006.

[138] Guariglia Alessandra, Liu Xiaoxuan, Song Lina. Internal Finance and Growth: Microeconometric Evidence on Chinese Firms[J]. Journal of Development Economics, 2011, 96(1): 79-94.

[139] Scott Ira O. The Regional Impact of Monetary Policy[J]. The Quarterly Journal of Economics, 1955, 69(2): 269-284.

[140] Cecchetti Stephen G. Legal Structure, Financial Structure, and the Monetary Policy

Transmission Mechanism[C]. Working Paper,1999.

[141] 中华人民共和国国家统计局.中国统计年鉴(2013)[M].北京:中国统计出版社,2014.

[142] 巴曙松.中国债券市场的发展及对利率政策、银行风险管理的影响[J].金融研究,2000(2):67-72.

[143] 蒋益民,陈璋.SVAR模型框架下货币政策区域效应的实证研究:1978—2006[J].金融研究,2009(4):180-195.

[144] 于则.我国货币政策的区域效应分析[J].管理世界,2006(2):18-22.

[145] 孔丹凤,Bienvenido S. Cortes,秦大忠.中国货币政策省际效果的实证分析:1980—2004[J].金融研究,2007(12):17-26.

[146] 卞志村,杨全年.中国货币政策效应的区域性配给均衡分析[J].金融研究,2010(9):34-50.

[147] 张厚义,明立志.中国私营企业调查报告[M].北京:中国科学文献出版社,2001.

[148] Long C, Zhang X. Cluster-Based Industrialization in China: Financing and Performance[J]. Journal of International Economics,2011,84(1):112-123.

[149] Lins K V, Servaes H. Is Corporate Diversification Beneficial in Emerging Markets? [J]. Financial Management,2002,31(2):5-31.

[150] Scharfstein D S, Stein J C. The Dark Side of Internal Capital Markets: Divisional Rent-seeking and Inefficient Investment[J]. The Journal of Finance,2000,55(6):2537-2564.

[151] Shleifer A, Vishny R W. A Survey of Corporate Governance[J]. The Journal of Finance,1997,52(2):737-783.

[152] 林毅夫,刘明兴,章奇.政策性负担与企业的预算软约束:来自中国的实证研究[J].管理世界,2004(8):81-89.

[153] Bai C E, Lu J, Tao Z. Property Rights Protection and Access to Bank Loans[J]. Economics of Transition,2006,14(4):611-628.

[154] 陈信元,陈冬华,万华林,等.地区差异、薪酬管制与高管腐败[J].管理世界,2009(11):130-143.

[155] 王克敏,王志超.高管控制权、报酬与盈余管理——基于中国上市公司的实证研究[J].管理世界,2007(7):111-119.

[156] Frydman C, Saks R E. Executive Compensation: A New View from a Long-term Perspective, 1936—2005 [J]. Review of Financial Studies, 2010, 23 (5): 2099-2138.

[157] Dhaoui A, Jouini F. R&D Investment, Governance and Management Entrenchment in French Companies Listed in Sbf250[J]. Journal of Economic and Social Studies,

2011,1(2):5-32.

[158] Finkelstein Sydney. Power in Top Management Teams:Dimensions,Measurement, and Validation[J]. The Academy of Management Journal,1992,35(3):505-538.

[159] 权小锋,吴世农,文芳.管理层权力、私有收益与薪酬操纵[J].经济研究,2010(11):73-87.

[160] 卢馨,吴婷,张小芬.管理层权力对企业投资的影响[J].管理评论,2014(8):168-180.

[161] 韩立岩,李慧.CEO权力与财务危机——中国上市公司的经验证据[J].金融研究,2009(1):179-193.

[162] Lang L H P,Stulz R M. Tobin's Q,Corporate Diversification,and Firm Performance[J]. Journal of Political Economy,1994,102(6):1248-1280.

[163] Manos R,Murinde V,Green C J. Leverage and Business Groups:Evidence from Indian Firms[J]. Journal of Economics and Business,2007,59(5):443-465.

[164] Buchuk D,Larrain B,Muñoz F,et al. The Internal Capital Markets of Business Groups:Evidence from Intra-group Loans[J]. Journal of Financial Economics,2014,112(2):190-221.

[165] Brusco S,Panunzi F. Reallocation of Corporate Resources and Managerial Incentives in Internal Capital Markets[J]. European Economic Review,2005,49(3):659-681.

[166] Adams L,Drtina R. Transfer Pricing for Aligning Divisional and Corporate Decisions[J]. Business Horizons,2008,51(5):411-417.

[167] Walker M D. Industrial Groups and Investment Efficiency[J]. The Journal of Business,2006,78(5):1973-2002.

[168] Richardson S. Over-investment of Free Cash Flow[J]. Review of Accounting Studies,2006,11(2-3):159-189.

[169] 张功富,宋献中.我国上市公司投资:过度还是不足?——基于沪深工业类上市公司非效率投资的实证度量[J].会计研究,2009(5):69-77.

[170] 魏明海,柳建华.国企分红、治理因素与过度投资[J].管理世界,2007(4):88-95.

[171] Denis D J,Sibilkov V. Financial Constraints,Investment,and the Value of Cash Holdings[J]. Review of Financial Studies,2010,23(1):247-269.

[172] 纳鹏杰,纳超洪.企业集团财务管控与上市公司现金持有水平研究[J].会计研究,2012(5):29-38.

[173] 黄俊,陈信元.集团化经营与企业研发投资——基于知识溢出与内部资本市场视角的分析[J].经济研究,2011(6):80-92.

[174] 王勇,刘志远,郑海东.多元化经营与现金持有"竞争效应"——基于中国制造业上市

公司的实证分析[J]. 管理评论, 2015(1): 91-102.

[175] Perotti E C, Gelfer S. Investment Financing in Russian Financial-industrial Groups [C]. Working Paper, University of Amsterdam and Cepr. 1998.

[176] Khanna T, Rivkin J. Estimating the Performance Effects of Business Groups in Emerging Markets[J]. Strategic Management Journal, 2001, 22(1): 45-74.

[177] Billett M T, Mauer D C. Cross-subsidies, External Financing Constraints, and the Contribution of the Internal Capital Market to Firm Value[J]. The Review of Financial Studies, 2003, 16(4): 1167-1201.

[178] 陈冬华,陈信元,万华林. 国有企业中的薪酬管制与在职消费[J]. 经济研究, 2005(2): 92-101.

[179] 王鹏,周黎安. 控股股东的控制权、所有权与公司绩效：基于中国上市公司的证据[J]. 金融研究, 2006(2): 88-98.

[180] Cheung Y L, Rau P R, Stouraitis A. Helping Hand or Grabbing Hand? Central vs. Local Government Shareholders in Chinese Listed Firms[J]. Review of Finance, 2010, 14(4): 669-694.

[181] 徐莉萍,陈工孟,辛宇. 控制权转移、产权改革及公司经营绩效之改进[J]. 管理世界, 2005(3): 126-136.

[182] 李广子,刘力. 上市公司民营化绩效：基于政治观点的检验[J]. 世界经济, 2010(11): 139-160.

[183] 黄志忠,白云霞. 上市公司举债、股东财富与股市效应关系的实证研究[J]. 经济研究, 2002(7): 49-57.

[184] 姜付秀,黄继承. 经理激励、负债与企业价值[J]. 经济研究, 2011(5): 46-60.

[185] 章卫东. 定向增发新股与盈余管理——来自中国证券市场的经验证据[J]. 管理世界, 2010(1): 54-63.

[186] 白云霞,严梦莹,钟宁桦. 保荐代表人变更与保荐制度的有效性——基于定向增发的实证研究[J]. 金融研究, 2014(3): 138-151.